Optimales Franchising

Wirtschaftswissenschaftliche Beiträge

Informationen über die Bände 1–110 sendet Ihnen auf Anfrage gerne der Verlag.

Band 111: G. Georgi, Job Shop Scheduling in der Produktion, 1995. ISBN 3-7908-0833-4

Band 112: V. Kaltefleiter, Die Entwicklungshilfe der Europäischen Union, 1995. ISBN 3-7908-0838-5

Band 113: B. Wieland, Telekommunikation und vertikale Integration, 1995. ISBN 3-7908-0849-0

Band 114: D. Lucke, Monetäre Strategien zur Stabilisierung der Weltwirtschaft, 1995. ISBN 3-7908-0856-3

Band 115: F. Merz, DAX-Future-Arbitrage, 1995. ISBN 3-7908-0859-8

Band 116: T. Köpke, Die Optionsbewertung an der Deutschen Terminbörse, 1995. ISBN 3-7908-0870-9

Band 117: F. Heinemann, Rationalisierbare Erwartungen, 1995. ISBN 3-7908-0888-1

Band 118: J. Windsperger, Transaktionskostenansatz der Entstehung der Unternehmensorganisation, 1996. ISBN 3-7908-0891-1

Band 119: M. Carlberg, Deutsche Vereinigung, Kapitalbildung und Beschäftigung, 1996. ISBN 3-7908-0896-2

Band 120: U. Rolf, Fiskalpolitik in der Europäischen Währungsunion, 1996. ISBN 3-7908-0898-9

Band 121: M. Pfaffermayr, Direktinvestitionen im Ausland, 1996. ISBN 3-7908-0908-X

Band 122: A. Lindner, Ausbildungsinvestitionen in einfachen gesamtwirtschaftlichen Modellen, 1996. ISBN 3-7908-0912-8

Band 123: H. Behrendt, Wirkungsanalyse von Technologie- und Gründerzentren in Westdeutschland, 1996. ISBN 3-7908-0918-7

Band 124: R. Neck (Hrsg.) Wirtschaftswissenschaftliche Forschung für die neunziger Jahre, 1996. ISBN 3-7908-0919-5

Band 125: G. Bol, G. Nakhaeizadeh/ K.-H. Vollmer (Hrsg.) Finanzmarktanalyse und -prognose mit innovativen quantitativen Verfahren, 1996. ISBN 3-7908-0925-X

Band 126: R. Eisenberger, Ein Kapitalmarktmodell unter Ambiguität, 1996. ISBN 3-7908-0937-3

Band 127: M.J. Theurillat, Der Schweizer Aktienmarkt, 1996. ISBN 3-7908-0941-1

Band 128: T. Lauer, Die Dynamik von Konsumgütermärkten, 1996. ISBN 3-7908-0948-9

Band 129: M. Wendel, Spieler oder Spekulanten, 1996. ISBN 3-7908-0950-0

Band 130: R. Olliges, Abbildung von Diffusionsprozessen, 1996. ISBN 3-7908-0954-3

Band 131: B. Wilmes, Deutschland und Japan im globalen Wettbewerb, 1996. ISBN 3-7908-0961-6

Band 132: A. Sell, Finanzwirtschaftliche Aspekte der Inflation, 1997. ISBN 3-7908-0973-X

Band 133: M. Streich, Internationale Werbeplanung, 1997. ISBN-3-7908-0980-2

Band 134: K. Edel, K.-A. Schäffer, W. Stier (Hrsg.) Analyse saisonaler Zeitreihen, 1997. ISBN 3-7908-0981-0

Band 135: B. Heer, Umwelt, Bevölkerungsdruck und Wirtschaftswachstum in den Entwicklungsländern, 1997. ISBN 3-7908-0987-X

Band 136: Th. Christiaans, Learning by Doing in offenen Volkswirtschaften, 1997. ISBN 3-7908-0990-X

Band 137: A. Wagener, Internationaler Steuerwettbewerb mit Kapitalsteuern, 1997. ISBN 3-7908-0993-4

Band 138: P. Zweifel et al., Elektrizitätstarife und Stromverbrauch im Haushalt, 1997. ISBN 3-7908-0994-2

Band 139: M. Wildi, Schätzung, Diagnose und Prognose nicht-linearer SETAR-Modelle, 1997. ISBN 3-7908-1006-1

Band 140: M. Braun, Bid-Ask-Spreads von Aktienoptionen, 1997. ISBN 3-7908-1008-8

Band 141: M. Snelting, Übergangsgerechtigkeit beim Abbau von Steuervergünstigungen und Subventionen, 1997. ISBN 3-7908-1013-4

Fortsetzung auf Seite 236

Bernd Hempelmann

Optimales Franchising

Eine ökonomische Analyse der Vertragsgestaltung in Franchise-Beziehungen

Mit 15 Abbildungen
und 10 Tabellen

Physica-Verlag
Ein Unternehmen
des Springer-Verlags

Reihenherausgeber
Werner A. Müller

Autor
Priv.-Doz. Dr. Bernd Hempelmann
Universität Osnabrück
Fachbereich Wirtschaftswissenschaften
Rolandstraße 8
D-49069 Osnabrück

ISSN 1431-2034
ISBN 3-7908-1316-8 Physica-Verlag Heidelberg

Die Deutsche Bibliothek – CIP-Einheitsaufnahme
Hempelmann, Bernd: Optimales Franchising: eine ökonomische Analyse von Vertragsgestaltung in Franchise-Beziehungen / Bernd Hempelmann. – Heidelberg: Physica-Verl., 2000
(Wirtschaftswissenschaftliche Beiträge; Bd. 177)
ISBN 3-7908-1316-8

Physica-Verlag ist ein Unternehmen der Fachverlagsgruppe BertelsmannSpringer.

Umschlaggestaltung: Erich Kirchner, Heidelberg

SPIN 10771475 88/2202-5 4 3 2 1 0 – Gedruckt auf säurefreiem und alterungsbeständigem Papier

Vorwort

Das Franchising erfreut sich steigender Beliebtheit in der Wirtschaftspraxis. Es findet sich mittlerweile in nahezu allen Bereichen des Handels. Die Grundlage der Zusammenarbeit zwischen den Vertragspartnern liefert der Franchisevertrag. Da es keine allumfassenden Verträge geben kann, eröffnet auch ein Franchisevertrag den Vertragsparteien jene Freiräume, die zwar einerseits Motivationsquelle sein können aber andererseits zu jenen Risiken führen, die in der Anreizökonomik als Moral Hazard bekannt sind. Die Arbeit beschäftigt sich mit der Frage, wie eben diese Risiken durch eine zweckmäßige Vertragsgestaltung begrenzt werden können.

Die vorliegende Arbeit wurde im Wintersemester 1998/99 vom Fachbereich Wirtschaftswissenschaften der Universität Osnabrück als Habilitationsschrift angenommen. Mein Dank gilt in erster Linie meinem akademischen Lehrer, Herrn Prof. Dr. Dirk Standop, der das Entstehen der Arbeit wesentlich förderte. Dank schulde ich auch Herrn Prof. Dr. Alfred Luhmer, Herrn Prof. Dr. Thomas Witte, sowie Herrn Prof. Dr. Bernd Meyer für ihre Bereitschaft zur Begutachtung der Arbeit.

Dank gilt ferner verschiedenen Kollegen am Lehrstuhl für Marketing für ihr Interesse an einzelnen Teilen der Arbeit. Insbesondere seien Frau Dipl.-Kauffrau Maria Hüntelmann, Herr Dr. Edgar Klinger, Herr Dipl.-Kaufmann Markus Lürwer, Herr Dipl.-Volkswirt Arnd Sehlmeyer sowie Herr Dipl.-Kaufmann Sven Stolle erwähnt.

Nicht zuletzt gebührt auch Frau Johanna Morgenschweis und Frau Inge Rieger mein Dank für die Übernahme der Schreibarbeiten.

Bernd Hempelmann

Osnabrück, im April 2000

Inhaltsverzeichnis

Seite

Vorwort V

1. Einleitung 1

1.1 Franchising als Gegenstand der Arbeit 1
1.1.1 Franchising und Absatzkanalpolitik von Unternehmen 1
1.1.2 Der Franchisevertrag als konstituierendes Element der Franchisebeziehung 7
1.1.2.1 Die Bestandteile von Franchiseverträgen 7
1.1.2.2 Die grundsätzliche Unvollständigkeit von Franchiseverträgen 8
1.2 Problemstellung 10
1.3 Plan der Untersuchung 12
1.3.1 Methodische Grundlagen der Arbeit 12
1.3.2 Aufbau der Arbeit 15

2. Prinzipal-Agenten-Theorie des Franchising: Der Stand der Forschung 17

2.1 Überblick 17
2.2 Darstellung der Ansätze 20
2.2.1 Systeme mit nur fixer Franchisegebühr 20
2.2.1.1 Ansätze mit einseitigem Anreizproblem 20
2.2.1.1.1 Die Analyse von Mathewson/Winter 20
2.2.1.1.2 Die Analyse von Rey/Tirole 22
2.2.1.1.3 Die Analyse von Lal 25
2.2.1.1.4 Die Analyse von Gal-Or 27
2.2.1.1.5 Die Analyse von Blair/Lewis 29
2.2.1.2. Ein Ansatz mit zweiseitigem Anreizproblem 32
2.2.2. Systeme mit laufender Franchisegebühr 34
2.2.2.1. Ansätze mit einseitigem Anreizproblem 34
2.2.2.1.1 Die Analyse von Blair/Kaserman 34

2.2.2.1.2	Die Analyse von Mathewson/Winter	36
2.2.2.1.3	Die Analyse von Katz/Owen	39
2.2.2.1.4	Die Analyse von Nault/Dexter	42
2.2.2.1.5	Die Analyse von Schmidt	44
2.2.2.2.	Ansätze mit zweiseitigem Anreizproblem	46
2.2.2.2.1	Die Analyse von Mathewson/Winter	46
2.2.2.2.2	Die Analyse von Lal	48
2.2.2.2.3	Die Analyse von Bhattacharyya/Lafontaine	49
2.3	Kritik am gegenwärtigen Stand der Forschung	51
2.4	Weiterführende Perspektiven	53
3.	**Optimales Franchising: Ein agencytheoretisches Grundmodell**	**57**
3.1	Die Grundannahmen der Analyse	57
3.2.	Monopolistische Verhältnisse	64
3.3.	Polypolistische Verhältnisse	70
3.3.1	Charakterisierung des optimalen Vertrags bei allgemeiner Responsefunktion	70
3.3.2	Charakterisierung des optimalen Vertrags bei spezieller Wahl der Responsefunktion	76
4.	**Optimales Franchising bei Risikoaversion**	**83**
4.1	Grundlagen	83
4.1.1	Risikoeinstellung der Vertragsparteien	83
4.1.2	Modellierung der Risikopräferenzen	86
4.2	Der optimale Vertrag bei risikoaversem Franchisenehmer	90
4.2.1	Monopolistische Verhältnisse	90
4.2.2	Polypolistische Verhältnisse	91
4.2.2.1	Charakterisierung des optimalen Vertrags bei allgemeiner Responsefunktion	91
4.2.2.2	Charakterisierung des optimalen Vertrags bei spezieller Wahl der Responsefunktion	95

5. Optimales Franchising bei begrenztem Opportunismus 98

5.1 Grundlagen 98
5.1.1 Zur Begründung der Annahme des begrenzten Opportunismus 98
5.1.2 Maßnahmen zur Begrenzung des Opportunismus in Franchisesystemen 102
5.1.3 Zur Modellierung begrenzt opportunistischen Verhaltens 104
5.2 Der optimale Vertrag bei begrenztem Opportunismus 107
5.2.1 Monopolistische Verhältnisse 107
5.2.2 Polypolistische Verhältnisse 111
5.2.2.1 Charakterisierung des optimalen Vertrags bei allgemeiner Responsefunktion 111
5.2.2.2 Charakterisierung des optimalen Vertrags bei spezieller Wahl der Responsefunktion 116

6. Optimales Franchising bei privater Information 121

6.1 Grundlagen 122
6.1.1 Zur Begründung der Annahme des Vorliegens privater Informationen 122
6.1.2 Das Problem des wahrheitsgemäßen Informationsaustausches 123
6.1.3 Das Offenbarungsprinzip 125
6.2 Private Information über Werbewirkungsparameter 128
6.2.1 Monopolistische Verhältnisse 128
6.2.2 Polypolistische Verhältnisse 128
6.2.2.1 Private Information des Franchisenehmers über μ_l 128
6.2.2.2 Private Information des Franchisegebers über μ_g 134

6.3	Private Information über Kostenparameter	139
6.3.1	Monopolistische Verhältnisse	139
6.3.1.1	Private Information des Franchisenehmers über die Grenzkosten des Verkaufs	139
6.3.1.2	Private Information des Franchisenehmers über die Fixkosten des Verkaufs	149
6.3.2	Polypolistische Verhältnisse	151
6.3.2.1	Private Information des Franchisenehmers über die Grenzkosten des Verkaufs	151
6.3.2.2	Private Information des Franchisenehmers über die Fixkosten des Verkaufs	160
6.3.2.3	Private Information des Franchisegebers über die Grenzkosten der Produktion	162
7.	**Optimales Franchising bei Machtübergewicht des Franchisenehmers**	**168**
7.1	Nachfragemacht des Handels und "umgekehrtes" Franchising	168
7.2	Risikoneutralität des Franchisegebers	171
7.2.1	Monopolistische Verhältnisse	171
7.2.2	Polypolistische Verhältnisse	173
7.2.3	Kommentierung der Ergebnisse	174
7.3	Risikoaversion des Franchisegebers	176
7.3.1	Monopolistische Verhältnisse	176
7.3.1.1	Charakterisierung des optimalen Vertrags bei allgemeiner Responsefunktion	176
7.3.1.2	Charakterisierung des optimalen Vertrags bei spezieller Wahl der Responsefunktion	180
7.3.2	Polypolistische Verhältnisse	187
8.	**Zusammenfassung und Ausblick**	**192**

Anhänge 199

Anhang zu Kapitel 3 199

1. Existenz und Eindeutigkeit des Nash-Gleichgewichts (p*,A*) 199
2. Zur Konkavität der Zielfunktion (3.17) und globalen Optimalität von t^{GM} 203
3. Übertragung der Ergebnisse auf den Fall mehrerer Verkaufsgebiete 208

Anhang zu Kapitel 6 210

1. Die Anreizwirkungen des Handelsabgabepreises und der laufenden Franchisegebühr auf das Nash-Gleichgewicht (p*, A*) 210
2. Zur Konkavität der Hamiltonfunktion (6.61) 212
3. Begründung von $t'(c^{FN}) < 0$ bei privater Information des Franchisenehmers über die Grenzkosten des Verkaufs und spezieller Wahl der Responsefunktion 213

Abbildungsverzeichnis 215
Tabellenverzeichnis 217
Symbolverzeichnis 218
Literaturverzeichnis 220

1. Einleitung

1.1 Franchising als Gegenstand der Arbeit

1.1.1 Franchising und Absatzkanalpolitik von Unternehmen

Anbieter setzen die von ihnen erbrachten Leistungen über ein Distributionssystem an Endverbraucher ab. Unter dem Begriff Distribution lassen sich allgemein alle Aktivitäten fassen, die dem Austausch von Gütern zwischen Marktteilnehmern dienen.[1] Alle Wirtschaftseinheiten, die an der Abwicklung von Distributionsaufgaben beteiligt sind, bilden Elemente des Distributionssystems.[2] Diese Arbeit hat die unternehmerische Gestaltung besonderer Distributionssysteme zum Gegenstand. Dieser Gegenstand sei im folgenden präziser gefaßt.

Die betriebliche Distributionspolitik umfaßt die Gesamtheit aller Maßnahmen zur Gestaltung von Distributionssystemen. Zu den Entscheidungsbereichen der Distributionspolitik gehört die Gestaltung der Güterverteilungsprozesse als logistische Aufgabe der Distribution sowie die Gestaltung der Güterverkaufsprozesse als akquisitorische Aufgabe der Distribution. Letztere beinhaltet neben der Verkaufs- und Außendienstpolitik insbesondere die Gestaltung der Absatzwege als Absatzkanalpolitik. Unter einem Absatzkanal,synonym wird von Absatzweg oder Vertriebsweg gesprochen, wird dabei diejenige Kombination aus unternehmenseigenen Verkaufsorganen des Herstellers und den Absatzmittlern, die das betreffende Gut auf dem Weg vom Hersteller zum Endverbraucher durchläuft, verstanden.[3]

Absatzkanäle lassen sich anhand verschiedener Merkmale beschreiben. So beschreibt die Länge des Absatzkanals die Zahl der Stufen, die der Absatzweg vom Hersteller bis zum Endverbraucher umfaßt. Die Breite des Absatz-

---

1 Vgl. Ausschuß für Begriffsdefinitionen aus der Handels- und Absatzwirtschaft (1995), S. 97.

2 Vgl. Ahlert (1996), S. 11.

3 Vgl. Specht (1992), S. 34, Ahlert (1996), S. 27 f. Zur Differenzierung der hier synonym verwendeten Begriffe Absatzkanal, Absatzweg und Vertriebsweg vgl. Maas (1980), S. 9 ff.

kanals betrifft die Anzahl der an der Distribution eines Gutes beteiligten Absatzmittler und die Tiefe des Absatzkanals die unterschiedlichen Betriebsformen der Distributionsorgane.[4] Nach Ahlert lassen sich Absatzkanäle darüber hinaus durch die Art und Intensität der Verhaltensabstimmung zwischen den Absatzkanalmitgliedern kennzeichnen.[5] Dieses Merkmal sei im folgenden näher betrachtet.

Zwischen den Extremen des Vertriebs über unabhängige Handelsunternehmen einerseits und einem herstellereigenem Vertriebssystem andererseits nehmen vertragliche Vertriebssysteme, die eine Verhaltensabstimmung im Absatzkanal auf der Grundlage umfassender Vertragswerke ermöglichen, eine mittlere Position ein.[6] Es läßt sich eine vertraglich begründete Zusammenarbeit des Herstellers mit Eigenhändlern und mit Handelsvermittlern unterscheiden.[7] Zu den vertraglichen Vertriebssystemen mit Eigenhändlern gehört das Franchisesystem, das den Gegenstand der vorliegenden Arbeit bildet.[8]

---

4 Die Festlegung dieser Absatzkanalmerkmale hat die Betriebswirtschaftslehre seit langem beschäftigt. In der Literatur finden sich neben marginalanalytischen Ansätzen solche Ansätze, die das Problem als mathematische Programmierungsaufgabe verstehen. Vgl. dazu Baligh/Richartz (1967), Montgomery/Urban (1969), Böcker (1972) und Corstens/Doyle (1979). Daneben sind verschiedene Entscheidungsheuristiken entwickelt worden, die die Wahl der Absatzwege, überwiegend mit Blick auf deren Länge von Produktmerkmalen, Merkmalen des Zielmarktes oder Herstellermerkmalen abhängig machen. Vgl. dazu z.B. Aspinwall (1967), Schneider (1977), Rosenbloom (1987).
In neueren Ansätzen wird der strategische Charakter der Absatzwegewahl durch eine spieltheoretische Modellierung besonders betont. Vgl. dazu z.B. Moorthy (1988), Coughlan/Lal (1992).

5 Vgl. Ahlert (1996), S. 27 f.

6 Zum Begriff des Vertriebssystems vgl. Ahlert (1996), S. 152.

7 Im Unterschied zu Eigenhändlern (Absatzmittlern) erwerben Handelsvermittler (Absatzhelfer) kein Eigentum an der Vertragsware.

8 Darüberhinaus wird das Alleinvertriebssystem und das Vertragshändlersystem zu den vertraglichen Vertriebssystemen mit Eigenhändlern gezählt. Zur Differenzierung zwischen diesen Systemen vgl. z.B. Tietz/Mathieu (1979), S. 28 f., Florenz (1992), S. 63 f., Skaupy (1995), S. 11 f.

Als Franchising wird der Verbund eines kontraktgebenden Betriebs (Franchisegeber) mit rechtlich und im Grundsatz auch wirtschaftlich selbständig bleibenden Kontraktnehmern (Franchisenehmer) bezeichnet. Der Verbund dient vor allem der Zusammenarbeit im Vertrieb, zum Teil aber auch der Zusammenarbeit in der Herstellung.[9]

Folgende Merkmale können als konstitutiv für Franchisesysteme angesehen werden:[10]

- die langfristig orientierte Zusammenarbeit zwischen Franchisegeber und Franchisenehmer auf vertraglicher Basis,
- die rechtliche Selbständigkeit der Franchisenehmer,
- die unternehmerische Selbständigkeit der Franchisenehmer im Rahmen der vertraglichen Regelungen,
- die Einräumung von Nutzungsrechten bzw. die Bereitstellung eines Franchise-Pakets durch den Franchisegeber gegen Entgelt z.B. für die Nutzung von
    - Marken, Namen, Firmenzeichen,
    - Produktionsverfahren, Rezepturen etc.,
- die Weisungs- und Kontrollrechte des Franchisegebers und
- der Einsatz von persönlicher Arbeitskraft und von Kapital durch die Franchisenehmer.

In der Literatur finden sich verschiedene Typologien des Franchising. Dabei wird im einzelnen

---

9 Vgl. Ausschuß für Begriffsdefinitionen aus der Handels- und Absatzwirtschaft (1995), S. 105.

10 Vgl. Tietz (1987), S. 22, Brauer (1989), S. 188f., Hanrieder (1991), S. 10, Skaupy (1995), S. 6 f.

- nach der Leistungssubstanz des Franchisesystems gegenüber Endverbrauchern,
- nach dem Umfang des Franchise-Pakets sowie
- nach der Zugehörigkeit der Systemmitglieder zu verschiedenen Wirtschaftsstufen

unterschieden.

Nach der Leistungssubstanz gegenüber Endverbrauchern wird je nachdem, ob materielle Sachgüter oder immaterielle Dienstleistungen im Mittelpunkt des Franchisesystems stehen, zwischen Waren- und Dienstleistungsfranchising differenziert.[11]

Hinsichtlich des Umfangs des Franchise-Pakets wird von Ahlert und von Tietz zwischen dem Produktfranchising und dem Betriebs- oder Leistungsprogrammfranchising unterschieden.[12] Während das Betriebsfranchising (entire business-format franchising) regelmäßig auf einer umfassenden Marketingkonzeption basiert und die "Leistungssubstanz des Franchisegebers auf die Einrichtung und Führung des ganzen Betriebes ..." ausgerichtet ist[13], fehlt es dem Produktfranchising (product franchising) an diesen kennzeichnenden Merkmalen.

Nach der Zugehörigkeit der Vertragsparteien zu verschiedenen Wirtschaftsstufen werden in der Literatur die folgenden vier grundsätzlichen Konstellationen unterschieden:[14]

- Hersteller/Großhändler

---

11 Vgl. Martinek (1987), S. 157.

12 Vgl. Ahlert (1981), S. 87, Tietz (1987), S. 33. Grundlage der Unterscheidung ist dabei die Diskussion um das (straight) product franchising bzw. das entire business-format franchising in der anglo-amerikanischen Literatur. Vgl. z.B. Hardy/Magrath (1988), S. 363, Stern/El-Ansary (1988), S. 337.

13 Ahlert (1981), S. 87.

14 Vgl. Vaughn (1979), S. 5 f., Martinek (1987), S. 147 f., Tietz (1987), S. 38, Skaupy (1995), S. 38 f.

- Hersteller/Einzelhändler
- Großhändler/Einzelhändler
- Dienstleistungszentrale/Dienstleistungseinzelbetrieb

Franchisesysteme, die Hersteller bzw. Großhändler und Einzelhändler umfassen haben dabei in der Praxis die weiteste Verbreitung gefunden. In Deutschland bekannte Beispiele sind EISMANN, CANDY & COMPANY, GOODYEAR, IHR PLATZ, OBI, PHOTO-PORST, PRONUPTIA, YVES ROCHER.

Als Vorteile des Franchising, insbesondere im Vergleich zu herstellereigenen Einzelhandelsfilialen[15], werden in der Literatur die

- bessere Markterschließung bei vergleichsweise geringem Kapitaleinsatz[16],[17],
- verbesserte Akquisition unternehmerisch befähigter Manager[18],
- bessere Ausnutzung von Wissensvorsprüngen der Franchisenehmer über lokale Marktgegebenheiten[19],
- verbesserten Leistungsanreize für die Franchisenehmer[20],

---

15 Zur Erklärung der nicht selten anzutreffenden simultanen Verwendung von Franchise- und Filialsystem vgl. Gallini/Lutz (1992), Scott (1995), Brown (1998).

16 Vgl. z.B. Caves/Murphy (1976), S. 581, Norton (1988), S. 199. Zur Kritik an dieser Überlegung vgl. Rubin (1978).

17 Bei sich im Zuge der Systemexpansion reduzierenden Kapitalmangel des Franchisegebers läßt sich bisweilen empirisch ein Wechsel zum Filialsystem feststellen. Vgl. dazu Oxenfeldt/Kelly (1969), Lafontaine/Kaufmann (1994),
Thompson (1992, 1994), Paswan/Dant/Kaufmann (1996).

18 Vgl. hierzu Dnes (1992 a,b).

19 Vgl. hierzu Minkler (1992).

20 Zu diesem Aspekt existiert eine umfangreiche empirische Literatur. Verwiesen sei auf Brickley/Dark (1987), Norton (1988), Minkler (1990), Brickley/Dark/Weisbach (1991), Carney/Gedajlovic (1991), Krueger

sowie

- Wettbewerbsvorteile[21]

genannt.[22]

Das Wachstum des Franchising in Deutschland ist seit Jahren ungebrochen. Im Jahre 1998 erwirtschafteten 610 Franchisegeber mit einer Gesamtzahl von ca. 33.000 Franchisenehmern einen Umsatz von ca. 36 Milliarden DM.[23] Auch für die nächsten Jahre wird mit einem anhaltenden Wachstum des Franchising insbesondere in den neuen Bundesländern gerechnet. Franchising findet sich dabei in nahezu allen Bereichen des Handels. Erwähnt seien die Bereiche Gastronomie/Hotellerie, Lebensmittel/Getränke, Möbel, Kleidung sowie der Dienstleistungsbereich (Büro- und Geschäftsdienste, Ausbildung, Reinigungsdienste).[24] Noch verbreiteter als in Deutschland ist das Franchising in den USA. Dort entfallen mehr als 40% aller Einzelhandelsumsätze auf das Franchising. Es wird erwartet, daß bis zur Jahrtausendwende der jährliche Gesamtumsatz im Franchising in den USA etwa 1000 Milliarden $ erreicht haben wird.[25] Die vorliegende Arbeit hat mit dem Franchising also ein Vertriebssystem zum Gegenstand, dessen zukünftige Bedeutung für die Wirtschaftspraxis schwerlich überschätzt werden kann.

(1991). Zum Überblick vgl. Sydow (1994), S. 101 f., Picot/Wolff (1995), S. 229 f., Dnes (1996), S. 309 f., Lafontaine/Slade (1997), S. 5 f.

21 Neben Skalenvorteilen, die durch das Franchising erreicht werden können (vgl. Kunkel (1994), S. 146 f.) interessieren dabei externe Effekte, die von der Absatzkanalstruktur eines Anbieters auf dessen Wettbewerber ausgehen. Letztere werden in Lee (1984), Coughlan (1985), Bonnano/Vickers (1988), Moorthy (1988), Tirole (1988), Coughlan/Wernerfeldt (1989), Gal-Or (1991 a), Schiller (1994), Rey/Stiglitz (1995) untersucht.

22 Auf noch ungeklärte Fragen im Zusammenhang mit der Wahl des Franchising als Organisationsform des Absatzes verweisen Dnes (1996), S. 316 sowie Kaufmann (1996) und Lafontaine (1996).

23 Vgl. Stammen (1999), S. 1.

24 Vgl. Skaupy (1995), S. 46.

25 Vgl. ebenda, S. 238.

1.1.2 Der Franchisevertrag als konstituierendes Element der Franchisebeziehung

1.1.2.1 Die Bestandteile von Franchiseverträgen

Der Franchisevertrag bildet die Grundlage der Zusammenarbeit zwischen Franchisegeber und Franchisenehmern. Franchiseverträge sind in der Regel in eine Präambel, den Hauptteil sowie einen abschließenden Teil gegliedert.[26] Der Hauptteil des Vertrags betrifft die Festlegung der Pflichten der Vertragsparteien.

Die Pflichten des Franchisegebers betreffen die Überlassung von Markennamen, Firmenzeichen etc., die Gewährung von Gebietsschutz, die Lieferung der Vertragswaren, die Unterstützung der Franchisenehmer bei der Einrichtung ihrer Betriebsstätten, die Ausstattung mit Hilfsmitteln für die Betriebsführung, die laufende Unterstützung und Beratung der Franchisenehmer bei der Betriebsführung sowie die Ausbildung und laufenden Schulung der Franchisenehmer.

In dem die Pflichten des Franchisenehmers regelnden Teil des Vertrags stehen Bestimmungen zur Vergütung des Franchise-Pakets durch den Franchisenehmer und damit die monetären Vertragskomponenten im Mittelpunkt. Im allgemeinen werden eine fixe Franchisegebühr bei Systemeintritt sowie laufende umsatzabhängige Franchisegebühren vereinbart.[27] Des weiteren enthält dieser Vertragsteil Regelungen zu den Bezugspreisen für die vom Franchisegeber gelieferten Waren und spezifiziert die Pflichten des Franchisenehmers bei der Absatzförderung, z.B. mit Blick auf die Gestaltung der Verkaufsstelle, der Einhaltung von Systemstandards etc.

Weitere Vereinbarungen betreffen u.a. die Teilnahme des Franchisenehmers an Aus- und Fortbildungsveranstaltungen, die Duldung von Kontrollen

---

26 Vgl. zum folgenden Martinek (1987), S. 88 f., Hanrieder (1991), S. 70 f., Pauli (1992), S. 160 f., Skaupy (1995), S. 132 f.

27 Während die Höhe der fixen Franchisegebühr stark branchenabhängig ist, werden als laufende Franchisegebühr im allgemeinen zwischen einem und zehn Prozent des Bruttoumsatzes verlangt. Vgl. Skaupy (1995), S. 135.

durch den Franchisegeber sowie die Abnahme von Beratungsleistungen durch den Franchisenehmer.

Im folgenden werden vor allem jene für den Erfolg besonders wichtigen Pflichten beleuchtet, die die Absatzaktivitäten der Vertragsparteien, insbesondere deren Preis- und Kommunikationspolitik, betreffen. Beispielsweise übernimmt etwa der Franchisegeber die nationale Werbung für seine Produkte, während den Franchisenehmern die Aufgabe zukommt, Werbung in lokalen Medien zu betreiben. Auch können die Franchisenehmer den Endpreis selbständig festsetzen.

1.1.2.2 Die grundsätzliche Unvollständigkeit von Franchiseverträgen

Wie die Verteilung der Pflichten auf die Vertragsparteien im Einzelfall auch aussehen mag, eine abschließende Festlegung sämtlicher Pflichten insbesondere im Hinblick auf absatzbezogene Entscheidungen ist im Vertrag nicht möglich: Franchiseverträge sind grundsätzlich unvollständig.[28], [29] Dafür lassen sich mehrere Gründe anführen.

So erklärt die Neue Institutionenökonomik[30] die Existenz unvollständiger Verträge durch

- prohibitive Kosten der Formulierung vollständiger Verträge,[31]

---

28 Sind die Absatzaktivitäten hingegen im Vertrag detailliert festgeschrieben, so soll von einem vollständigen Franchisevertrag gesprochen werden.

29 Sehr häufig enthalten Franchiseverträge nur vage Formulierungen zu den Absatzaktivitäten der Vertragsparteien. Vgl. Al-Najjar (1995), S. 435. Siehe auch das "Modell" eines Franchisevertrags bei Skaupy (1995), S. 267 f. sowie Mathewson/Winter (1985), S. 505 f., Lal (1990), S. 312.

30 Neben Transaktionskosten gehören unvollständige Verträge zu den zentralen Konzepten der Neuen Institutionenökonomik. Vgl. z.B. Hart/Holmström (1987), S. 128 f., Hart (1987), Richter (1991), S. 407.

31 Gemeint sind die Kosten der Einigung der Vertragsparteien über ihr Verhalten in allen zukünftigen Eventualitäten in einer längerfristigen Vertragsbeziehung.
Vgl. z.B. Hart (1987), S. 128 f., Richter (1991), S. 407.

- die Unmöglichkeit der Kontrolle der Vertragseinhaltung durch die Vertragsparteien aufgrund asymmetrischer Informationsverteilung über die von den Vertragsparteien getroffenen absatzpolitischen Maßnahmen und daraus resultierenden prohibitiven Kontrollkosten[32] sowie
- die Unmöglichkeit der Kontrolle der Vertragseinhaltung durch Dritte (insbesondere durch Gerichte).[33]

Unvollständige Verträge können sich darüberhinaus bei durch rechtliche Normen eingeschränkter Vertragsfreiheit[34], aus Motivationsgründen[35] oder bei Informationsvorsprüngen einzelner Systemmitglieder ergeben.[36]

Die prinzipielle Unvollständigkeit hat eben jene Konsequenzen, die das Problem dieser Arbeit begründen. So belassen unvollständige Franchiseverträge den Vertragsparteien nach Vertragsabschluß Handlungsspielräume, die sie häufig ihrem Eigeninteresse folgend, also opportunistisch, ausnutzen. Beispielsweise wird der Franchisenehmer nicht ohne weiteres den aus Sicht des Franchisegebers optimalen Umfang an lokaler Werbung wählen. Die Unvollständigkeit des Vertrags kann von Nachteil für die Vertragsparteien sein, da der Opportunismus einer Vertragspartei sich häufig zu Lasten der anderen Vertragspartei auswirkt. Die Gefahr, daß eine Vertragspartei zum Nachteil der anderen handelt, bezeichnet man als moral hazard.

Die Möglichkeit opportunistischer Bestrebungen der jeweils anderen Vertragspartei hat man bei der Vertragsgestaltung, erfolge sie je nach der

---

32 Man spricht dann davon, daß die Vertragseinhaltung durch die Vertragsparteien nicht "beobachtbar" ist. Vgl. z.B. Holmström (1979), S. 74, Laux (1990), S. 14.

33 Vgl. z.B. Grossman/Hart (1986), S. 695 f., Schiller (1994), S. 10.

34 Für die Gestaltung von Franchiseverträgen ist insbesondere das Gesetz gegen Wettbewerbsbeschränkungen (GWB) zu beachten. Speziell verbietet § 15 GWB die Preisbindung von Absatzmittlern durch den Hersteller. Vgl. dazu z.B. Ahlert/Schröder (1989), S. 240 f.

35 Vgl. z. B. Laux/Liermann (1993), S. 213.

36 Beispielsweise kann es sinnvoll sein, die Wahl der Absatzaktivitäten den Franchisenehmern zu überlassen, wenn diese besser als der Franchisegeber über die lokalen Marktverhältnisse informiert sind. Vgl. dazu Minkler (1992), S. 242 f.

Machtverteilung im Absatzkanal durch den Franchisegeber oder aber durch den Franchisenehmer, im Auge zu behalten.

1.2 Problemstellung

Wegen der Unvollständigkeit des Franchisevertrags liegt also lediglich der Rahmen fest, innerhalb dessen die Vertragsparteien Entscheidungen über ihre Absatzaktivitäten treffen und zwar in der aufgezeigten opportunistischen Weise.

Nun kann der Vertragsgestalter bei Unvollständigkeit des Vertrags zwar nicht direkt, wohl aber über die monetären Vertragskomponenten gleichsam indirekt Einfluß auf die Absatzaktivitäten der Vertragsparteien nehmen: Von diesen Vertragsbestandteilen gehen Anreizwirkungen aus, sie haben also einen Einfluß auf die nach Vertragsabschluß erfolgende Wahl der Absatzaktivitäten.

Dem Vertragsgestalter stellt sich damit das Problem, die Anreizwirkungen der monetären Vertragskomponenten bereits bei deren Festlegung zu antizipieren. Je nachdem ob Anreizwirkungen nur bei einer Vertragspartei oder bei beiden Vertragsparteien zu berücksichtigen sind, kann zwischen einseitigen und zweiseitigen Anreizproblemen unterschieden werden.

Einseitige Anreizprobleme ergeben sich, wenn der Erfolg des Vertragsgestalters nach Vertragsabschluß nur von den Absatzaktivitäten der anderen Vertragspartei abhängt. Typischerweise wird der Erfolg aber von den Absatzaktivitäten beider Vertragsparteien, z.B. von deren Werbemaßnahmen, abhängen. Die monetären Vertragskomponenten beeinflussen dann die Wahl der Absatzaktivitäten sowohl des Franchisegebers als auch des Franchisenehmers. Der Vertragsgestalter hat die monetären Vertragskomponenten unter Berücksichtigung der mit ihnen verbundenen zweiseitigen Anreizwirkungen festzulegen. Es entsteht ein zweiseitiges Anreizproblem. Derartige

Probleme werden in der Literatur auch unter dem Stichwort "double moral hazard" diskutiert.[37]

Die Überlegung, daß die monetären Vertragskomponenten Einfluß auf die Wahl der Absatzaktivitäten haben, läßt sich beispielhaft am einfachsten für den Fall eines exogen gegebenen Marktpreises für das von den Franchisenehmern vertriebene Produkt aufzeigen. Eine Erhöhung z.B. der laufenden umsatzabhängigen Franchisegebühr führt dann zu einer Erhöhung der Dekkungsspanne pro an Endkunden verkaufter Produkteinheit beim Franchisegeber und zu einer Senkung der Deckungsspanne beim Franchisenehmer. Mit einer steigenden Deckungsspanne erhöht sich der Anreiz für nationale Werbemaßnahmen beim Franchisegeber. Umgekehrt sinkt durch die reduzierte Deckungsspanne der Anreiz für lokale Werbemaßnahmen beim Franchisenehmer. Eine Änderung der laufenden Franchisegebühr führt also zu einer Änderung der Werbeausgaben der Vertragsparteien.

Je nach Ausgestaltung des Franchisevertrags ergeben sich also bei dessen laufender Umsetzung unterschiedliche optimale Absatzaktivitäten der Vertragsparteien und damit auch ein unterschiedlicher Zielerreichungsgrad für den Vertragsgestalter. Der Franchisevertrag wird so zu einem Instrument der indirekten Verhaltenssteuerung bei den späteren Absatzaktivitäten.

Die optimale Ausgestaltung von Franchiseverträgen macht das Problem dieser Arbeit aus. Dabei kommt es vor allem auf die Gestaltung der monetären Vertragselemente, also auf

- den Handelsabgabepreis pro Mengeneinheit des vom Franchisegeber bezogenen Produkts,
- die fixe Franchisegebühr und
- die laufende Franchisegebühr als Prozentsatz des vom Franchisenehmer erzielten Umsatzes

---

37 Vgl. z.B. Eswaran/Kotwal(1985), Cooper/Ross (1985), Emons (1988), Romano (1994) und speziell auf das Franchising bezogen die Arbeiten von Mathewson/Winter (1985), Lal (1990) sowie Bhattacharyya/Lafontaine (1995).

an.

In welcher Höhe soll der Vertragsgestalter die oben genannten Bestandteile des Franchisevertrags unter Beachtung der mit der laufenden Franchisegebühr und dem Handelsabgabepreis verbundenen Anreizwirkungen auf die Vertragsparteien festsetzen? Welches sind die Merkmale einer optimalen Vertragsgestaltung?

Ziel der Arbeit ist also die Ableitung von Theoremen zur optimalen Vertragsgestaltung, die die praktische Vertragsgestaltung im Franchising gedanklich fundieren sollen.

1.3 Plan der Untersuchung

1.3.1 Methodische Grundlagen der Arbeit

Zur Analyse der vertraglichen Beziehungen in Franchisesystemen sind in der Literatur verschiedene Methoden verwendet worden.

Deskriptive Ansätze erfassen zum einen durch Analyse der Vertragsinhalte existierender Franchiseverträge quantitativ, welche vertragliche Regelungen in Franchisesystemen getroffen werden.[38] Zum anderen finden sich in der Literatur auf die Agency-Theorie gestützte empirische Untersuchungen, die speziell den Zusammenhang zwischen fixen sowie laufenden Franchisegebühren und verschiedenen Variablen, etwa den Kosten der Serviceleistungen des Franchisegebers, dem Umfang, mit dem die Franchisenehmer durch ihre Absatzaktivitäten Einfluß auf die Nachfrage nehmen, oder der Höhe des Absatzrisikos, untersuchen.[39] Zu den deskriptiven Ansätzen sind ferner jene Ansätze zu rechnen, die sich z.B. mit Vertragsregelungen zum Konfliktmanagement, zur Beteiligung der Franchisenehmer an den Entscheidungen der Systemzentrale oder zum Autonomiegrad der Franchisenehmer be-

---

[38] Vgl. Tietz (1987), S. 516 f., Clemens (1988), S. 90 f., Brauer (1989), S. 222 f., Wessels (1992), S. 130 f.

[39] Vgl. Lafontaine (1992), Sen (1993), Agrawal/Lal (1995).

schäftigen. Die gemeinten Ansätze knüpfen dabei an verhaltenswissenschaftliche Theorien wie z.B. der Anreiz-Beitrags-Theorie an.[40]

Normative Ansätze beschäftigen sich demgegenüber mit der aus dem Blickwinkel des Vertragsgestalters zielsetzungsgerechten Gestaltung der Vertragsbeziehungen in Franchisesystemen. Dabei stehen regelmäßig die monetären Vertragsbestandteile, d.h. die Franchisegebühren und die Warenabgabepreise für die vom Franchisenehmer bezogenen Produkte im Mittelpunkt der Überlegungen. Zum einen finden sich hierzu in der Literatur verbal gehaltene Überlegungen [41], zum anderen formale Ansätze, die die exakte Ableitung der optimalen monetären Vertragskomponenten erlauben und so zur gedanklichen Fundierung der praktischen Vertragsgestaltung im Franchising beitragen können.

Die vorliegende Arbeit ist als normative Analyse konzipiert[42] und knüpft mit der Prinzipal-Agenten-Theorie [43] an einen Ansatz an, der in neuerer Zeit in der Forschung in verschiedenen betriebswirtschaftlichen Teilbereichen eine wichtige Rolle spielt. So wird diese Theorie etwa im Bereich der Investitions- und Finanzierungstheorie[44] oder der Theorie der Rechnungslegung, der Kostenrechnung und des Controlling[45], besonders aber im Bereich der Organisationstheorie[46] angewendet. Aber auch im Marketing

---

40 Vgl. Meffert (1981), S. 102 f., Tietz (1987), S. 116 f., Maas (1990), S. 61 f., Sydow (1995), S. 25 f.

41 So z.B. bei Clemens (1988), S. 94, und Skaupy (1995), S. 135 f. Die Ausführungen von Clemens bauen dabei auf transaktionstheoretische Überlegungen von Williamson (1983, 1985) auf.

42 Dabei bauen die zu treffenden Annahmen auf den Ergebnissen der deskriptiven Analysen auf.

43 Zur Einführung in die Prinzipal-Agenten-Theorie eignen sich die Arbeiten von Arrow (1985), Levinthal (1988), Laux (1990), Elschen (1991) sowie Bergen/Dutta/Walker (1992).

44 Vgl. z.B. Terberger (1987), Neus (1989), Wosnitza (1991), Meyer (1992).

45 Vgl. z.B. Ewert (1990), Wagenhofer (1990), Pfaff (1993), Kah (1994), Chwolka (1996).

46 Vgl. z.B. Mirrlees (1976), Hess (1983), Levinthal (1988), Wenger/Terberger (1988), Petersen (1989), Laux (1990), Ruhl (1990), Föhr (1991), Picot (1991), Laux/Schenk-Mathes (1992), Laux (1995).

liegen mittlerweile verschiedene Anwendungen vor.[47] Die gemeinten Anwendungen betreffen Fragen

- der Steuerung des Verkaufsaußendienstes[48]
- der Anreizgestaltung im Absatzkanal[49] sowie
- des Marketing für Kontraktgüter.[50]

Gegenstand der Prinzipal-Agenten-Theorie ist die Analyse von Agency-Beziehungen[51] zwischen zwei eigennützig handelnden Parteien, die als Prinzipal und Agent bezeichnet werden. Einer der Parteien kommt die Aufgabe der vertraglichen Gestaltung der Agency-Beziehung zu. Diese Partei wird Prinzipal und die andere Agent genannt. Nach Vertragsabschluß hat der Agent (und gegebenenfalls auch der Prinzipal) aus einer Menge von zur Verfügung stehenden Handlungsalternativen auszuwählen. Die gewählte Handlungsalternative bzw. deren Folgen beeinflussen den Zielerreichungsgrad beider Parteien.

Die Beziehung zwischen Franchisegeber und Franchisenehmer läßt sich, wie bereits in mehreren Ansätzen geschehen, als Agency-Beziehung auffassen. Die Prinzipal-Agenten-Theorie liefert, die Existenz einer asymmetrischen Machtverteilung zwischen den Vertragsparteien vorausgesetzt, einen geeigneten Bezugsrahmen zur normativen Analyse des diese Beziehung regelnden Franchisevertrags.

---

47 Vgl. den Überblicksaufsatz von Bergen/Dutta/Walker (1992).

48 Vgl. z.B. Basu/Lal/Srinivasan/Staelin (1985), Coughlan/Sen (1989), Lal/Srinivasan (1993), Albers (1995).

49 Vgl. z.B. Zusman/Etgar (1981), Jeuland/Shugan (1983a, 1983b), Moorthy (1987), Schiller (1994), Sewing (1994), Ingene/Parry (1995). Diesem Bereich sind auch die im 2. Kapitel zu besprechenden Ansätze der Vertragsgestaltung im Franchising zuzurechnen.

50 Vgl. z.B. Kaas (1992, 1995), Schade/Schott (1993). Als Kontraktgüter werden dabei jene hochspezifischen und komplexen Dienstleistungen bezeichnet, die in mehr oder weniger enger Kooperation mit Kunden erstellt werden, und auf deren spezielle Bedürfnisse zugeschnitten sind. Vgl. Kaas (1992), S. 884.

51 Zu den Merkmalen einer Agency-Beziehung vgl. Pratt/Zeckhauser (1985), S. 2, Neus (1989), S. 21.

Ziel der Prinzipal-Agenten-Theorie ist allgemein die Ermittlung der aus Sicht des Prinzipals optimalen vertraglichen Gestaltung einer Agency-Beziehung bei unterstelltem eigennützigen (opportunistischen) Handeln der Vertragsparteien. Im allgemeinen wird dabei von dem Fall ausgegangen, daß über die Konsequenzen der von den Vertragsparteien getroffenen Entscheidungen Unsicherheit besteht. Darüber hinaus wird eine asymmetrische Informationsverteilung zwischen Prinzipal und Agent unterstellt,[52] die sich im Grundmodell der Prinzipal-Agenten-Theorie erst nach Vertragsabschluß ergibt.[53]

1.3.2 Aufbau der Arbeit

Nach der Einleitung beschäftigt sich Kapitel 2 mit dem gegenwärtigen Stand der Forschung in der Prinzipal-Agenten-Theorie des Franchising. Abschnitt 2.1 liefert einen kurzen Überblick über die relevanten Ansätze. Die Darstellung der gemeinten Ansätze erfolgt dann in Abschnitt 2.2. Überleitend zur eigenen Modellbildung wird in Abschnitt 2.3 der gegenwärtige Stand der Forschung kritisiert und in Abschnitt 2.4 weiterführende Perspektiven aufgezeigt.

In Kapitel 3 wird ein agencytheoretisches Grundmodell der Vertragsgestaltung im Franchising entwickelt. Nach Formulierung der Grundannahmen erfolgt die Analyse des Modells getrennt nach monopolistischen und polypolistischen Marktverhältnissen. Durch Abänderung einzelner Annahmen des Grundmodells entstehen Modellvarianten, die in den folgenden Kapiteln analysiert werden.

---

52 Zur Klassifikation der in der Prinzipal-Agenten-Theorie betrachteten Typen asymmetrischer Informationsverteilung vgl. Arrow (1985), S. 38 f., Kiener (1990), S. 23 f., Spremann (1990), S. 566, Rasmusen (1994), S. 165 f., Breid (1995), S. 824.

53 Zur analytischen Behandlung des Grundmodells existiert eine Fülle von Literatur. Verwiesen sei auf Holmström (1979), Grossman/Hart (1983), Arrow (1985), Rees (1985) sowie Rogerson (1985).

So wird etwa in Kapitel 4 die Annahme der Risikoneutralität der Vertragsparteien aufgehoben. Nach einer Diskussion des Zusammenhangs zwischen Franchising und Risikoeinstellung der Vertragsparteien erfolgt die Analyse des optimalen Vertrags bei risikoaversem Franchisenehmer.

In Kapitel 5 wird die Vertragsgestaltung bei begrenztem Opportunismus der Vertragsparteien untersucht. Grundlage der Modellbildung ist dabei das Konzept der Organisationsloyalität, das vorab vorgestellt wird.

In Kapitel 6 wird die Annahme des Grundmodells, daß die Vertragsparteien über alle für die Vertragsgestaltung relevanten Größen den gleichen Informationsstand besitzen, aufgehoben. Es wird stattdessen der Fall betrachtet, daß eine Vertragspartei die Ausprägung einer relevanten Größe kennt, die andere Partei aber nicht. Die Information über die gemeinte Größe sei privater Natur, d.h. die uninformierte Partei kann den Informationsgehalt nicht ohne weiteres extern beschaffen. Die Analyse erfolgt getrennt für die Fälle, daß sich die private Information auf Werbewirkungs- bzw. auf Kostengrößen bezieht.

Während im Grundmodell und in den übrigen Kapiteln die Vertragsgestaltung aus Sicht des Franchisegebers betrachtet wird, geht Kapitel 7 von einem Machtübergewicht des Franchisenehmers aus und analysiert die Vertragsgestaltung aus dessen Sicht. Dabei wird zwischen dem Fall des risikoneutralen bzw. risikoaversen Franchisegebers unterschieden.

In Kapitel 8 erfolgt eine Zusammenfassung der erzielten Ergebnisse und wird ein Ausblick auf Erweiterungsmöglichkeiten der Analyse gegeben.

2. Prinzipal-Agenten-Theorie des Franchising: Der Stand der Forschung

2.1 Überblick

In der Literatur finden sich unterschiedliche Ansätze zur Analyse der vertraglichen Gestaltung der vertikalen Beziehungen in Franchisesystemen. Die gemeinten Ansätze lassen sich formal danach klassifizieren, welche Annahmen zum Informationsstand über die Umwelt und zur Informationsverteilung zwischen den Systemmitgliedern getroffen werden (vgl. Tabelle 2.1). Zum anderen kann inhaltlich danach klassifiziert werden, ob in den gemeinten Ansätzen Franchisesysteme nur mit fixer Franchisegebühr oder auch mit laufenden Franchisegebühren und ob einseitige oder zweiseitige Anreizprobleme betrachtet werden (vgl. Abbildung 2.1).

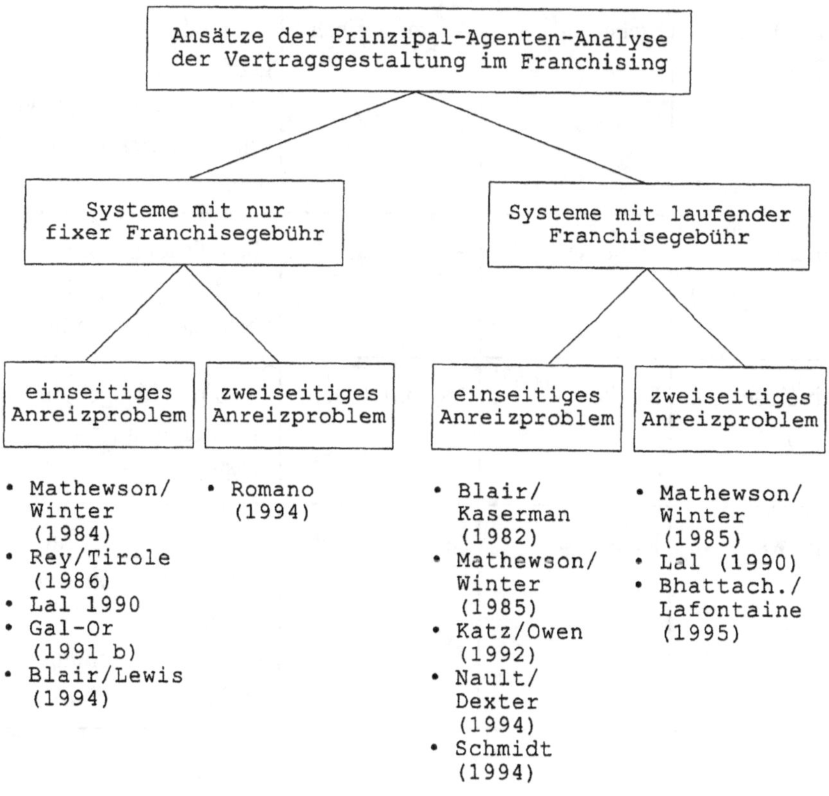

Abb. 2.1: Klassifikation der Literaturansätze

Tab. 2.1: Ansätze der normativen Analyse von Franchiseverträgen

Autor	Informations-stand über die Umwelt	Informations-verteilung	Vertragsbestandteile
Schmidt (1994)	Sicherheit	Symmetrisch	fixe Franchisegebühr laufende Franchise-gebühr
Mathewson/ Winter (1984)	Sicherheit	Asymmetrisch	Handelsabgabepreis fixe Franchisegebühr Mindestabnahmemenge Vertikale Preisbindung
Nault/Dexter (1994)	Sicherheit	Asymmetrisch	Laufende Franchise-gebühr Transferzahlungen zwischen den Franchise-nehmern
Romano (1994)	Sicherheit	Asymmetrisch	Handelsabgabepreis fixe Franchisegebühr vertikale Preisbindung
Blair/Kaserman (1982)	Risiko	Asymmetrisch	fixe Franchisegebühr laufende Franchise-gebühr
Mathewson/ Winter (1985)	Risiko	Asymmetrisch	fixe Franchisegebühr laufende Franchise-gebühr Kontrollwahrschein-lichkeit

Tab. 2.1: (Fortsetzung)

Rey/Tirole (1986)	Risiko	Asymmetrisch	Handelsabgabepreis fixe Franchisegebühr Gebietsschutz Vertikale Preisbindung
Lal (1990)	Risiko	Asymmetrisch	Handelsabgabepreis fixe Franchisegebühr laufende Franchise-gebühr
Gal-Or (1991)	Risiko	Asymmetrisch	Handelsabgabepreis fixe Franchisegebühr vertikale Preisbindung
Katz/Owen (1992)	Risiko	Asymmetrisch	fixe Franchisegebühr laufende Franchise-gebühr Werbeausgaben des Franchisegebers
Blair/Lewis (1994)	Risiko	Asymmetrisch	fixe Franchisegebühr vertikale Preisbindung
Bhattacharyya/ Lafontaine (1995)	Risiko	Asymmetrisch	fixe Franchisegebühr laufende Franchise-gebühr

2.2 Darstellung der Ansätze

2.2.1 Systeme mit nur fixer Franchisegebühr

2.2.1.1 Ansätze mit einseitigem Anreizproblem

2.2.1.1.1 Die Analyse von Mathewson/Winter

Mathewson/Winter (1984) betrachten ein Franchisesystem mit räumlicher Konkurrenz der Franchisenehmer. Sie gehen von einer gleichmäßigen Verteilung der Konsumenten in einem homogenen Raum aus. Den Konsumenten entstehen beim Besuch einer Verkaufsstelle Reisekosten, die von der Entfernung zwischen dem Wohnort der Konsumenten und den Reisekosten je Entfernungseinheit abhängen. Die Nachfrage der Konsumenten ist abhängig vom Gesamtpreis, der sich aus dem von den Franchisenehmern geforderten Endpreis und den Reisekosten zusammensetzt. Die Konsumenten fragen jeweils eine Produkteinheit bei demjenigen Franchisenehmer mit dem geringsten Gesamtpreis nach. Die Größe des von einem Franchisenehmer bearbeiteten Verkaufsgebiets hängt damit von dessen Endpreis ab. Die Franchisenehmer beziehen das Produkt beim Franchisegeber zu einem gegebenen Handelsabgabepreis und zahlen eine fixe Franchisegebühr. Beim Verkauf des Produkts fallen lediglich fixe Verkaufskosten an. Der Franchisegeber ist Monopolist und produziert zu konstanten Grenzkosten. Transportkosten fallen annahmegemäß nicht an. Nur über das Produkt informierte Konsumenten treten als Nachfrager auf. Die Information der Konsumenten erfolgt durch Werbung der Franchisenehmer. Es wird ein hinsichtlich des Werbeumfangs der Franchisenehmer unvollständiger Franchisevertrag unterstellt. Zur Werbewirkung werden zwei alternative Annahmen gesetzt. Entweder die Franchisenehmer können die Werbung auf Konsumenten aus dem von ihnen bearbeiteten Verkaufsgebiet begrenzen oder es werden aufgrund von Ausstrahlungseffekten, die sich etwa durch interpersonelle Kommunikation zwischen Konsumenten verschiedener Verkaufsgebiete ergeben können, auch Konsumenten anderer Verkaufsgebiete erreicht.

Die Autoren gehen auf der Grundlage dieser Annahmen der Frage nach, welche zusätzlichen Vereinbarungen im Franchisevertrag zu treffen sind, damit jene Absatzpolitik induziert wird, die der Franchisegeber im Fall eines vollständigen Franchisevertrags präferieren würde. Dabei wird unterstellt, daß der Franchisegeber den Endpreis, den Werbeumfang und die Größe der Verkaufsgebiete in einem vollständigen Franchisevertrag so festlegt, daß sein Gewinn pro Flächeneinheit maximiert wird.

Das Preissetzungskalkül der Franchisenehmer unterscheidet sich, wenn diese als Nash-Wettbewerber agieren, in zwei Punkten von dem des Franchisegebers. Zum einen liegen dem Preissetzungskalkül unterschiedliche Spannen zugrunde, wenn sich Handelsabgabepreis und Grenzkosten der Produktion unterscheiden. Liegt der Handelsabgabepreis oberhalb der Grenzkosten der Produktion, so würde sich allein aufgrund dieser Tatsache ein höherer Endpreis als beim vollständigen Franchisevertrag ergeben. Das Preissetzungskalkül der Franchisenehmer unterscheidet sich aber zum anderen von dem des Franchisegebers dadurch, daß die Franchisenehmer bei der Preissetzung auch die Auswirkungen auf die Größe ihres Verkaufsgebiets berücksichtigen. Ein hoher Endpreis führt zu einer Verringerung des Verkaufsgebiets zugunsten konkurriender Franchisenehmer. Selbst bei einer Wahl des Handelsabgabepreises in Höhe der Grenzkosten der Produktion würde sich im symmetrischen Nash-Gleichgewicht aufgrund dieser Tatsache ein im Vergleich zum vollständigen Vertrag zu geringer Endpreis ergeben. Um den Endpreis des vollständigen Vertrags zu induzieren, müßte der Franchisegeber den Handelsabgabepreis oberhalb der Grenzkosten der Produktion festlegen. Dann wäre allerdings der Werbeumfang der Franchisenehmer im Vergleich zum vollständigen Vertrag zu gering. Gibt es keine Ausstrahlungseffekte der Werbung, so kann der Franchisegeber dennoch die Absatzpolitik des vollständigen Vertrags induzieren, wenn er den Handelsabgabepreis gleich den Grenzkosten der Produktion setzt und zusätzlich

- das Verkaufsgebiet der Franchisenehmer vertraglich festschreibt (Gebietsschutz) oder
- den zu fordernden Endpreis vertraglich vorschreibt (vertikale Preisbindung).[1]

---

1 Vgl. Mathewson/Winter (1984), S. 36.

Die fixe Franchisegebühr ist dann so zu wählen, daß die von den Franchisenehmern erzielten Gewinne auf den Franchisegeber transferiert werden.

Bestehen Ausstrahlungseffekte der Werbung, so reduziert sich aufgrund der Möglichkeit zum horizontalen Trittbrettfahren der Anreiz zur Werbung bei den Franchisenehmern. Um den Anreiz zur Werbung zu steigern, müßte den Franchisenehmern durch Wahl eines Handelsabgabepreises unterhalb der Grenzkosten der Produktion eine höhere Spanne eingeräumt werden. In diesem Fall wäre allerdings der von den Franchisenehmern geforderte Endpreis im Vergleich zum vollständigen Vertrag zu gering. Um die Absatzpolitik des vollständigen Vertrags zu induzieren, muß daher der Franchisevertrag um eine vertikale Preisbindung ergänzt werden.[2]

2.2.1.1.2 Die Analyse von Rey/Tirole

Rey/Tirole (1986) betrachten ein Franchisesystem mit zwei Verkaufsstellen, die von identischen Franchisenehmern betrieben werden. Der Franchisegeber vereinbart mit jedem Franchisenehmer einen Vertrag, der neben dem Handelsabgabepreis auch die zu zahlende fixe Franchisegebühr als Kernelemente umfaßt. Die Autoren unterscheiden in ihrem Modell zwei Arten von Unsicherheit: Nachfrageunsicherheit und Unsicherheit über die Höhe der Verkaufskosten pro Stück. Im Zeitpunkt der Vertragsvereinbarung haben Franchisegeber und Franchisenehmer hierüber homogene Erwartungen. Nach Vertragsvereinbarung, im Fall eines unvollständigen Vertrags jedoch vor der Festsetzung des Endpreises durch die Franchisenehmer, erhalten diese private Informationen[3] über die oben genannten Größen, die dem Franchisegeber nicht zur Verfügung stehen. Während der Franchisegeber risikoneutral ist, sind die Franchisenehmer entweder ebenfalls risikoneutral oder haben eine unendlich hohe Risikoaversion. Im zweiten Fall beurteilen sie Verträge mit dem Franchisegeber anhand des für sie im schlechtesten möglichen Umweltzustand erzielbaren Gewinns.

---

2 Vgl. Mathewson/Winter (1984), S. 37.

3 Informationen, die nur einem Systemmitglied zur Verfügung stehen, sollen im folgenden als private Informationen bezeichnet werden.

Die Nachfragefunktion ist linear, es herrscht Unsicherheit über die Höhe des Prohibitivpreises. Die Produktion verursacht beim Franchisegeber konstante Grenzkosten.

Vor dem Hintergrund dieser Annahmen beurteilen Rey/Tirole drei alternative Vertragstypen. Vertrag 1 enthält außer den bereits genannten Vereinbarungen über Handelsabgabepreis und fixer Franchisegebühr keine weiteren vertraglichen Regelungen. Dieser Vertrag ist also hinsichtlich des Endpreises unvollständig und läßt insbesondere Preiswettbewerb zwischen den Franchisenehmern zu. Es wird angenommen, daß die Franchisenehmer in diesem Fall als Bertrand-Wettbewerber agieren.[4] Daher entspricht der Endpreis in jedem Umweltzustand den Grenzkosten der Franchisenehmer, die sich als Summe der Verkaufskosten pro Stück und dem Handelsabgabepreis ergeben. Da somit die Deckungsspanne der Franchisenehmer Null ist, muß auch die fixe Franchisegebühr Null betragen.

Vertrag 2 ist ebenfalls hinsichtlich des Endpreises unvollständig, räumt den Franchisenehmern aber absoluten Gebietsschutz ein. In diesem Fall agieren die Franchisenehmer als Monopolisten in ihrem jeweiligen Verkaufsgebiet. Es wird angenommen, daß sich die Marktnachfrage gleichmäßig auf beide Verkaufsgebiete verteilt.

Vertrag 3 beinhaltet eine vertikale Preisbindung, bei der neben dem Handelsabgabepreis und der fixen Franchisegebühr auch der zu fordernde Endpreis vertraglich vom Franchisegeber vorgeben wird. Dieser Vertrag ist also hinsichtlich des Endpreises vollständig. Da die Marktnachfrage in diesem Modell nur vom Endpreis abhängig ist, bleibt den Franchisenehmern nur die Annahme oder die Ablehnung des Vertrags.

Die drei betrachteten Vertragstypen weisen Eigenschaften auf, die aus Sicht der einzelnen Systemmitglieder unterschiedlich zu beurteilen sind. Vertrag 1 ("Wettbewerb") bietet den Franchisenehmern vollkommenen Schutz vor Gewinnschwankungen, was im Fall der Risikoaversion der Franchisenehmer von Bedeutung ist. Der sich ergebende Endpreis reagiert auf Schwankungen

---

4 Zum Konzept des Bertrand-Wettbewerbs vgl. z.B. Wied-Nebbeling (1993), S. 142 f.

der Verkaufskosten, nicht aber auf Schwankungen der Nachfrage. Diese preisliche Inflexibilität läßt diesen Vertragstyp aus Sicht des Franchisegebers deshalb als weniger vorteilhaft erscheinen. Vertrag 2 ("Gebietsschutz") erlaubt es dem Franchisegeber, sein Produkt zu Grenzkosten an die Franchisenehmer zu verkaufen und so den aus Franchisegebersicht im jeweiligen Umweltzustand optimalen Endpreis zu induzieren. Die bei den Franchisenehmern entstehenden Gewinne können durch die fixe Franchisegebühr abgeschöpft werden, so daß der Franchisegeber den erwarteten Gewinn bei vertikaler Integration erzielen kann. Allerdings führt dieser Vertrag zu Gewinnschwankungen auf Seiten der Franchisenehmer, gegen die eine völlige Absicherung nicht möglich ist. Vertrag 3 ("vertikale Preisbindung") schreibt den zu fordernden Endpreis verbindlich vor. Der Endpreis reagiert somit weder auf Schwankungen der Nachfrage noch auf Schwankungen der Verkaufskosten. Ähnlich wie bei Vertrag 1 ist diese Inflexibilität aus Sicht des Franchisegebers nachteilig. Ist lediglich die Nachfrage unsicher, so kann der Franchisegeber den Endpreis so wählen, daß die Gewinnspanne der Franchisenehmer verschwindet. In diesem Fall ist eine völlige Absicherung der Franchisenehmer gegen Gewinnschwankungen erreicht. Sind jedoch auch die Verkaufskosten pro Stück unsicher, so ist eine völlige Absicherung gegen Gewinnschwankungen bei diesem Vertrag nicht möglich.

Rey/Tirole zeigen vor dem Hintergrund der obigen Überlegungen die Gültigkeit der folgenden Aussagen:[5]

1. Angenommen, die Franchisenehmer sind risikoneutral und sowohl die Nachfrage als auch die Verkaufskosten pro Stück sind unsicher. Dann ist aus Sicht des Franchisegebers Vertrag 2 gegenüber Vertrag 1 vorzuziehen. Vertrag 3 und Vertrag 1 sind gleichwertig.

2. Angenommen, die Franchisenehmer haben eine unendlich hohe Risikoaversion. Ist lediglich die Nachfrage unsicher, so sind die Verträge 1 und 3 weiterhin gleichwertig. Beide Vertragstypen sind gegenüber Vertrag 2 vorzuziehen. Sind lediglich die Verkaufskosten pro Stück unsicher, so ist Vertrag 1 aus Sicht des Franchisegebers besser als Vertrag 2 und dieser ist wiederum gegenüber Vertrag 3 vorzuziehen.

---

5 Vgl. Rey/Tirole (1986), S. 23 f.

2.2.1.1.3 Die Analyse von Lal

Lal (1990) betrachtet in der einfachsten Modellvariante den Fall, daß nur ein Franchisenehmer mit der Distribution des Produkt betraut wird. Die Endverbrauchernachfrage ist sowohl vom Preis als auch vom Service, den der Franchisenehmer anbietet, abhängig. Der Franchisenehmer hat dabei die Wahl zwischen einem niedrigeren und einem höheren Serviceniveau, wobei der größere Service mit höheren Kosten verbunden ist. Es besteht Nachfrageunsicherheit, beide Vertragsparteien sind risikoneutral. In dieser Situation entspricht der optimale Handelsabgabepreis den Grenzkosten des Franchisegebers, laufende Franchisegebühren werden nicht erhoben. Der Franchisenehmer wählt bei diesem Vertrag genau jenen Endpreis und jenen Service, den der Franchisegeber bei vertikaler Integration gewählt hätte.[6] Weder bedarf es in diesem Fall der Erhebung laufender Franchisegebühren, noch besteht für den Franchisegeber eine Notwendigkeit, die absatzpolitischen Maßnahmen des Franchisenehmers zu überwachen.

Das Bild ändert sich, wenn zwei Franchisenehmer mit der Distribution des Produkts beauftragt sind, zwischen denen aufgrund von Ausstrahlungseffekten zwischen den Verkaufsgebieten Nachfrageinterdependenzen bestehen. Speziell wird unterstellt, die bei einem Franchisenehmer wirksam werdende Nachfrage sei abhängig vom Serviceniveau, das der jeweils andere Franchisenehmer wählt. Die betrachtete Situation erlaubt somit die Möglichkeit des horizontalen Trittbrettfahrens zwischen den Franchisenehmern. Ein verbesserter Service eines Franchisenehmers kommt nicht nur diesem, sondern auch dem jeweils anderen Franchisenehmer zugute. Betrachtet man nun zunächst denselben unvollständigen Franchisevertrag wie im Fall nur eines Franchisenehmers, so zeigt die Analyse des Nash-Gleichgewichts, daß bei ausreichend hohen Kosten für den größeren Service beide Franchisenehmer einen Anreiz haben, das niedrigere Serviceniveau zu wählen.[7] Der Franchisegeber würde sich hingegen besser stellen, wenn beide Franchisenehmer den größeren Service wählen würden. Für den Franchisegeber gilt es daher zu überlegen, ob es zweckmäßig ist, ein Kontrollsystem zur Überwa-

---

6 Vgl. Lal (1990), S. 304.

7 Vgl. Lal (1990), S. 305.

chung des von den Franchisenehmern angebotenen Service einzuführen. Unterstellt wird dabei, der Franchisegeber sei prinzipiell in der Lage den von den Franchisenehmern angebotenen Service korrekt festzustellen.

Die Möglichkeit der Installierung eines solchen Kontrollsystems wird im nächsten Schritt in die Analyse einbezogen. Der von den Franchisenehmern einzuhaltende höhere Service wird nunmehr vertraglich fixiert. Somit wird ein hinsichtlich des einzuhaltenden Service vollständiger Vertrag betrachtet. Die Festlegung des Endpreises erfolgt hingegen weiterhin durch die Franchisenehmer. Wird das vertraglich vereinbarte Serviceniveau im Fall einer Kontrolle unterschritten, hat der betreffende Franchisenehmer eine ebenfalls vertraglich vereinbarte Strafe an den Franchisegeber zu zahlen. Andererseits entstehen dem Franchisegeber durch Kontrollmaßnahmen zusätzliche Kosten.

Da ein Nash-Gleichgewicht in reinen Strategien (Wahl des Serviceniveaus durch die Franchisenehmer, Wahl zwischen Kontrolle und Verzicht auf Kontrolle durch den Franchisegeber) nicht existiert, wird ein Nash-Gleichgewicht in gemischten Strategien gesucht. Zu diesem Zweck wird als Entscheidungsvariable die Kontrollwahrscheinlichkeit Ψ_m des Franchisegebers eingeführt. Ψ_m gibt die Wahrscheinlichkeit an, mit der der Franchisegeber das Serviceniveau eines Franchisenehmers kontrolliert. Analog dazu wird auch auf Seiten der Franchisenehmer zu gemischten Strategien übergegangen und mit Ψ_s die Wahrscheinlichkeit bezeichnet, mit der der Franchisenehmer das höhere Serviceniveau wählt. Gesucht ist nunmehr ein Nash-Gleichgewicht in den Variablen (Ψ_m, Ψ_s). Diese Größen sind für beide Franchisenehmer identisch, so daß ein symmetrisches Gleichgewicht betrachtet wird. Die Gleichgewichtsanalyse zeigt, daß Ψ_m * im Optimum positiv ist.[8] Für den Franchisegeber ist es demnach optimal, den von den Franchisenehmern angebotenen Service mit positiver Wahrscheinlichkeit zu kontrollieren. Die Franchisenehmer wählen in diesem Fall im Gleichgewicht das höhere Serviceniveau ebenfalls mit positiver Wahrscheinlichkeit $\Psi_s^* > 0$. Eine Zufallsinspektion durch den Franchisenehmer führt also dazu, daß die Franchisenehmer mit positiver Wahrscheinlichkeit den vertraglich vereinbarten Service einhalten. Ist die Kontrolle durch den Franchisegeber ko-

---

8 Vgl. Lal (1990), S. 309.

stenlos, so reicht eine Zufallsinspektion mit entsprechend hoher Kontrollwahrscheinlichkeit aus, um die Wahl des höheren Serviceniveaus durch die Franchisenehmer mit Sicherheit zu gewährleisten. Überraschend steigt die optimale Kontrollwahrscheinlichkeit des Franchisegebers mit steigenden Kontrollkosten. Lal begründet dieses Ergebnis damit, daß bei steigenden Kontrollkosten die Wahrscheinlichkeit, mit der die Franchisenehmer das höhere Serviceniveau anbieten, ceteris paribus sinkt und daher eine höhere Kontrollwahrscheinlichkeit des Franchisegebers erforderlich wird.

Wie ändert sich nun diese Gleichgewichtslösung, wenn laufende Franchisegebühren erhoben werden? Die Analyse zeigt, daß sich die Wahrscheinlichkeit $\Psi_S{}^*$ für die Wahl des höheren Serviceniveaus durch die Einbeziehung laufender Franchisegebühren nicht ändert.[9] Laufende Franchisegebühren führen somit aus Sicht des Franchisegebers nicht zu einer verbesserten Anreizwirkung und sind daher selbst bei Vorliegen horizontaler Externalitäten nicht erforderlich.

2.2.1.1.4 Die Analyse von Gal-Or

Gal-Or (1991 b) betrachtet ein Modell, bei dem der Franchisenehmer vor Entscheidung über den Endpreis private Informationen über den Nachfragezustand erhält. Der Franchisegeber kann den Nachfragezustand nicht selbst beobachten, wird jedoch durch den Franchisenehmer über dessen Beobachtung informiert. Im Zeitpunkt der Vertragsvereinbarung ist der Nachfragezustand sowohl dem Franchisegeber als auch dem Franchisenehmer unbekannt, beide haben über die Höhe der Nachfrage aber homogene Erwartungen.

Vor dem Hintergrund dieser Annahmen werden zwei unterschiedliche Vertragsformen untersucht:

1. Vertrag 1 ist hinsichtlich des Endpreises unvollständig und umfaßt den Handelsabgabepreis und die zu zahlende fixe Franchisegebühr jeweils in

---

9 Vgl. Lal (1990), S. 311.

Abhängigkeit von der Mitteilung des Franchisenehmers über den von ihm beobachteten Nachfragezustand.

2. Vertrag 2 beinhaltet neben dem Handelsabgabepreis und der fixen Franchisegebühr darüber hinaus auch den zu fordernden Endpreis. Alle drei Größen werden ebenfalls in Abhängigkeit von der Mitteilung des Franchisenehmers über den von ihm beobachteten Nachfragezustand formuliert.

Die (inverse) Nachfragefunktion, der sich der Franchisenehmer gegenübersieht, ist linear. Sie hängt von einem ex-ante unbekannten Nachfrageparameter Θ ab, der Werte im Intervall $[\Theta_{min},\Theta_{max}]$ annehmen kann. Produktionskosten fallen beim Franchisegeber annahmegemäßt nicht an.

Im Unterschied zur Analyse von Rey/Tirole wird verlangt, daß der Gewinn des Franchisenehmers in jedem Nachfragezustand nicht-negativ ist.[10]

Unter Bezugnahme auf das Offenbarungsprinzip ("Revelation Principle") von Myerson (1979) beschränkt sich die Suche nach aus Sicht des Franchisegebers optimalen Verträgen auf solche, bei denen der Franchisenehmer einen Anreiz hat, wahrheitsgemäß über den von ihm beobachteten Nachfragezustand zu berichten.

Die formale Modellanalyse zeigt, daß im Fall von Vertrag 1 der ex-post Gewinn des Franchisenehmers in jedem Nachfragezustand $\Theta > \Theta_{min}$ strikt positiv ist.[11] Der Franchisenehmer erzielt aufgrund der asymmetrischen Informationsverteilung eine "Informationsrente". Der Handelsabgabepreis ist in dieser Situation größer als die mit Null angenommenen Grenzkosten der Produktion des Franchisegebers. Hieraus ergibt sich ein im Vergleich zum Fall einer symmetrischen Informationsverteilung höherer Endpreis bei ei-

---

10 "This assumption is the result of limited equity available to the retailer, which implies that the retailer can never occur losses." (Gal-Or [1991 a], S. 348).
Diese Annahme ist darüber hinaus sinnvoll, wenn der Franchisenehmer den relevanten Nachfragestand bereits im Zeitpunkt der Vertragsvereinbarung kennt. Im Gegensatz zu dieser Formulierung der Teilnahmebedingung des Franchisenehmers verlangen Rey/Tirole im Fall der Risikoneutralität lediglich, daß dessen erwarteter Gewinn nicht negativ ist.

11 Vgl. Gal-Or (1991 b), S. 513.

nem gleichzeitig geringeren ex-post Gewinn des Franchisegebers. Private Informationen des Franchisenehmers über den Nachfragezustand führen bei diesem Vertragstyp daher aus Sicht des Franchisegebers zu einem Effizienzverlust.

Anders ist die Situation im Fall von Vertrag 2 zu beurteilen. Hier entspricht der optimale Handelsabgabepreis dem durch den Hersteller vorgegebenen Endpreis abzüglich der vom Franchisenehmer zu tragenden Grenzkosten des Verkaufs. Die Deckungsspanne des Franchisenehmers ist folglich in jedem Nachfragezustand gleich Null. Unter Berücksichtigung fixer Verkaufskosten des Franchisenehmers ergibt sich eine negative fixe Franchisegebühr, also eine feste Transferzahlung vom Franchisegeber an den Franchisenehmer, so daß der ex-post Gewinn des Franchisenehmers in jedem Nachfragezustand Null beträgt.[12] Der Franchisenehmer ist also in diesem Fall nicht in der Lage, seinen Informationsvorsprung auszunutzen und eine zu Lasten des Franchisegebers gehende Informationsrente zu erzielen. Die vertikale Preisbindung erlaubt es dem Franchisegeber, das gleiche Ergebnis wie im Fall einer symmetrischen Informationsverteilung zu erzielen.[13] Abweichungen vom Ergebnis bei symmetrischer Informationsverteilung ergeben sich allerdings auch im Fall der vertikalen Preisbindung dann, wenn sich die Informationsasymmetrie nicht nur auf den Nachfragezustand, sondern zusätzlich auch auf die Grenzkosten des Verkaufs bezieht. Jedoch ist auch in diesem Fall die Abweichung vom Ergebnis bei symmetrischer Informationsverteilung mit der Möglichkeit einer vertikalen Preisbindung geringer als ohne sie.

2.2.1.1.5 Die Analyse von Blair/Lewis

Wie im Ansatz von Gal-Or (1991 b) wird auch bei Blair/Lewis (1994) ein Modell mit asymmetrischer Informationsverteilung betrachtet, bei der der Franchisenehmer besser über eine bestimmte Marktcharakteristik Θ, die die

---

12 Damit verschwindet jeder Anreiz zur unwahrheitsgemäßen Berichterstattung über den beobachteten Nachfrageparameter. Vgl. Gal-Or (1991 b), S. 510.

13 Vgl. Gal-Or (1991 b), S. 514.

Nachfrage positiv beeinflußt, informiert ist als der Franchisegeber. Analog zum Modell von Gal-Or ergibt sich in dieser Situation eine "Informationsrente" für den Franchisenehmer. Es wird untersucht, wie der Franchisegeber diese Informationsrente durch vertikale Preis- und Mengenbindungen beschränken kann.

Die Marktnachfrage hängt in diesem Modell neben dem exogenen Nachfrageparameter Θ und dem Endpreis auch vom Umfang der Verkaufsförderung durch den Franchisenehmer ab. Verkaufsförderung umfasst dabei Absatzaktivitäten wie Werbung, Verbraucherberatung, Produktvorführungen und Service. Es werden Franchiseverträge betrachtet, die annahmegemäß hinsichtlich des Umfangs der Verkaufsförderungsmaßnahmen,nicht aber bezüglich des Endpreises unvollständig sind. Der Franchisegeber kennt die von ihm an den Franchisenehmer gelieferte Produktmenge, kann aber die effektiv am Markt verkaufte Menge nicht beobachten. Durch diese Annahme wird die ex-post Beobachtbarkeit der Verkaufsförderungsmaßnahmen durch den Franchisegeber ausgeschlossen. Die Liefermenge des Franchisegebers bildet somit lediglich die Obergrenze für die effektiv am Markt verkaufte Menge.

Wie im Modell von Gal-Or bestimmt der Franchisegeber zustandsabhängige Verträge, die den zu fordernden Endpreis, die Liefermenge und die vom Franchisenehmer zu zahlende fixe Franchisegebühr in Abhängigkeit von der Marktcharakteristik Θ spezifizieren. Aus diesem "Vertragsmenü" wird der definitiv gültige Vertrag nach Maßgabe der vom Franchisenehmer an den Franchisegeber übermittelten Information über die Marktcharakteristik ausgewählt. Auch Blair/Lewis machen Gebrauch vom dem Offenbarungsprinzip, so daß nur solche Verträge betrachtet werden, die den Franchisenehmer zur wahrheitsgemäßen Berichterstattung veranlassen.

Wie die Autoren zeigen, hängt die vom Franchisenehmer erzielbare Informationsrente von der Grenzrate der Substitution zwischen den Verkaufsförderungsmaßnahmen und der Marktcharakteristik ab.[14] Die Grenzrate der Substitution gibt dabei an, in welchem Umfang der Franchisenehmer seine Verkaufsförderungsmaßnahmen bei hohem Nachfrageparameter reduzieren

---

14 Vgl. Blair/Lewis (1994), S. 287.

kann, ohne einen Absatzverlust hinnehmen zu müssen. Der Franchisegeber ist daher bestrebt, die zustandsabhängigen Verträge so zu gestalten, daß die Grenzrate der Substitution möglichst gering wird.

Bei der Analyse optimaler Verträge sind drei Fälle zu unterscheiden:

(1) Die Grenzrate der Substitution zwischen Verkaufsförderung und Marktcharakteristik ist unabhängig vom Endpreis und von der Absatzmenge

(2) Die Grenzrate der Substitution steigt mit dem Endpreis und der Absatzmenge

(3) Die Grenzrate der Substitution fällt mit dem Endpreis und der Absatzmenge

Im Fall (1) werden dieselben Werte für Endpreis und Liefermenge wie im Fall symmetrischer Informationsverteilung (first-best Lösung) vertraglich festgeschrieben.[15] Trotz der privaten Information des Franchisenehmers über die Marktcharakteristik betreibt er bei diesem Vertrag Verkaufsförderungsmaßnahmen genau in jenem Umfang, das sich die first-best Absatzmenge ergibt. Im Gegensatz zur first-best Lösung übertrifft allerdings der Gewinn des Franchisenehmers seinen Reservationsgewinn. In den Fällen (2) und (3) kann der Franchisegeber die Grenzrate der Substitution und damit den vom Franchisenehmer erzielbaren Gewinn durch seine Mengen- und Preisvorgaben beeinflussen. Die Reduzierung der Informationsrente des Franchisenehmers verlangt dabei ein Abweichen des vertraglich vereinbarten Endpreises und Liefermenge vom first-best Optimum. Im Fall (2) bedeutet dies, daß sowohl der Endpreis als auch die im Vertrag vereinbarte Liefermenge unterhalb und im Fall (3) oberhalb ihrer Werte im first-best Optimum zu fixieren sind.[16]

---

15 Vgl. Blair/Lewis (1994), S. 290.

16 Vgl. ebenda.

2.2.1.2 Ein Ansatz mit zweiseitigem Anreizproblem

Romano (1994) berücksichtigt in seinem Ansatz Absatzaktivitäten des Franchisegebers und des Franchisenehmers. Der Franchisegeber beeinflußt die Nachfrage dabei durch Wahl der Produktqualität, der Franchisenehmer durch Maßmahmen der Verkaufsförderung. Die Einhaltung vertraglicher Vereinbarungen über diese Größen ist annahmegemäß wechselseitig nicht überprüfbar, so daß ein zweiseitiges Anreizproblem entsteht. Der betrachtete Franchisevertrag ist folglich hinsichtlich der Qualität des vom Franchisegeber hergestellten Produkts sowie des Umfangs der Verkaufsförderung durch den Franchisenehmer unvollständig. Hingegen sei es möglich, den vom Franchisenehmer zu fordernden Endpreis vertraglich zu vereinbaren. Der betrachtete Franchisevertrag spezifiziert darüberhinaus den Handelsabgabepreis und die zu zahlende fixe Franchisegebühr. Die Produktion beim Franchisegeber erfolgt zu konstanten Grenzkosten.

Die beiden Vertragsparteien entscheiden nach Vertragsabschluß Weise über Produktqualität und den Umfang an Verkaufsförderung. Der Franchisevertrag muß daher sowohl dem Franchisenehmer als auch dem Franchisegeber Anreize zur effizienten Wahl der Absatzaktivitäten geben. Entspricht beispielsweise der Handelsabgabepreis den Grenzkosten des Franchisegebers, so ergibt sich hieraus für den Franchisenehmer ein Anreiz, denselben Umfang an Verkaufsförderung wie im Fall eines vollständigen Vertrags zu wählen. Durch die verschwindende Spanne hätte der Franchisegeber dann allerdings keinen Anreiz, eine höhere als die minimale Produktqualität anzubieten.

Im Optimum ergibt sich ein Handelsabgabepreis, der zwischen den Grenzkosten und dem optimalen Endpreis des vollständigen Vertrags liegt. Allerdings läßt sich mit diesem Handelsabgabepreis die Absatzpolitik des vollständigen Vertrags nicht induzieren. Im Vergleich zum vollständigen Vertrag ist sowohl die Produktqualität als auch der Umfang an Verkaufsförderung zu gering.[17] Wird dem Franchisenehmer die Wahl des Endpreises überlassen, so weicht auch dieser im allgemeinen vom optimalen Endpreis des vollständigen Vertrags ab. Der Franchisegeber profitiert daher von der

---

17 Vgl. Romano (1994), S. 460.

Möglichkeit, den zu fordernden Endpreis vertraglich vorzuschreiben. Diese vertikale Preisbindung kann dabei die Form einer (im Optimum bindenden) Vorgabe eines Höchst- oder eines Mindestpreises annehmen. Welche der beiden Möglichkeiten gewählt wird, ist abhängig von der Richtung der Abweichung zwischen dem vom Franchisenehmer gewählten Endpreis und dem optimalen Endpreis des vollständigen Vertrags. Diese wiederum ist abhängig von der Preiselastizität der Nachfrage, der Elastizität der Nachfrage bezüglich Qualität und Verkaufsförderung sowie der Preiselastizität der Nash-Gleichgewichtswerte für Qualität und Verkaufsförderung.[18] Würde die Nachfrage nur vom Endpreis beeinflußt, so wäre der vom Franchisenehmer gewählte Endpreis größer als derjenige des vollständigen Vertrags. Wird der Endpreis des vollständigen Vertrags als Höchstpreis vereinbart, so wählt der Franchisenehmer zwar genau diesen Preis, es ergeben sich allerdings auch Auswirkungen auf die Produktqualiät und den Umfang an Verkaufsförderung im Nash-Gleichgewicht. Da mit steigendem Endpreis der Umfang an Verkaufsförderung im Nash-Gleichgewicht zunimmt, sinkt durch die Vereinbarung eines Höchstpreises dieser Umfang im Vergleich zum vollständigen Vertrag noch weiter. Ist die am Produkt aus Preiselastizität der Verkaufsförderung im Nash-Gleichgewicht und der Verkaufsförderungselastizität der Nachfrage gemessene Stärke dieses Effekts im Vergleich zur Preiselastizität der Nachfrage gering, so ist dennoch die Vorgabe des Endpreises des vollständigen Vertrags als Höchstpreis vorzuziehen.[19] Die Auswirkungen, die sich hierdurch für die im Nash-Gleichgewicht angebotene Produktqualität ergeben, hängen davon ab, ob Qualität und Verkaufsförderung Nachfragekomplemente oder -substitute sind. Im ersten Fall würde durch die Vereinbarung eines Höchstpreises die Produktqualität im Nash-Gleichgewicht sinken, im zweiten Fall hingegen steigen. Handelt es sich bei der Produktqualität und der Verkaufsförderung um Nachfragesubstitute oder beeinflussen beide Größen die Nachfrage unabhängig voneinander, so ist unter der oben genannten Bedingung weiterhin der Endpreis des vollständigen Vertrags als Höchstpreis vorzugeben.

---

18 Vgl. ebenda.

19 Vgl. Romano (1994), S. 461.

2.2.2 Systeme mit laufender Franchisegebühr

2.2.2.1 Ansätze mit einseitigem Anreizproblem

2.2.2.1.1 Die Analyse von Blair/Kaserman

Das erste formale Modell des Franchising unter Einbezug einer laufenden Franchisegebühr wurde von Blair/Kaserman (1982) entwickelt. Die Autoren betrachten ein Zwei-Perioden-Modell, bei dem der Franchisenehmer in Periode 1 eine fixe Franchisegebühr für das Recht zahlt, das Produkt des Franchisegebers in Periode 2 zu vertreiben. Zusätzlich wird die Zahlung einer laufenden Franchisegebühr vereinbart, die in diesem Modell von der Absatzmenge abhängig ist.

Im Zeitpunkt der Vertragsvereinbarung haben beide Vertragsparteien unterschiedliche Erwartungen über die voraussichtliche Endverbrauchernachfrage. Diese divergierenden Erwartungen werden aber nicht durch unterschiedliche Wahrscheinlichkeitsverteilungen modelliert, sondern drücken sich in unterschiedlichen Diskontraten aus, mit denen die Vertragsparteien die Erlöse der zweiten Periode diskontieren. Durch diesen "Kunstgriff" gelingt es Blair/Kaserman die Entscheidungsprobleme des Franchisenehmers bzw. des Franchisegebers formal als Optimierungsprobleme unter Sicherheit zu formulieren. Es wird unterstellt, daß der Franchisegeber die Produktnachfrage optimistischer einschätzt als der Franchisenehmer. Die Autoren begründen diese Annahme mit der Unsicherheit des Franchisenehmers, ob der Franchisegeber nach Vertragsabschluß den Markenwert seines Produkts mit entsprechenden Investitionen aufrechterhält oder nicht.[20] Formal drückt sich diese Annahme darin aus, daß die Diskontrate des Franchisegebers geringer ist als die des Franchisenehmers.

Ausgehend von einer linearen Preisabsatzfunktion, besteht das Entscheidungsproblem des Franchisenehmers in der Wahl der gewinnmaximalen Absatzmenge. In Antizipation der Lösung dieses Entscheidungsproblems legt der Franchisegeber die fixe und die laufende Franchisegebühr so fest,

---

20 Vgl. Blair/Kaserman (1982), S. 498.

daß der Kapitalwert seiner Einzahlungen aus den beiden Perioden maximal wird. Dabei hat er als zusätzliche Nebenbedingung zu beachten, daß der optimale Vertrag dem Franchisenehmer mindestens dessen Reservationsgewinn zustehen muß.

Die formale Analyse des Modells liefert die folgenden Resultate:[21]

1. Angenommen, die Nachfrage nach dem Produkt ist sicher, so daß die Diskontraten beider Vertragsparteien übereinstimmen. Dann enthält der optimale Vertrag keine laufende Franchisegebühr und die fixe Franchisegebühr ist so zu bemessen, daß der über den Reservationsgewinn des Franchisenehmers hinausgehende Gewinn auf den Franchisegeber transferiert wird.

2. Ist die Nachfrage nach dem Produkt unsicher und die Diskontrate des Franchisegebers (wie angenommen) kleiner als die des Franchisenehmers, so enthält der optimale Vertrag sowohl eine fixe als auch eine laufende Franchisegebühr.

3. Die fixe Franchisegebühr steigt (fällt) mit steigender Diskontrate des Franchisegebers (Franchisenehmers). Die laufende Franchisegebühr fällt (steigt) mit steigender Diskontrate des Franchisegebers (Franchisenehmers).

Wie Blair/Kaserman anmerken, steigt die Diskontrate des Franchisegebers (Franchisenehmers) mit zunehmender Möglichkeit opportunistischen Verhaltens der jeweils anderen Vertragspartei. Konsistent mit Überlegungen von Rubin (1978) interpretieren die Autoren daher ihre Modellergebnisse dahingehend, daß in Franchisesystemen, in denen die Nachfrage stark von Absatzaktivitäten der Franchisenehmer abhängt, höhere fixe und geringere laufende Franchisegebühren zu erwarten sind, als in solchen Systemen, in denen die Nachfrage verstärkt von Absatzaktivitäten des Franchisegebers abhängt.

---

21 Vgl. Blair/Kaserman (1982), S. 498 f.

2.2.2.1.2 Die Analyse von Mathewson/Winter

Der erste formale Ansatz zum Franchising, der sowohl Absatzaktivitäten des Franchisegebers als auch der Franchisenehmer unterstellt, wurde von Mathewson/Winter (1985) entwickelt. In diesem Modell schließt der Franchisegeber als Inhaber einer Marke einen Franchisevertrag mit einem Franchisenehmer, der diesen berechtigt, das vom Franchisegeber hergestellte Produkt in einem bestimmten Verkaufsgebiet zu vertreiben, ab. Während der Franchisegeber die nationale Werbung für das Produkt übernimmt, sorgt der Franchisenehmer durch Serviceleistungen für den Absatz des Produkts in seinem lokalen Verkaufsgebiet. Die lokale Nachfrage nach dem Produkt ist unsicher, wobei zwischen einer "schlechten" und einer "guten" Nachfragesituation unterschieden wird. Die Eintrittswahrscheinlichkeiten für die beiden Nachfragezustände werden von beiden Vertragsparteien gleich beurteilt. Franchisegeber und Franchisenehmer sind beide risikoneutral.

Nach Vertragsabschluß, jedoch vor Entscheidung des Franchisenehmers über den Serviceumfang, erfährt dieser, welche der beiden Nachfragesituationen tatsächlich vorliegt. Der Franchisegeber kann hingegen den eingetretenen Nachfragezustand nicht (unmittelbar) beobachten. Annahmegemäß ist allerdings der realisierte Absatz, der sich als Funktion des vom Franchisenehmer angebotenen Service und den Werbeausgaben des Franchisegebers ergibt, durch den Franchisegeber beobachtbar.[22] Darüber hinaus kann der Franchisegeber durch entsprechende Kontrollen den tatsächlich vom Franchisenehmer angebotenen Service feststellen.

Der Franchisevertrag bestimmt deshalb neben der zu zahlenden fixen und laufenden Franchisegebühr auch den Umfang an Serviceleistungen, die der Franchisenehmer anzubieten hat. Das Serviceniveau ist dabei vom vorliegenden Nachfragezustand abhängig. Bei "guter" Nachfrage ist ein höherer Service zu leisten als bei "schlechter" Nachfrage. Des weiteren spezifiziert der Vertrag die Kontrollwahrscheinlichkeit, mit der der Franchisegeber die Einhaltung der geforderten Servicestandards überwacht, sowie die Ausgaben des Franchisegebers für nationale Werbung. Die Einhaltung der Vertrags-

---

22 Der Produktpreis ist in beiden Nachfragezuständen modellexogen vorgegeben.

vereinbarungen zum Umfang der nationalen Werbung ist annahmegemäß durch die Franchisenehmer (kostenfrei) überprüfbar, so daß Anreizprobleme auf Seiten des Franchisegebers aus der Analyse ausgeklammert bleiben.

Durch eine Kontrolle wird der durch den Franchisenehmer angebotene Service und damit indirekt auch der eingetretene Nachfragezustand fehlerfrei festgestellt. Mit zunehmender Kontrollwahrscheinlichkeit steigen allerdings die Kontrollkosten überproportional an. Erfolgt hingegen keine Kontrolle, so ist für den Franchisegeber nicht unterscheidbar, ob ein geringer Absatz die Konsequenz eines zu geringen Service des Franchisenehmers oder aber der "schlechten" Nachfrage ist. (vgl. Abbildung 2.2)[23]

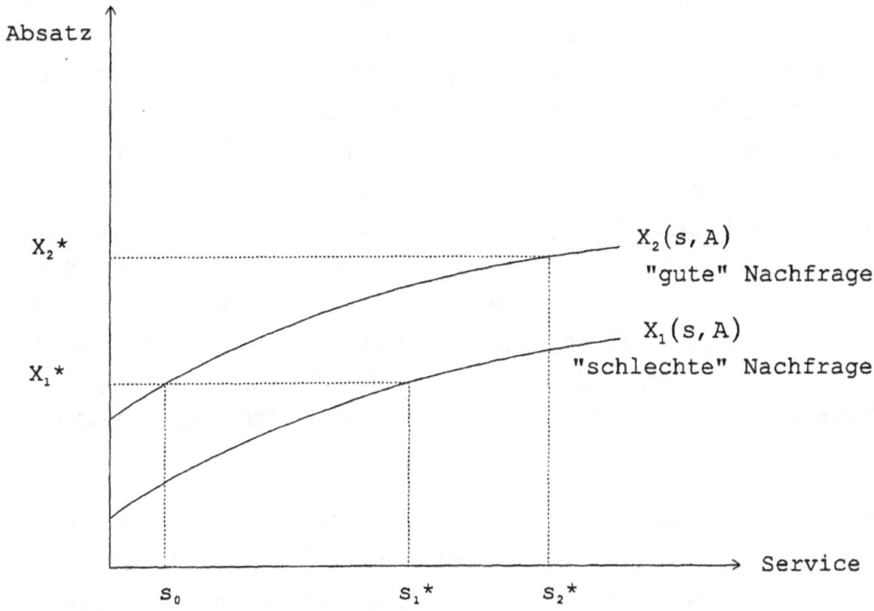

Abb. 2.2: Verlauf der Nachfragefunktionen bei Mathewson/Winter

23 In Abbildung 2.2 bezeichnet X den Absatz, s den Service des Franchisenehmers und A die Werbeausgaben des Franchisegebers. Mit s_1*(s_2*) ist der Service-standard bei "schlechter" bzw. "guter" Nachfrage bezeichnet.

Hieraus ergibt sich ein Anreiz des Franchisenehmers, den Servicestandard bei "guter" Nachfrage zu unterlaufen, um Servicekosten zu sparen und den entsprechend geringen Absatz mit dem Vorliegen "schlechter" Nachfrage zu begründen. In diesem Fall müßte der Franchisenehmer den von ihm tatsächlich angebotenen Service natürlich so wählen, daß der resultierende Absatz dem der erklärten Nachfragesituation entspricht.[24]

Der als risikoneutral unterstellte Franchisegeber wird die Bestandteile des Franchisevertrags so wählen, daß sein erwarteter Gewinn maximiert wird. Dabei hat er die folgenden Nebenbedingungen zu beachten. Zunächst ist bei gegebenen Servicestandards in den beiden Nachfragezuständen die Kontrollwahrscheinlichkeit so zu wählen, daß der Franchisenehmer einen Anreiz zur Einhaltung dieser Standards hat, da andernfalls die Vorgabe von Servicestandards wenig sinnvoll erscheint. Die Kontrollwahrscheinlichkeit muß demnach groß genug gewählt sein, um das oben beschriebene betrügerische Verhalten des Franchisenehmers bei "guter" Nachfrage auszuschließen. Eine zweite Nebenbedingung ergibt sich aus der Annahme, daß dem Franchisenehmer kein Vermögen zur Verfügung steht ("limited wealth constraint"). In diesem Fall scheidet die Durchsetzung der Servicestandards mit der Drohung von Strafzahlungen bei Vertragsbruch aus. Analog zur oben besprochenen Analyse von Gal-Or ist dem Franchisenehmer darüber hinaus in jedem Nachfragezustand ein nicht-negativer Gewinn zu garantieren. Zur Formulierung der beiden Bedingungen wird unterstellt, daß der Franchisevertrag bei einer einen Vertragsbruch des Franchisenehmers aufzeigenden Kontrolle gelöst wird und der betreffende Franchisenehmer dann einen Gewinn von Null erzielt.

Die formale Analyse des Modells liefert eine Reihe von interessanten Ergebnissen.[25] Während der Servicestandard bei "guter" Nachfrage sowie die Werbeausgaben des Franchisegebers dieselben Werte wie im Fall symmetrischer Informationsverteilung (first-best Lösung) annehmen, fällt der Servicestandard bei "schlechter" Nachfrage gegenüber der first-best Lösung ge-

---

24 Um den geringeren Absatz X_1* zu erzielen, müßte der Franchisenehmer in Abbildung 2.2 bei "guter" Nachfrage den Service s_0 anbieten.

25 Zur mathematischen Analyse des Modells vgl. im Detail Mathewson/Winter (1985), S. 512 f.

ringer aus. Durch die Senkung dieses Servicestandards reduziert sich die bei "guter" Nachfrage aus einem betrügerischen Verhalten erzielbare Kosteneinsparung für den Franchisenehmer. Die Verringerung des Servicestandards bei "schlechter" Nachfrage gegenüber der first-best Lösung erfolgt somit um den Anreiz zum Vertragsbruch zu reduzieren. Dem gleichen Zweck dient die Kontrollwahrscheinlichkeit, die im Optimum so festzusetzen ist, daß sich Grenzkosten und Grenzerträge der Kontrolle ausgleichen. Der Ertrag der Kontrolle ergibt sich dabei aus der folgenden Überlegung. Je größer die Kontrollwahrscheinlichkeit, um so geringer ist die Differenz zwischen dem optimalen Servicestandard bei "schlechter" Nachfrage und der first-best Lösung, und um so höher ist der erwartete Gewinn des Franchisegebers. Eine Erhöhung der Kontrollwahrscheinlichkeit lohnt sich daher solange, wie der aufgrund des obigen Effekts erzielbare (erwartete) Grenzgewinn des Franchisegebers die Grenzkosten übersteigt. Die laufende Franchisegebühr ist im Optimum ebenfalls positiv und hängt von den in beiden Nachfragezuständen geforderten Servicestandards ab. Sie stellt sicher, daß der Gewinn des Franchisenehmers bei "guter" Nachfrage und Einhaltung des Servicestandards ausreicht, um ein Unterlaufen dieses Standards als nicht vorteilhaft erscheinen zu lassen. Die laufende Franchisegebühr kann daher in diesem Modell ebenfalls als Instrument zur Gewährleistung vertragstreuen Verhaltens des Franchisenehmers angesehen werden und stellt gewissermaßen ein Substitut zur Kontrolle durch den Franchisegeber dar.

2.2.2.1.3 Die Analyse von Katz/Owen

Katz/ Owen (1992) modellieren das von ihnen untersuchte Franchisesystem als "Principal-multiple agent" Problem mit einer Vielzahl von potentiellen Franchisenehmern mit unterschiedlicher individueller Risiko- und Einsatzbereitschaft. Insbesondere suchen sie nach einer Erklärung für die Wahl eines einheitlichen Franchisevertrags für unterschiedliche Franchisenehmer.

Der von ihnen untersuchte Franchisevertrag umfaßt eine fixe Franchisegebühr sowie laufende Franchisegebühren als Prozentsatz des erzielten Umsatzes. Darüberhinaus wird die Zahl der Verkaufsstellen im Franchisesystem sowie die Werbeausgaben des Franchisegebers vertraglich vereinbart. Annahmegemäß kann die Einhaltung vertragliche Vereinbarungen über diese beiden Größen durch die Franchisenehmer überprüft werden. Jedem Franchisenehmer wird absoluter Gebietsschutz gewährt, so daß jede Verkaufsstelle ein lokales Monopol bildet. Es wird dabei zugelassen, daß ein Franchisenehmer mehr als eine Verkaufsstelle betreibt. Das vom Franchisegeber hergestellte Produkt wird in jeder Verkaufsstelle zu einem einheitlichen Preis angeboten, Preiswettbewerb zwischen den Franchisenehmern ist somit ausgeschlossen.

Die in einer Verkaufsstelle anfallende Nachfrage hängt von den Werbeausgaben des Franchisegebers, den Verkaufsanstrengungen des Franchisenehmers sowie von einer Zufallsgröße ab. Die Verkaufsanstrengungen der Franchisenehmer sind annahmegemäß durch den Franchisegeber nicht beobachtbar, so daß sie nicht Gegenstand vertraglicher Regelungen sein können. Verkaufsanstrengungen in einer Verkaufsstelle haben keinen Einfluß auf die Nachfrage bei einer anderen Verkaufsstelle. Das Problem des horizontalen Trittbrettfahrens bleibt folglich außerhalb der Betrachtung.

Die Wahrscheinlichkeitsverteilung der die Nachfrage in den Verkaufsstellen determinierenden Zufallsgrößen ist dem Franchisegeber wie auch den (potentiellen) Franchisenehmern bekannt. Die Nachfrage in einer Verkaufsstelle wird als normalverteilte Größe mit für alle Verkaufsstellen identischer Varianz angenommen. Darüberhinaus ist die Kovarianz des zufallsabhängigen Teils der Nachfrage zwischen je zwei Verkaufsstellen konstant. Nach Ablauf einer Periode kann der Franchisegeber und natürlich auch der die betreffende Verkaufsstelle betreibende Franchisenehmer den angefallenen Umsatz beobachten.

Das Risikoverhalten des Franchisegebers und der (potentiellen) Franchisenehmer wird durch exponentielle Risikonutzenfunktionen modelliert. Diese Nutzenfunktionen enthalten neben Parametern, die die Stärke der Risikoaversion beschreiben, auch solche zur Beschreibung der individuellen Einsatzbereitschaft. Die individuellen Parameter der Risikonutzenfunktion der Franchisenehmer sind dem Franchisegeber dabei unbekannt.

Bei gegebenen Franchisevertrag bestimmt jeder an einer Partizipation am System interessierte Franchisenehmer die optimale Zahl von Verkaufstellen, die er betreiben möchte sowie die optimale Verkaufsanstrengung in jeder Verkaufsstelle. In Antizipation dieses Entscheidungskalküls der Franchisenehmer bestimmt der Franchisegeber den aus seiner Sicht optimalen Vertrag. Die formale Modellanalyse zeigt, daß zur Berechnung des optimalen Franchisevertrags die Kenntnis der individuellen Parameter der Risikonutzenfunktion der Franchisenehmer nicht erforderlich ist.[26] Zur Bestimmung des optimalen Vertrags reicht dem Franchisegeber vielmehr die Kenntnis

- der durchschnittlichen Bereitschaft der potentiellen Franchisenehmer Risiken zu tragen,
- der durchschnittlichen Bereitschaft der potentiellen Franchisenehmer Verkaufsanstrengungen zu unternehmen sowie
- die Streuung dieser Bereitschaft bei den potentiellen Franchisenehmern.

Der optimale Vertrag beinhaltet wiederum eine laufende Franchisegebühr, deren Notwendigkeit sich in diesem Modell aus der unterschiedlichen Risiko- und Einsatzbereitschaft der potentiellen Franchisenehmer ergibt. Sie ist dabei eine nicht-lineare Funktion der Zahl der Verkaufsstellen und der Werbeausgaben des Franchisegebers.

Für die Lösung des Problems des Franchisegebers ist desweiteren der Korrelationskoeffizient ρ zwischen den Umsätzen je zweier Verkaufsstellen von Bedeutung. Ist $\rho > 0$, so führt der optimale Franchisevertrag zu einer Selbst-Selektion der potentiellen Franchisenehmer im folgenden Sinn. Diejenigen Franchisenehmer, die sich durch eine höhere Bereitschaft auszeichnen, Verkaufsanstrengungen durchzuführen, werden in diesem Fall mehr Verkaufsstellen übernehmen. Dasselbe gilt für solche Franchisenehmer, die verstärkt zur Übernahme von Risiken bereit sind.[27]

Katz/Owen liefern somit eine zweifache Begründung für die Verwendung eines einheitlichen Franchisevertrags trotz individuell unterschiedlicher Charakteristika der potentiellen Franchisenehmer. Zum einen hat der opti-

---

26 Vgl. Katz/Owen (1992), S. 572 f.
27 Vgl. Katz/Owen (1992), S. 577.

male Franchisevertrag im Fall $\rho > 0$ die oben beschriebenen aus Sicht des Franchisegebers erwünschten Eigenschaften. Zum anderen ist die für die Bestimmung des optimalen Franchisevertrags erforderliche Informationsbasis im Vergleich zu Verträgen, die die vertraglichen Regelungen von individuellen Eigenschaften der Franchisenehmer abhängig machen, deutlich moderater.

2.2.2.1.4 Die Analyse von Nault/Dexter

Nault/Dexter (1994) betrachten ein Franchisesystem, bei dem z.B. durch eine elektronische Aufzeichnung aller anfallenden Transaktionen festgestellt werden kann,welche Konsumenten in welchen Verkaufsgebieten Käufe getätigt haben. Die Franchisenehmer bekommen in dem betrachteten System exklusiv Verkaufsgebiete samt den in dem jeweiligen Verkaufsgebiet ansässigen Konsumenten zugeteilt. Wenn Konsumenten aus einem bestimmten Verkaufsgebiet Käufe in anderen Verkaufsgebieten tätigen, zahlen sie an den Franchisenehmer des beheimateten Verkaufsgebiets. Der Franchisenehmer, bei dem der Kauf getätigt wurde, erhält dann von demjenigen Franchisenehmer, aus dessen Verkaufsgebiet der Käufer stammt, eine Transferzahlung.

Die Autoren illustrieren dieses System am Beispiel eines Betreibers eines Tankstellennetzes für Nutzfahrzeuge in den USA. Die Kunden des Netzes weisen ihre Fahrer an, nur an Tankstellen des betreffenden Systems zu tanken. Durch ein elektronisches Kartensystem wird das Verkaufsgebiet aus dem das Fahrzeug eines Kunden stammt registiert und die getankte Menge aufgezeichnet. Innerhalb eines bestimmten Zeitraums werden dem Kunden alle im System getätigten Transaktionen von dem Franchisenehmer seines heimatlichen Verkaufsgebiets in Rechnung gestellt. Die elektronische Aufzeichnung der Transaktionen bildet dann die Grundlage für Transferzahlungen zwischen den Franchisenehmern.

Die Franchisenehmer können den Kundenstamm in ihrem Verkaufsgebiet durch Werbemaßnahmen verbreitern. Der Umfang der Werbemaßmahmen ist im Franchisevertrag nicht geregelt, da annahmegemäß dem Franchisegeber der funktionale Zusammenhang zwischen Nachfrage und Werbung unbekannt ist. Aus der beobachteten Nachfrage kann er deshalb nicht auf den zugrundeliegenden Werbeumfang zurückschließen. Der Franchisevertrag bestimmt aber die Höhe der Transferzahlung zwischen den Franchisenehmern sowie die mengenabhängige laufende Franchisegebühr. Der Verkaufspreis ist in allen Verkaufsstellen identisch und modellexogen vorgegeben.

Die Franchisenehmer erzielen in diesem Modell Gewinne aus drei Nachfragequellen:

- der Nachfrage von Konsumenten aus dem eigenen Verkaufsgebiet in der eigenen Verkaufsstelle,
- der Nachfrage von Kosumenten aus dem eigenen Verkaufsgebiet in anderen Verkaufsstellen sowie aus
- der Nachfrage von Konsumenten anderer Verkaufsgebiete in der eigenen Verkaufsstelle.

Für diese drei Nachfragekomponenten werden jeweils spezifische Annahmen formuliert. Insbesondere hängt die in einer Verkaufstelle wirksam werdende Nachfrage von der Größe des Verkaufsgebiets und der Größe des Franchisesystems, gemessen etwa durch die Zahl der Franchisenehmer, ab. Letzere Annahme ergibt sich aus der Überlegung, daß ein größeres Franchisesystem, so wie etwa in dem oben angeführten Beispiel, vielfach für Konsumenten attraktiver ist bzw. ein größeres Sytem die Nachfrage aufgrund eines höheren Bekanntheitsgrades steigert.

Bei gegebenem Franchisevertrag wählen die Franchisenehmer ihre Werbeausgaben so, daß der von ihnen erzielte Gewinn maximiert wird. Die Werbeausgaben im Nash-Gleichgewicht steigen dabei mit der Größe des Verkaufsgebiets und fallen mit der Höhe der laufenden Franchisegebühr sowie der Transferzahlung zwischen den Franchisenehmern.[28] Ausgehend von der Annahme, daß der im Nash-Gleichgewicht erzielte Gewinn eines Franchisenehmers mit der Größe des Verkaufsgebiets steigt, wird die Größe des Systems von demjenigen Franchisenehmer determiniert, dessen Verkaufsgebiet gerade ausreicht, einen Verlust zu verhindern. Die so festgelegte Größe des

---

[28] Zur formalen Analyse des Modells vg. Nault/Dexter (1994), S. 417 f.

Franchisesystems nimmt mit steigender laufender Franchisegebühr ab. Der Einfluß der Transferzahlung zwischen den Franchisenehmern auf die Größe des Systems ist hingegen nicht-monoton. Einerseits gibt eine höhere Transferzahlung Franchisenehmern mit kleineren Verkaufsgebieten die Möglichkeit, höhere Gewinne durch Verkäufe an Kunden anderer Verkaufsgebiete zu erzielen. Andererseits reduziert eine höhere Transferzahlung die Werbeinvestitionen der Franchisenehmer in ihren Kundenstamm und begrenzt so die Größe des Systems.

Unter Vernachlässigung der Produktionskosten und der fixen Franchisegebühr ergibt sich der Gewinn des Franchisegebers aus der mit der laufenden Franchisegebühr muliplizierten Absatzmenge des Systems. Da die Absatzmenge mit der laufenden Franchisegebühr fällt, ergibt sich deren Bestimmung aus einer Umsatzmaximierung. Die Bestimmung der gewinnmaximalen Transferzahlung zwischen den Franchisenehmern ergibt sich aus folgender Überlegung. Eine marginale Erhöhung der Transferzahlung führt bei gegebenen Werbeausgaben der Franchisenehmer zu einer Erhöhung der Größe des Sytems und damit auch der Absatzmenge. Durch die Reduzierung der Werbeausgaben der Franchisenehmer im Nash-Gleichgewicht ergibt sich jedoch gleichzeitig ein entgegengesetzter Effekt auf die Absatzmenge. Im Optimum gleichen sich beide Effekte gerade aus. Im Vergleich zum vollständigen Vertrag führt der so ermittelte optimale unvollständige Vertrag zwar zu geringeren Werbeausgaben der Franchisenehmer, diese liegen jedoch höher als bei einem Verzicht auf die Transferzahlung.

2.2.2.1.5 Die Analyse von Schmidt

Schmidt (1994) betrachtet ein Franchisesystem mit geographisch differenzierten Franchisenehmern, die im Preiswettbewerb miteinander stehen. Das betrachtete Produkt wird von den Franchisenehmern selbst produziert. Sie zahlen dem Franchisegeber als Besitzer der Marke eine fixe Franchisegebühr sowie eine laufende Franchisegebühr als Prozentsatz des von ihnen erzielten Umsatzes. Die franchisierten Betriebe sind gleichmäßig auf einem kreisförmigen geographischen Gebiet angeordnet. Die Größe des Verkaufsgebietes der individuellen Franchisenehmer, d.h. das von ihnen bediente Kreissegment, hängt von der Höhe des vom betrachteten Franchisenehmer geforderten Endpreises sowie von den Endpreisen der benachbarten Franchisenehmer ab. Die Franchisenehmer können durch Preissenkungen ihr Verkaufsgebiet zu Lasten ihrer Nachbarn vergrößern. Es wird unterstellt, daß das Verkaufsgebiet symmetrisch um den Standort der franchisierten Betriebe angeordnet ist. Auch wird von identischen Kostenfunktionen der Betriebe sowie einer gleichmäßigen räumlichen Verteilung der Konsumenten ausgegangen.

Jeder Franchisenehmer wählt den gewinnmaximalen Endpreis unter der Bertrand-Annahme, daß die Preise seiner Nachbarn gegeben sind. Aufgrund der obigen Symmetrie-Annahmen fordern alle Franchisenehmer im Bertrand-Gleichgewicht den selben Preis. Der sich auf dem Markt ergebende Gleichgewichtspreis hängt von der laufenden Franchisegebühr und der Entfernung zwischen den franchisierten Betrieben ab. Schmidt betrachtet letztere Größe und damit die Zahl der Franchisenehmer als exogen gegeben. Dem Franchisegeber verbleibt damit das Problem, die fixe sowie die laufende Franchisegebühr gewinnmaximal festzulegen. Wird die fixe Franchisegebühr so gewählt, daß die von den Franchisenehmern erzielten Gewinne vollständig auf den Franchisegeber transferiert werden, so ist die Maximerung des Gewinns, die der Franchisegeber aus den Verträgen mit allen Franchisenehmern erzielt, mathematisch äquivalent zur Maximierung des pro Längeneinheit erzielbaren Gewinns.[29]

Vergleicht man nun den Bertrand-Gleichgewichtspreis mit dem optimalen Endpreis eines vollständigen Vertrages, so zeigt sich folgendes:[30]

1. Verzichtet der Franchisegeber auf eine laufende Gebühr, so ist der Endpreis im Bertrand-Gleichgewicht kleiner als der Endpreis im vollständigen Vertrag.

2. Diese Relation zwischen Bertrand-Gleichgewichtspreis und Endpreis im vollständigen Vertrag dreht sich um, wenn der Franchisegeber eine laufende Gebühr von 100% fordert.

---

29 Vgl. Schmidt (1994), S. 300.

30 Vgl. Schmidt (1994), S. 301.

3. Der Bertrand-Gleichgewichtspreis steigt mit zunehmender laufender Franchisegebühr.

Aus diesen Ergebnissen läßt sich die Konsequenz ziehen, daß es dem Franchisegeber durch geeignete Wahl der laufenden Franchisegebühr möglich ist, den Endpreis eines vollständigen Vertrags zu induzieren. Diese Wahl der laufenden Franchisegebühr maximiert den Gewinn des Franchisegebers und ist daher die für sein Problem optimale Lösung.

Die Erhebung einer laufenden Franchisegebühr ist in diesem Modell also erforderlich um Anreizstörungen, die sich aus dem Preiswettbewerb der Franchisenehmer ergeben, zu beseitigen. Analog zu den bereits vorgestellten Überlegungen von Mathewson/Winter (1984) unterscheidet sich das Preissetzungskalkül des Franchisegebers beim vollständigen Vertrag von dem der Franchisenehmer darin, daß sie durch eine marginale Preissenkung nicht nur Grenzerlöse in ihrem bisherigen Verkaufsgebiet erzielen, sondern auch ihr Verkaufsgebiet zu Lasten der Konkurrenten vergrößern können, wodurch zusätzliche Grenzerlöse entstehen. Diese Grenzerlöse lassen sich aber durch die Erhebung einer laufenden Franchisegebühr reduzieren. Im Optimum ist die laufende Franchisegebühr dann als Quotient aus dem Anteil der durch eine Vergrößerung des Verkaufsgebiets erzielbaren Grenzerlöse und dem Betrag der Preiselastizität der Nachfrage gegeben.[31]

2.2.2.2 Ansätze mit zweiseitigem Anreizproblem

2.2.2.2.1 Die Analyse von Mathewson/Winter

In einer Variante des in Abschnitt 2.2.1.1.1 vorgestellten Modells betrachten Mathewson/Winter (1985) auch den Fall unvollständiger Franchiseverträge, bei denen weder die Ausgaben des Franchisegebers für nationale Werbung noch die Wahrscheinlichkeit, mit denen dieser die Einhaltung des Servicestandards überwacht, explizit im Vertrag enthalten sind. Mit der Wahl des angebotenen Service durch den Franchisenehmer und der Werbeausgaben

---

[31] Vgl. Schmidt (1994), S. 304.

durch den Franchisegeber ergibt sich nunmehr ein zweiseitiges Anreizproblem.

Da der einzuhaltende Service weiterhin vertraglich festgelegt ist, stellt sich für den Franchisenehmer im Fall der "guten" Nachfrage das Entscheidungsproblem, ob er Servicekosten durch Unterlaufen des Standards einsparen oder den Standard einhalten sollte. Im Unterschied zum Fall des vollständigen Vertrags kann der Franchisenehmer nun bei der Lösung dieses Problems nicht mehr von einer gegebenen Kontrollwahrscheinlichkeit ausgehen. Vielmehr entscheidet der Franchisegeber jetzt nach Vertragsschluß seinerseits, ob er den vom Franchisenehmer angebotenen Service kontrollieren soll oder nicht. Je nachdem wie sich der Franchisenehmer entscheidet und ob der Franchisegeber kontrolliert oder nicht, ergeben sich für beide Vertragsparteien unterschiedliche Gewinne. Zeigt beispielsweise eine Kontrolle, daß der Franchisenehmer den vertraglich vereinbarten Servicestandard nicht eingehalten hat, so wird der Franchisevertrag gelöst und der Franchisenehmer erzielt keinen Gewinn. Analog zu der in Abschnitt 2.2.1.1.3 vorgestellten Analyse von Lal (1990) existiert lediglich ein Nash-Gleichgewicht in gemischten Strategien.[32] Dabei ist die Wahrscheinlichkeit, mit der der Franchisenehmer die vertragliche Vereinbarung zum anzubietenden Service bricht, proportional zu den Grenzkosten der Kontrolle. Die Kontrollwahrscheinlichkeit des Franchisegebers hängt im Gleichgewicht von dem Umfang der durch Unterlaufen des Servicestandards erzielbaren Kosteneinsparungen ab. Je größer folglich der Anreiz zum Vertragsbruch, desto größer ist auch die Kontrollwahrscheinlichkeit im Nash-Gleichgewicht. Beide Wahrscheinlichkeiten sind darüber hinaus von der laufenden Franchisegebühr abhängig. Mit steigender laufender Franchisegebühr nimmt die Wahrscheinlichkeit des Vertragsbruchs durch den Franchisenehmer zu und die Kontrollwahrscheinlichkeit des Franchisegebers ab. Eine niedrige laufende Franchisegebühr führt zwar im Gleichgewicht zu einer geringen Wahrscheinlichkeit eines Vertragsbruchs durch den Franchisenehmer, aber auch zu einer hohen Kontrollwahrscheinlichkeit und entsprechend hohen (erwarteten) Kontrollkosten. Umgekehrt liegen die Verhältnisse bei einer hohen laufenden Franchisegebühr. Im Optimum ist die laufende Franchisege-

---

32 Vgl. Mathewson/Winter (1985), S. 523.

bühr positiv und sorgt für einen Ausgleich zwischen steigenden Kontrollkosten und steigender Wahrscheinlichkeit eines Vertragsbruchs durch den Franchisenehmer.

2.2.2.2.2 Die Analyse von Lal

In einer Variante seines Modells betrachtet Lal (1990) ebenfalls zweiseitige Anreizprobleme. Er geht dabei von der ursprünglich untersuchten Ausgangssituation nur eines Franchisenehmers aus, nimmt jetzt aber zusätzlich an, daß die Nachfrage nicht nur vom Endpreis und dem Service des Franchisenehmers beeinflußt wird, sondern auch von Investitionen des Franchisegebers in die Marke. So wie der Franchisenehmer zwischen einem hohen und einem niedrigen Serviceniveau wählen kann, können auch die beispielsweise in Form von Werbemaßnahmen getätigten Investitionen in die Marke mit einem großen oder aber einem geringen Umfang lediglich zwei Werte annehmen. Annahmegemäß sind die Absatzaktivitäten der Vertragsparteien wechselseitig nicht beobachtbar, so daß sich ein unvollständiger Franchisevertrag ergibt. Sowohl der Endpreis als auch Service und Umfang der Investitionen in die Marke werden von den Vertragsparteien nach Vertragsschluß so festgelegt, daß der erwartete Gewinn jedes der beiden Systemmitglieder maximiert wird. Wie die Analyse der Optimierungsprobleme der Vertragsparteien zeigt, ist bei geringer laufender Franchisegebühr der Anreiz des Franchisegebers zu Investitionen in die Marke ebenfalls gering.[33] Es bedarf also einer laufenden Franchisegebühr in ausreichender Höhe, um dem Franchisegeber Anreize zu geben, in die Marke zu investieren. Andererseits hat bei hoher laufender Franchisegebühr der Franchisenehmer nur einen geringen Anreiz, einen hohen Service anzubieten.[34] Der Franchisegeber muß daher bei der Wahl der laufenden Franchisegebühr versuchen, diese beiden gegenläufigen Effekte auszubalancieren. Für bestimmte Parameterkonstellationen des Modells zeigt Lal, daß im Optimum eine laufende Fran-

---

33 Zur formalen Analyse des Modells vgl. Lal (1990), S. 313 f.

34 Zu einer empirischen Überprüfung der Aussagen zum Einfluß der laufenden Franchisegebühr vgl. Agrawal/Lal (1995), S. 220.

chisegebühr zur Lösung der zweiseitigen Anreizprobleme zu erheben ist. Aufgrund der diskreten Alternativenmengen, die den Entscheidungen über Service und Umfang der Investitionen in die Marke zugrunde liegen, kann die optimale laufende Franchisegebühr dabei innerhalb eines bestimmten Intervalls frei gewählt werden.

2.2.2.2.3 Die Analyse von Bhattacharyya/Lafontaine

Bhattacharyya/Lafontaine (1995) betrachten wie Lal (1990) den Fall des "double moral hazard" mit Anreizproblemen für beide Vertragsparteien. Franchisegeber und Franchisenehmer beeinflussen die Nachfrage durch Aktivitäten wie Werbung, Produktentwicklung, Verkaufsförderung etc. Der Bezeichnungsweise des Grundmodells der Prinzipal-Agenten-Theorie folgend, werden diese Aktivitäten durch Anstrengungsvariablen des Franchisegebers bzw. Franchisenehmers modelliert und im folgenden mit A bzw. a symbolisiert. Der durch "Anstrengungen" der Vertragsparteien erzielte Umsatz X sei durch die Beziehung $X = g(a,A) + \Theta$ gegeben. Dabei ist Θ eine Zufallsvariable, die im Mittel den Wert Null annimmt, deren konkrete Ausprägung aber von keiner der Vertragsparteien beobachtbar ist. Für die Responsefunktion $g(\cdot)$ seien die Annahmen der neoklassischen Produktionstheorie erfüllt. Speziell gelte $g(0,A) = g(a,0) = 0$, d.h., es bedarf der "Anstrengung" beider Vertragsparteien, um einen Umsatz zu erzielen.

Die Ausprägung der Anstrengungsvariable a bzw. A ist für die jeweils andere Vertragspartei nicht beobachtbar und auch durch Dritte nicht verifizierbar. Damit kommen nur solche Franchiseverträge in Betracht, die unvollständig in den "Anstrengungen" sind und Zahlungen allein auf den von beiden Vertragsparteien beobachteten Umsatz X abstellen. Der Franchisenehmer zahlt dem Franchisegeber dabei eine fixe Gebühr F und eine laufende Gebühr f als Prozentsatz des erzielten Umsatzes. Ein Handelsabgabepreis bleibt unberücksichtigt.

Bezeichnet man mit $c^{FN}(a)$ bzw. $c^{FG}(A)$ die in Abhängigkeit der "Anstrengungen" beim Franchisenehmer bzw. Franchisegeber anfallenden Kosten, so besteht das Problem des Franchisegebers darin, die Vertragselemente (f,F) so zu wählen, daß sein durch den Ausdruck $f \cdot g(a,A) + F - c^{FG}(A)$ gegebener erwarteter Gewinn maximal wird. Zu beachten hat er dabei die sogenannten Anreizverträglichkeitsbedingungen, die die Wahl der Anstrengungen durch die Vertragsparteien bei gegebenem Franchisevertrag beschreiben, sowie die Teilnahmebedingung des Franchisenehmers, die verlangt, daß sein erwarteter Gewinn nicht unter ein bestimmtes Mindestniveau fällt. Wie üblich ist die sich aus dieser Bedingung ergebende Ungleichung im Optimum als Gleichung erfüllt. Die optimale laufende Franchisegebühr ist dann erreicht, wenn die Beziehung

$$\lambda \cdot \frac{\partial g(a^*, A^*)}{\partial A} = \mu \cdot \frac{\partial g(a^*, A^*)}{\partial a}$$

erfüllt ist.[35] Dabei bezeichnet $\lambda(\mu)$ den Lagrange-Multiplikator der Anreizverträglichkeitsbedingung des Franchisegebers (Franchisenehmers). Analog zu dem Ergebnis von Lal ist die laufende Franchisegebühr im Optimum positiv. Wie bei Lal erfordert der optimale Vertrag aus Anreizgründen eine Aufteilung des erzielten Umsatzes via laufender Franchisegebühr.

Ohne nähere Spezifikation der Responsefunktion und der Kostenfunktionen ist allerdings eine Auflösung der obigen Optimalitätsbedingung nicht möglich. Bhattacharyya/Lafontaine unterstellen deshalb mit $g(a,A) = Ka^{\gamma}A^{\alpha}$ eine Responsefunktion vom Cobb-Douglas Typ, bei der die Größen γ und α die Elastizitäten der Nachfrage bezüglich der Absatzanstrengungen des Franchisenehmers bzw. des Franchisegebers beschreiben. Der Skalenparameter $K > 0$ repräsentiert die Größe des Marktpotentials. Des weiteren werden die Kostenfunktionen als Potenzfunktionen angenommen. Die optimale laufende Franchisegebühr hängt dann von den Elastizitäten der Absatzanstrengungen und den Potenzen der Kostenfunktionen, nicht aber von dem Skalenparameter K ab.[36] Demgegenüber ist die fixe Franchisegebühr auch von dem Skalenparameter abhängig. Dieses Ergebnis hängt dabei nicht von der speziellen Wahl der Responsefunktion ab, sondern läßt sich für den Fall, daß die Kostenfunktionen der beiden Vertragsparteien Potenzfunktionen desselben Grades sind, auf alle homogenen Responsefunktionen verallgemeinern. Die Autoren schließen daraus, daß dieselbe laufende Franchise-

---

[35] Vgl. Bhattacharyya/Lafontaine (1995), S. 770.

[36] Vgl. Bhattacharyya/Lafontaine (1995), S. 771.

gebühr bei unterschiedlichem Marktpotential optimal ist, während die fixe Franchisegebühr stärker an lokale Marktgegebenheiten anzupassen ist. Es ist also mit einer stärkeren Variation der fixen als der laufenden Franchisegebühr bei Betrachtung von Verkaufsgebieten eines Franchisesystems mit unterschiedlichem Marktpotential zu rechnen. Die Autoren sehen diese Aussage auch als empirisch bestätigt an.

Bei unterstellter Abwesenheit von Ausstrahlungseffekten zwischen verschiedenen Verkaufsgebieten läßt sich das oben für den Fall nur eines Franchisenehmers beschriebene Modell unmittelbar auf den Fall mehrerer Franchisenehmer übertragen. Die optimale laufende Franchisegebühr ist dann unabhängig von der exogen gegebenen Größe des Franchisesystems (= Zahl der Franchisenehmer) und für alle Franchisenehmer identisch, sofern deren Kostenfunktion Potenzfunktionen desselben Grades sind.[37]

Bhattacharyya/Lafontaine kommen damit insgesamt zu dem Ergebnis, daß die Modellierung der Vertragsbeziehungen in Franchisesystemen als zweiseitiges Anreizproblem zur Erklärung der empirischen Beobachtung, daß

- Franchisegeber häufig von allen Franchisenehmern dieselbe laufende Gebühr fordern,
- die geforderte fixe Franchisegebühr stärker von den Charakteristika des jeweiligen Verkaufsgebietes abhängt als die laufende Franchisegebühr

beiträgt.

2.3 Kritik am gegenwärtigen Stand der Forschung

In der Literatur herrscht bislang die Analyse einseitiger Anreizprobleme vor. Dies erscheint bedenklich, da die Realität des Franchising durch zweiseitige Anreizprobleme gekennzeichnet ist. So zeigen die empirischen Studien von Lafontaine (1992), Sen (1993) uns Agrawal/Lal (1995), daß die Vertrags-

---

37 Vgl. Bhattacharyya/Lafontaine (1995), S. 776.

gestaltung im Franchising vordringlich unter dem Aspekt der Lösung zweiseitiger Anreizprobleme erfolgt. Dabei wird versucht, einen Ausgleich zwischen den Anreizwirkungen für Franchisegeber und Franchisenehmer herzustellen. Die Analyse der Vertragsinhalte von Franchiseverträgen zeigt, daß regelmäßig der Franchisegeber für Absatzsteigerung durch nationale Werbung sorgt, während die Franchisenehmer für Maßnahmen der lokalen Absatzförderung zuständig sind.[38] Typischerweise sind Franchiseverträge unvollständig in diesen Absatzaktivitäten. Offenbar ist man sich in der Praxis durchaus bewußt, daß sich daraus Anreizprobleme für beide Vertragspartner ergeben.

Ansätze, die nur einseitige Anreizprobleme betrachten und/oder nur fixe Franchisegebühren berücksichtigen, werden der Realität des Franchising nicht gerecht.[39] Diese Kritik trifft auf Blair/Kaserman (1982), Mathewson/Winter (1984), Rey/Tirole (1986), Gal-Or (1991 b), Katz/Owen (1992), Blair/Lewis (1994), Nault/Dexter (1994), Schmidt (1994) und zum Teil auch auf Mathewson/Winter (1985), Lal (1990) sowie Romano (1994) zu.[40]

Zwar liegt den Ansätzen von Mathewson/Winter (1985) und Katz/Owen (1992) insofern eine realitätsnähere Modellierung des Franchising zugrunde, als sie Absatzaktivitäten nicht nur einer Vertragspartei zuschreiben. Kritisch erscheint allerdings die in diesen Ansätzen getroffene Annahme, daß die Leistungen des Franchisegebers im Vertrag vollständig spezifiziert und von den Franchisenehmern überprüft werden können. Diese Annahme erscheint wenig realistisch. Zwar verpflichten sich Franchisegeber häufig vertraglich zur Durchführung von Werbemaßnahmen oder allgemeiner zu Investitionen zur Steigerung des Markenwertes der von ihnen produzierten Produkte.[41]

---

38 Vgl. Tietz (1987), S. 207, Clemens (1988), S. 96, Skaupy (1995), S. 120.

39 So fand Lafontaine, daß in 93 % der von ihr untersuchten Franchisesystemen eine laufende Franchisegebühr zu zahlen war. Vgl. Lafontaine (1992), S. 265.

40 Sofern die genannten Ansätze vertikale Preisbindungen unterstellen ist darüberhinaus zu beachten, daß Preisbindungen der "zweiten Hand" im deutschen Recht nach § 15 GWB unzulässig sind.

41 Beispielsweise fand Wessels (1992) in einer Untersuchung der Regelungsinhalte deutscher Franchiseverträge, daß Franchisegeber sich in 70%

Der Umfang dieser Investitionen bleibt jedoch regelmäßig unspezifiziert. Vertragliche Vereinbarungen über Umfang und "Qualität" dieser Investitionen könnten von den Franchisenehmern vermutlich auch nur schwer überprüft werden. Franchiseverträge werden somit häufig hinsichtlich der absatzsteigernden Maßnahmen des Franchisegebers unvollständig bleiben. Die im Vertrag nicht explizit spezifizierten Absatzaktivitäten werden vom Franchisegeber nach Vertragsabschluß seinem Eigeninteresse folgend festgelegt. Es entsteht dabei ein Anreizproblem auch auf der Seite des Franchisegebers, da er die absatzsteigernden Effekte der Investitionen in den Markenwert aufgrund des Vertrags mit den Franchisenehmern teilen muß.

2.4 Weiterführende Perspektiven

Franchiseverträge, die sowohl hinsichtlich der Absatzaktivitäten des Franchisegebers als auch der Franchisenehmer unvollständig sind, so daß Anreizprobleme bei beiden Vertragsparteien wirksam werden, haben Lal (1990) sowie Bhattacharyya/Lafontaine (1995) analysiert. Deren Modellanalyse erscheint für Franchisesysteme durchaus realistisch. Diese Ansätze bilden daher auch die Grundlage für die Entwicklung des eigenen Modellansatzes in Kapitel 3.

Abgesehen von Katz/Owen (1992) und Rey/Tirole (1986) wird in den Ansätzen der Literatur durchgängig die Annahme der Risikoneutralität der Systemmitglieder getroffen. Durch den Franchisevertrag wird eine bestimmte Allokation des externen Risikos auf die Systemmitglieder vertraglich festgeschrieben. Sind nun nicht beide Vertragsparteien risikoneutral, so sind nicht länger nur die Anreizwirkungen des Franchisevertrags von Interesse, sondern auch dessen Eignung zur Absicherung gegen Risiken, die z.B. aus der Unsicherheit über die Höhe der Nachfrage resultieren. Zur Lösung zweiseitiger Anreizprobleme ist es erforderlich, beide Vertragsparteien durch laufende Franchisegebühren am Erfolgsrisiko zu beteiligen. Risikoscheue Vertragspartner werden allerdings nur dann zur Übernahme von Risiken bereit

---

der betrachteten Verträge zur Übernahme der nationalen Werbung verpflichteten. Vgl. Wessels (1992), S. 135.

sein, wenn ihnen eine entsprechende Risikoprämie gewährt wird. Also ist eine Veränderung der Franchisegebühren gegenüber dem Fall risikoneutraler Vertragsparteien zu erwarten. Die Frage, welchen Einfluß die Risikoeinstellungen der Systemmitglieder auf die Vertragsgestaltung im Franchising hat, ist bislang für den Fall zweiseitiger Anreizprobleme in der Literatur nicht untersucht worden.

In den oben vorgestellten Ansätzen der Literatur wird regelmäßig die für die Prinzipal-Agenten-Theorie insgesamt typische Annahme opportunistischen Verhaltens der Systemmitglieder getroffen. Diese Annahme besagt, daß beide Vertragsparteien ihr Handeln ausschließlich am eigenen Vorteil ausrichten und sich dabei auch nicht scheuen, sich über vertragliche Verpflichtungen und allgemeine Normen hinwegzusetzen.[42] Diese Annahme wird insbesondere von Organisationssoziologen deutlich kritisiert, die der Prinzipal-Agenten-Theorie eine zu stark auf Eigeninteresse konzentrierte Sicht menschlichen Verhaltens innerhalb von Organisationen sowie die Verneinung der Bedeutung sozialer Normen für menschliches Tun und Lassen vorwerfen.[43] Nun ergibt sich ein opportunistisches Verhalten in Franchisesystemen nicht zwangsläufig als Konsequenz der zwischen den Systemmitgliedern asymmetrisch verteilten Informationen, wie die empirische Studie von John (1984), der die Antezedensbedingungen für das Auftreten opportunistischen Verhaltens in Franchisessytemen untersucht, zeigt. Als Ergebnis dieser Untersuchung kann festgehalten werden, daß opportunistisches Verhalten sich als Funktion der internen Organisation des betrachteten Systems auffassen läßt. So findet John, daß durch Zentralisation der Entscheidungen und durch Kontrollmaßnahmen des Franchisegebers die Neigung zu opportunistischen Verhaltensweisen bei den Franchisenehmern erhöht wird.[44] Daraus umgekehrt die Schlußfolgerung ziehen zu wollen, opportunistisches Verhalten werde in Franchisesystemen mit unvollständigen Verträgen und daher höherer Entscheidungsautonomie der Systemmitglieder nicht auftreten, wäre vermutlich unberechtigt. Eine interessante Fragestellung, mit der sich die bisherige Literatur nicht beschäftigt hat, ist aber immerhin diejenige nach den Konsequenzen begrenzt opportunistischen Verhaltens der

---

42 Vgl. Hax (1991), S. 56.

43 Vgl. z.B. Donaldson (1990), S. 371 f.

44 Vgl. John (1984), S. 284.

Systemmitglieder für die Vertragsgestaltung im Franchising. Der Terminus begrenzter Opportunismus soll dabei ein Verhalten bezeichnen, bei dem die Systemmitglieder ihre Handlungen nicht länger ausschließlich am eigenen Vorteil orientieren, sondern auch einen noch in geeigneter Weise zu präzisierenden "Systemerfolg" in ihren Entscheidungskalkülen berücksichtigen. Abweichend von den Annahmen der Literaturansätze müßte daher bei begrenzt opportunistischem Verhalten die ansatzweise Berücksichtigung einer "kollektiven" Zielsetzung bei der Wahl der Absatzaktivitäten durch die Systemmitglieder unterstellt werden.

In den Ansätzen der Literatur, insbesondere auch in den Modellen von Lal (1990) sowie Bhattacharyya/Lafontaine (1995), wird bisweilen von der Annahme ausgegangen, daß die Systemmitglieder ihre Entscheidungen über durchzuführende Absatzaktivitäten auf der Grundlage eines identischen Informationsstandes treffen. Die größere Kundennähe der Franchisenehmer mag nun aber dazu führen, daß diese häufig eher in der Lage sind, Informationen über lokale Marktverhältnisse einzuholen, als der Franchisegeber. Somit dürfte es häufig realistischer sein, von einem Informationsvorsprung der Franchisenehmer auszugehen, wie dies in den Ansätzen von Mathewson/Winter (1985), Rey/Tirole (1986), Gal-Or (1991 b) und Blair/Lewis (1994) modelliert wird. Die Wahl der Absatzaktivitäten durch einen Franchisenehmer hängt dann von den ihm verfügbaren "privaten" Informationen ab, die dem Franchisegeber zunächst nicht zur Verfügung stehen. Ein naheliegender Weg zur Beseitigung dieser Informationsasymmetrie liegt in der Errichtung eines Kommunikationssystems, mit dem die besser informierte Vertragspartei die ihr vorliegenden Informationen an die andere Partei übermittelt. Die zwischen beiden Parteien vereinbarten Vertragsbedingungen können dann an dieser Mitteilung anknüpfen. Allerdings besteht unter Umständen ein Anreiz, die Mitteilung zum eigenen Vorteil zu manipulieren. Es stellt sich daher das Problem, wie die besser informierte Partei zu einer wahrheitsgemäßen Berichterstattung motiviert werden kann.[45] Übertragen auf das Franchising wird dies in den Ansätzen von Gal-Or (1991 b) und Blair/Lewis (1994) modelliert. Beide Ansätze beschränken sich auf einsei-

---

45 Zur formalen Modellierung dieses Problems vgl. Harris/Raviv (1979), Christensen (1981, 1982), Harris/Townsend (1981), Myerson (1982) sowie Baiman/Evans (1983).

tige Anreizprobleme und lassen laufende Franchisegebühren außerhalb der Betrachtung. Die Frage, wie die laufenden Franchisegebühren in Abhängigkeit von den einem Franchisenehmer vorliegenden Informationen zu wählen sind, bleibt somit in der Literatur bisher unbeantwortet.

Die Ansätze der Literatur gehen regelmäßig von einer asymmetrischen Machtverteilung zugunsten des Franchisegebers aus. Innerhalb eines z.B. durch Mindestgewinnforderungen der Franchisenehmer bestimmten Rahmens werden die Vereinbarungen des Franchisevertrags ausschließlich durch den Franchisegeber festgelegt. Implizit wird von einer großen Zahl potentieller Franchisenehmer ausgegangen, die untereinander um die Vergabe der Franchise konkurrieren. Nun ist aber die in diesen Ansätzen angenommene Form der asymmetrischen Machtverteilung im Absatzkanal keineswegs immer eine realistische Beschreibung der Machtverhältnisse zwischen Herstellern und Händlern. Aus verschiedenen Gründen ist es in letzter Zeit zu einer Machtverschiebung zugunsten des Handels gekommen. Der stichwortartige Verweis auf die Diskussion um die Nachfragemacht des Handels mag hier zunächst genügen.[46] Bei starker Marktstellung des Franchisenehmers kann sich der Fall ergeben, daß nicht der Franchisegeber, sondern der Franchisenehmer die zu zahlenden Gebühren festsetzt. Tietz spricht in diesem Fall vom "umgekehrten" Franchising.[47] Dabei ist es durchaus denkbar, daß die Franchisegebühren negativ werden. In diesem Fall zahlt der Franchisegeber dem Franchisenehmer Gebühren für dessen Bereitschaft, sein Produkt zu vertreiben. Die Frage, welche Konsequenzen sich für die Vertragsgestaltung im Franchising ergeben, wenn eine asymmetrische Machtverteilung zugunsten des Franchisenehmers vorliegt, bleibt durch die Literatur bislang allerdings unbeantwortet.

---

[46] Vgl. dazu z.B. die Arbeit von Niestraht (1983) sowie Westphal (1991), S. 13 f., Gaitanides/Westphal (1992).

[47] Vgl. Tietz (1987), S. 258.

3. Optimales Franchising: Ein agency-theoretisches Grundmodell

Das im folgenden zu entwickelnde Grundmodell baut, wie bereits erwähnt, auf den Ansätzen von Lal (1990) und Bhattacharyya/Lafontaine (1995) auf. Im Unterschied zu der Analyse von Bhattacharyya/Lafontaine wird dabei auch auf den Fall monopolistischer Marktverhältnisse eingegangen. Dieser Fall wird zwar auch von Lal behandelt, der jedoch von einer speziellen Formulierung der Responsefunktion ausgeht. Demgegenüber wird in dieser Arbeit die Responsefunktion allgemein gehalten, dafür allerdings eine später zu besprechende andere vereinfachende Annahme gesetzt.

Im folgenden werden zunächst die Grundannahmen formuliert. Die Analyse des Modells erfolgt sodann getrennt nach den Fällen monopolistischer bzw. polypolistischer Verhältnisse.

3.1 Die Grundannahmen der Analyse

Die im folgenden zu besprechenden Grundannahmen lassen sich in fünf Gruppen gliedern:

(1) Annahmen zum untersuchten Franchisesystem

(2) Annahmen zur Marktform

(3) Annahmen über die Kosten

(4) Annahmen zum Verhalten der Vertragsparteien nach Vertragsabschluß

(5) Annahmen zum Informationsstand und zur Risikoeinstellung der Vertragsparteien.

(1) Annahmen zum untersuchten Franchisesystem

Betrachtet wird ein Franchisesystem mit einer gegebenen Zahl von Franchisenehmern, die für ihr jeweiliges Verkaufsgebiet Gebietsschutz genießen.

Gebietsschutzvereinbarungen dürfen als für das Franchising typisch gelten und sind nach Mathewson/Winter (1994) dann aus Sicht des Franchisegebers vorteilhaft, wenn die Absatzaktivitäten der Franchisenehmer für den Verkaufserfolg hinreichend bedeutsam sind.[1] Die in einem Verkaufsgebiet wirksam werdende Nachfrage sei entsprechend sowohl von den gebietsübergreifenden Absatzaktivitäten des Franchisegebers (z.B. nationale Werbung) als auch den gebietsbezogenen Absatzaktivitäten des Franchisenehmers (Preispolitik, Service, lokale Werbung) abhängig.

Der die vertikale Beziehung zwischen Franchisegeber und Franchisenehmer regelnde Vertrag sei in diesen Absatzaktivitäten unvollständig, überlasse deren Wahl also den Vertragsparteien nach Abschluß des Vertrags. Insbesondere wird der Endpreis von den Franchisenehmern festgelegt. Neben dem Endpreis beeinflussen auch die Werbemaßnahmen der Vertragsparteien die Nachfrage. Die lokale Werbung der Franchisenehmer steht dabei sowohl für herkömmliche Werbemaßnahmen z.B. in Printmedien, als auch für darüber hinaus gehende Maßnahmen der Verkaufsförderung. Aus Gründen mangelnder Überprüfbarkeit der Einhaltung vertraglicher Vereinbarungen sei der Umfang der Werbemaßnahmen ebenfalls im Franchisevertrag nicht geregelt.[2] Der betrachtete Franchisevertrag umfaßt als monetäre Vertragsbestandteile die fixe Franchisegebühr F, die als Prozentsatz des erzielten Umsatzes formulierte laufende Franchisegebühr f sowie den je Produkteinheit zu zahlenden Handelsabgabepreis w.[3] Diese Vertragskomponenten werden vom Franchisegeber gestaltet. In Kapitel 7 wird demgegenüber der Fall untersucht, daß der Franchisenehmer den Vertrag gestaltet.

Mit dem betrachteten Gebührenschema und der Unvollständigkeit des Vertrags werden die zentralen Merkmale des Franchising abgebildet. Die abzuleitenden analytischen Ergebnisse lassen sich indes im Grundsatz auch auf

---

1 Vgl. Mathewson/Winter (1994), S. 182 f.

2 Darüberhinaus sei die Aufteilung des Werbebudgets auf die verschiedenen Werbeträger ebenfalls den Vertragsparteien überlassen.

3 Die laufende Franchisegebühr möge dabei auch den in manchen Franchisesystemen separat erhobenen Beitrag der Franchisenehmer zu den Werbeausgaben des Franchisegebers umfassen.

andere dezentrale Vertriebssysteme, wie z.B. dem Filialsystem mit Umsatzbeteiligung der Filialleiter übertragen.

Ausstrahlungseffekte zwischen Verkaufsgebieten seien vernachlässigbar, so daß die Franchisenehmer ihre Absatzaktivitäten unabhängig voneinander festlegen können. Der Franchisegeber beeinflußt mit seiner Werbung allerdings den Verkaufserfolg in allen Verkaufsgebieten und muß diese Tatsache bei der Festlegung seines Werbeumfangs berücksichtigen. Das Problem der Vertragsgestaltung mit mehreren Franchisenehmern wird dadurch analytisch recht schwierig, insbesondere im realistischen Fall heterogener Verkaufsgebiete. Im folgenden wird daher explizit die Vertragsgestaltung lediglich im Fall einer Franchisegeber-Franchisenehmer Dyade betrachtet ($n = 1$). Wie im Anhang zu diesem Kapitel gezeigt wird, lassen sich die hierbei erzielten Ergebnisse unter vereinfachenden Annahmen qualitativ auf den Fall mehrerer Verkaufsgebiete ($n > 1$) übertragen.

Abbildung 3.1 verdeutlicht schematisch das untersuchte Franchisesystem.

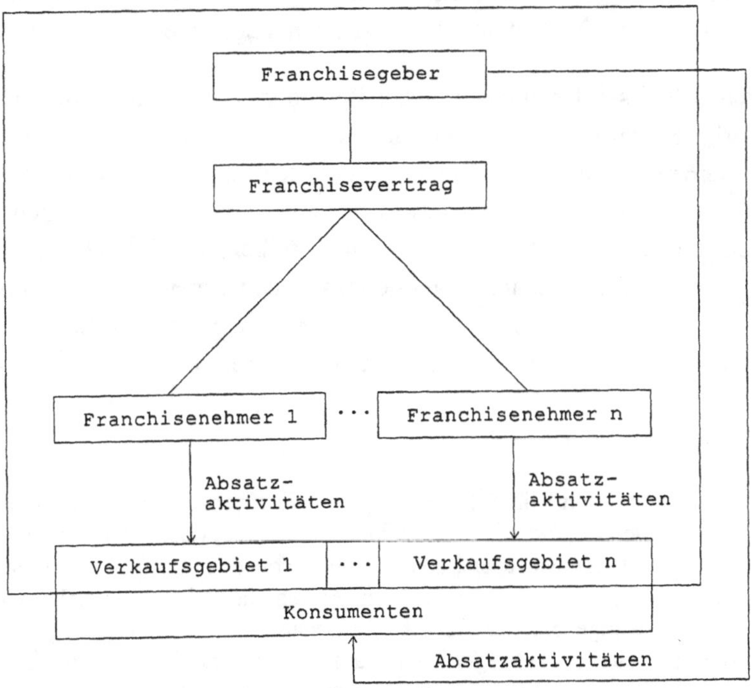

Abb. 3.1: Schematische Darstellung des untersuchten Franchisesystems

(2) Annahmen zur Marktform

Hinsichtlich der Marktform, in die das untersuchte Franchisesystem eingebettet ist, werden zwei alternative Annahmen gesetzt: Im ersten Fall sei unterstellt, der Franchisegeber sei Monopolist für das von ihm produzierte Gut. Vereinfachend sei in diesem Fall weiter unterstellt, daß die lokalen Werbemaßnahmen der Franchisenehmer für den Verkaufserfolg von untergeordneter Bedeutung sind und daher in der Analyse vernachlässigt werden können. Der Absatz wird im wesentlichen von dem durch den jeweiligen Franchisenehmer festgesetzten Endpreis und die nationale Werbung des Franchisegebers determiniert. Eine solche Annahme macht Sinn für ein am Markt bereits seit langem etabliertes System, das ein Produkt mit den Konsumenten wohlbekannten Eigenschaften anbietet und bei dem die nationale Werbung des Franchisegebers die lokalen Verkaufsförderungsmaßnahmen der Franchisenehmer deutlich dominiert, erscheint aber für neueingeführte oder stärker erklärungsbedürftige Produkte kritisch. Die Akzeptanz und damit der Markterfolg dürfte in einem solchen Fall im stärkeren Maße von den lokalen Verkaufsaktivitäten der Franchisenehmer abhängen.[4]

Im zweiten Fall sei der Franchisegeber Polypolist auf einem unvollkommenen Markt. Es wird ein Markt für eine weitgehend homogene Leistung mit vielen kleinen Anbietern betrachtet, auf dem Konsumenten Präferenzen für einzelne Anbieter haben. Daher besteht für die Anbieter innerhalb gewisser Grenzen die Möglichkeit, Preispolitik zu betreiben. Diese Grenzen finden ihren Ausdruck im sogenannten monopolistischen Bereich des Gutenberg-Polypols.[5] Für ein homogenes Produkt ist der monopolistische Bereich vergleichsweise klein und damit der Spielraum für preispolitische Maßnahmen

---

4 Vgl. Mathewson/Winter (1994), S. 188 f. In einem allgemeinen Modellansatz müßte der Absatz nicht nur vom Endpreis und dem Umfang der Werbung des Franchisegebers, sondern auch von dem Umfang der Werbung der Franchisenehmer abhängig sein. Ein solches Modell entzieht sich allerdings weitgehend der analytischen Behandlung, da die Anreizwirkungen der untersuchten Vertragselemente auf die Absatzaktivitäten der Vertragsparteien nicht eindeutig bestimmt werden können. Es läßt sich also beispielsweise nicht sagen, wie der optimale Endpreis auf Änderungen des Handelsabgabepreises oder der laufenden Franchisegebühr reagiert.

5 Vgl. dazu z.B. Krelle (1976), S. 546 f., Simon (1992), S. 105 f.

gering. Es sei vereinfachend angenommen, daß die Anbieter, d.h. im Fall des Franchising die Franchisenehmer, keine eigenständige Preispolitik betreiben, sondern sie sich an einem exogen gegebenen Marktpreis orientieren. Franchisegeber und Franchisenehmer beeinflussen die Nachfrage in den einzelnen Verkaufsgebieten aber durch Werbemaßnahmen. Sie stehen dabei zwar im Wettbewerb mit anderen Anbietern (z.B. Herstellern mit Direktvertrieb, Franchisenehmern anderer Systeme), bekommen Werbemaßnahmen eines Konkurrenten aber nur unwesentlich zu spüren und müssen bei ihrer Werbeplanung Konkurrenzmaßnahmen nicht ins Kalkül ziehen.

Bei beiden Marktformen sei von einem Wettbewerb zwischen potentiellen Franchisenehmern ausgegangen. Diese Annahme dürfte vielfach für die Wirklichkeit zutreffend sein. So ist in der Praxis zu beobachten, daß die Nachfrage nach Franchisen das Angebot nicht unerheblich übersteigt, so daß Franchisenehmer aus einer größeren Anzahl von Bewerbern ausgewählt werden können.[6]

Anders als ein Teil der Literatur zum Franchising konzentriert sich diese Arbeit auf die Analyse zweiseitiger Anreizprobleme. Tabelle 3.1 zeigt auf der folgenden Seite die sich bei zwei Marktformen und bei Relevanz bzw. Vernachlässigbarkeit der Werbung der Vertragsparteien für die Nachfrage innerhalb eines Verkaufsgebietes ergebenden Fälle. Die fett umrandeten Fälle werden dabei im folgenden analysiert.

(3) Annahmen über die Kosten

Die mit c^{FG} bezeichneten Grenzkosten der Produktion des Franchisegebers seien ebenso konstant wie die mit c^{FN} bezeichneten Grenzkosten der Distribution des Franchisenehmers. Die Größe c^{FN} beinhaltet dabei z.B. Kosten für die Lagerung, die Warenpräsentation im Verkaufsraum oder für die Demonstration und Erklärung des Produkts durch das Verkaufspersonal, soweit diese Kosten einer einzelnen Produkteinheit zurechenbar sind. Im Fall des Polypols übersteige der exogen gegebene Marktpreis die Summe der Grenzkosten der Produktion und Distribution. Produktion und Verkauf führe fer-

6 Vgl. Kunkel (1994), S. 16. Beispielsweise wird geschätzt, daß von den ca. 2000 jährlichen Bewerbern für eine Franchise bei McDonald's in den USA nur ca. 7 % akzeptiert werden. Vgl. Kaufmann/Lafontaine (1994), S. 418.

ner zu fixen Kosten bei den Vertragsparteien. Die Kostengrößen seien beiden Vertragsparteien vor Vertragsabschluß bekannt. In Kapitel 6 wird demgegenüber der Fall betrachtet, daß die Vertragsparteien private Informationen über einzelne Kostengrößen haben.

Tab. 3.1: Einordnung der analysierten Fälle

<table>
<tr><td>Marktform</td><td colspan="4">Monopol</td><td colspan="4">Polypol</td></tr>
<tr><td>Relevanz der Werbung des Franchisegebers</td><td colspan="2">ja</td><td colspan="2">nein</td><td colspan="2">ja</td><td colspan="2">nein</td></tr>
<tr><td>Relevanz der Werbung des Franchisenehmers</td><td>ja</td><td>nein</td><td>ja</td><td>nein</td><td>ja</td><td>nein</td><td>ja</td><td>nein</td></tr>
<tr><td></td><td>Zweiseitiges Anreizproblem</td><td>zweiseitiges Anreizproblem</td><td colspan="2">Einseitige Anreizprobleme</td><td>zweiseitiges Anreizproblem</td><td colspan="2">Einseitige Anreizprobleme</td><td>kein Anreizproblem</td></tr>
</table>

(4) Annahmen zum Verhalten der Vertragsparteien nach Vertragsabschluß

Bezüglich der Wahl der Absatzaktivitäten durch die Vertragsparteien seien die folgenden Verhaltensannahmen unterstellt. Bei gegebenem Franchisevertrag wählen die Vertragsparteien die Absatzaktivitäten gemäß ihrer individuellen Präferenzen. Sie unterstellen dabei, daß ihre Entscheidung keinen Einfluß auf die Entscheidungen der anderen Vertragspartei hat (Cournot-Nash-Annahme).[7] Ist eine Vertragspartei indifferent zwischen verschiedenen Ausprägungen einer bestimmten Entscheidungsvariablen, so wählt es diejenige Ausprägung, die die individuellen Präferenzen des Vertragsgestalters maximiert. Die Vertragsparteien orientieren sich folglich bei der Wahl der Absatzaktivitäten primär am Eigeninteresse, handeln also opportunistisch. Nur dann, wenn sie aufgrund der eigenen Präferenzen nicht zu einer definitiven Entscheidung kommen, berücksichtigen sie das Interesse des Vertragsgestalters. In Kapitel 5 wird demgegenüber der Fall betrachtet, daß die Vertragsparteien nur eingeschränkt opportunistisch handeln.

(5) Annahmen zum Informationsstand und zur Risikoeinstellung der Vertragsparteien

Bis zur Entscheidung über die Absatzaktivitäten haben die Vertragsparteien einen symmetrischen Informationsstand. Insbesondere ist den Vertragsparteien die funktionale Gestalt der Nachfragefunktion $x_\Theta = x_\Theta(p,a,A)$ bekannt. Die Nachfrage ist dabei auch von den Zufallsgrößen $\Theta = (\Theta^l,\Theta^g)$ abhängig, die im Fall von Θ^l lokale Gegebenheiten des Verkaufsgebietes (regionale Präferenzen, Nachfragegewohnheiten, Kaufkraft etc.) und im Fall von Θ^g globale Trends (Branchenentwicklung, Konjunktur) beschreiben. Im Zeitpunkt der Vertragsvereinbarung bestehen bei den Vertragsparteien homogene Erwartungen über diese Größen. Die Realisation dieser Zufallsgrößen erfolgt erst nach Festlegung der Absatzpolitik, so daß die Absatzaktivitäten der Vertragsparteien unter Unsicherheit zu bestimmen sind. Die Einstellung der Vertragsparteien gegenüber dem Absatzrisiko sei durch Risikoneutralität geprägt.[8] In den Kapiteln 4 und 7 seien hingegen die Konsequenzen der Risikoaversion der Vertragsparteien untersucht.

Ex-post mögen die Vertragsparteien die Ausprägung von Θ nicht (vollständig) beobachten. Ein solche Situation liegt z.B. dann vor, wenn der Franchi-

---

7 Hinter dieser Annahme steht die Vorstellung, daß die Vertragsparteien ihre Absatzaktivitäten simultan und ohne vorherige Absprache festlegen.

8 Zur Rechtferigung dieser Annahme seien existenzgefährdende Risiken ausgeschlossen.

segeber lediglich die Ausprägung von Θ^g und der Franchisenehmer diejenige von Θ^l feststellen kann. Der Vertragsgestalter kann also aus der in einem Verkaufsgebiet in einer Periode angefallenen Nachfrage nicht unmittelbar auf die Absatzaktivitäten der anderen Vertragspartei zurückschließen. In diesem Sinn besteht nach der Entscheidung über die Absatzaktivitäten Informationsasymmetrie zwischen den Vertragsparteien.

3.2 Monopolistische Verhältnisse

Zunächst seien die absatzpolitischen Entscheidungen der Vertragsparteien bei gegebenem Franchisevertrag hergeleitet. Dazu sind zunächst deren Präferenzfunktionen aufzustellen und die notwendigen Bedingungen für ein Nash-Gleichgewicht zu formulieren.

Da annahmegemäß die Werbeaktivitäten der Franchisenehmer nur von untergeordneter Bedeutung für den Absatzerfolg sind, wird im folgenden die Nachfragefunktion lediglich in Abhängigkeit des Endpreises und der Werbeausgaben des Franchisegebers A formuliert. Mit

$$(3.1)\qquad x(p,A) := E[x_\Theta(p,A)]$$

ergibt sich die Präferenzfunktion des Franchisenehmers gemäß

$$(3.2)\qquad \Psi^{FN} := \left[(1-f)\cdot p-\left(w+c^{FN}\right)\right]\cdot x(p,A)-F-K_{Fix}^{FN}$$

und diejenige des Franchisegebers gemäß

$$(3.3)\qquad \Psi^{FG} := \left[f\cdot p+\left(w-c^{FG}\right)\right]\cdot x(p,A)+F-A-K_{Fix}^{FG}.$$

Dabei bezeichnen $K_{Fix}^{FN}\left(K_{Fix}^{FG}\right)$ die beim Franchisenehmer (Franchisegeber) anfallenden fixen Kosten.

Unter der Cournot-Nash-Annahme erhält man die notwendigen Bedingungen für ein Nash-Gleichgewicht durch Differenzieren der Präferenzfunktionen nach der jeweiligen Entscheidungsvariable und anschließendem Nullsetzen der Ableitung. Es gilt dann

$$(3.4)\quad \frac{\partial \Psi^{FN}}{\partial p} = (1-f)\cdot x(p,A) + \left[(1-f)p - \left(w + c^{FN}\right)\right]\frac{\partial x}{\partial p}(p,A) \overset{!}{=} 0$$

$$(3.5)\quad \frac{\partial \Psi^{FG}}{\partial A} = \left[f\cdot p + \left(w - c^{FG}\right)\right]\frac{\partial x}{\partial A}(p,A) - 1 \overset{!}{=} 0.$$

Das Nash-Gleichgewicht, d.h. die simultane Lösung der Gleichungen (3.4) und (3.5), sei im folgenden mit (p*,A*) gekennzeichnet.[9] Beide Gleichungen lassen sich standardgemäß dahingehend interpretieren, daß die absatzpolitischen Entscheidungsvariablen so festzulegen sind, daß sich ein Ausgleich von Grenzkosten und Grenzerlösen ergibt. Die beiden Gleichungen machen deutlich, daß das sich ergebende Nash-Gleichgewicht von dem Handelsabgabepreis und der laufenden Franchisegebühr, nicht aber von der fixen Franchisegebühr abhängt. Der Vertragsgestalter, hier also der Franchisegeber, muß diese Abhängigkeit der Absatzaktivitäten von den genannten Vertragskomponenten bei der Bestimmung des optimalen Vertrags berücksichtigen.

Nunmehr sei die Vertragsgestaltung betrachtet. Nach Einsetzen des Nash-Gleichgewichts (p*,A*) in (3.2) ergibt sich der erwartete Gewinn des Franchisenehmers bei optimaler Absatzpolitik. Dieser erwartete Gewinn darf ein bestimmtes Mindestniveau $\left(\Pi^{FN}_{min}\right)$ nicht unterschreiten, wenn der Franchisenehmer zum Vertragsabschluß bereit sein soll.[10] Durch diese Teilnahmebedingung werden die Möglichkeiten der Vertragsgestaltung für den Franchisegeber beschränkt. Herrscht Wettbewerb zwischen den potentiellen Franchisenehmern, so wird sich ein einheitlicher "Marktpreis" für den Min-

---

9 Zur Frage der Existenz und Eindeutigkeit des Nash-Gleichgewichts vgl. den Anhang.

10 Wegen der unterstellten Risikoneutralität kommt es dabei nur auf den Erwartungswert des Gewinns und nur insofern auf die Höhe der monetären Vertragskomponenten an, als diese den Gewinnerwartungswert determinieren. Demgegenüber stellen Rey/Tirole (1986) auf den Gewinn im ungünstigsten Fall ab.

destgewinn ergeben, der sich beispielsweise an dem branchenüblichen Gehalt eines angestellten Filialleiters orientiert. Der Franchisegeber hat dann im Optimum keinen Anreiz, den erwarteten Gewinn des Franchisenehmers über den Mindestgewinn hinaus zu erhöhen.[11] Mithin gilt

$$(3.6)\quad \Psi^{FN} = \Pi^{FN}_{min} \Leftrightarrow F = \left[(1-f)\cdot p* - \left(w + c^{FN}\right)\right]\cdot x(p*, A*)$$

$$- \Pi^{FN}_{min} - K^{FN}_{Fix}.$$

Nach Einsetzen von (3.6) in (3.3) erhält man mit $c = c^{FN} + c^{FG}$ und $K_{Fix} = K^{FN}_{Fix} + K^{FG}_{Fix}$ für den erwarteten Gewinn des Franchisenehmers den Ausdruck

$$(3.7)\quad \Psi^{FG} = (p* - c)\cdot x(p*, A*) - A* - \Pi^{FN}_{min} - K_{Fix}.$$

Der Franchisegeber hat den Handelsabgabepreis und die laufende Franchisegebühr so festzulegen, daß (3.7) maximiert wird. Die genannten Vertragselemente beeinflussen den erwarteten Gewinn des Franchisegebers dabei nur indirekt durch ihren Einfluß auf das Nash-Gleichgewicht (p*,A*).

In einem vollständigen Vertrag wären Endpreis und Werbeausgaben des Franchisegebers so festgelegt, daß (3.7) ein Maximum annimmt. Zur Bestimmung des optimalen Vertrags sei daher zunächst der Frage nachgegangen, wie sich die optimale Absatzpolitik (p*,A*) des unvollständigen und diejenige des vollständigen Vertrags unterscheiden. Dazu werden die im Nash-Gleichgewicht ausgewerteten Ableitungen von (3.7) gebildet.

$$(3.8)\quad \left.\frac{\partial \Psi^{FG}}{\partial p}\right|_{(p*,A*)} = x(p*, A*) + (p* - c)\cdot \frac{\partial x}{\partial p}(p*, A*)$$

$$(3.9)\quad \left.\frac{\partial \Psi^{FG}}{\partial A}\right|_{(p*,A*)} = (p* - c)\cdot \frac{\partial x}{\partial A}(p*, A*) - 1$$

---

11 Wäre im Optimum $\Psi^{FN} > \Pi^{FN}_{min}$, so könnte der Franchisegeber die fixe Franchisegebühr erhöhen, ohne dadurch die Absatzpolitik (p*,A*) zu ändern. Wegen (3.3) würde sich der erwartete Gewinn des Franchisegebers im Widerspruch zur unterstellten Optimalität hierdurch erhöhen.

Nach Einsetzen der Gleichung (3.4) läßt sich Gleichung (3.8) in der Form

$$(3.10)\quad \left.\frac{\partial \Psi^{FG}}{\partial p}\right|_{(p^*,A^*)} = \left\{-\frac{1}{1-f}\left[(1-f)p^*-\left(w+c^{FN}\right)\right]+(p^*-c)\right\}$$

$$\cdot\frac{\partial x}{\partial p}(p^*,A^*) = \left\{\frac{1}{1-f}\left(w+c^{FN}\right)-c\right\}\cdot\frac{\partial x}{\partial p}(p^*,A^*)$$

schreiben. Betrachtet man nun einen Vertrag, für den $f < 1$ und

$$(3.11)\quad w+c^{FN} = (1-f)\cdot c \Leftrightarrow w = (1-f)c^{FG} - fc^{FN}$$

erfüllt ist, so verschwindet die Ableitung in (3.10). Bei gegebenen Werbeausgaben A* des Franchisegebers führt ein Franchisevertrag bei dem der Handelsabgabepreis und die laufende Franchisegebühr gerade so gewählt wird, daß Gleichung (3.11) erfüllt ist dazu, daß der Franchisenehmer den optimalen Endpreis des vollständigen Vertrags wählt. Handelsabgabepreis und laufende Franchisegebühr müssen also so gewählt sein, daß die Grenzkosten des Franchisenehmers ($w + c^{FN}$) proportional zu den Grenzkosten aus Verkauf und Produktion sind. Der Proportionalitätsfaktor entspricht dabei gerade dem Anteil des Franchisenehmers am Verkaufserlös je Produkteinheit. Abbildung 3.2 verdeutlicht Gleichung (3.11) graphisch.

Setzt man Gleichung (3.5) in (3.9) ein, so ergibt sich

$$(3.12)\quad \left.\frac{\partial \Psi^{FG}}{\partial A}\right|_{(p^*,A^*)} = \left[(p^*-c)-\left(fp^*+w-c^{FG}\right)\right]\cdot\frac{\partial x}{\partial A}(p^*,A^*)$$

$$= \left[(1-f)\cdot p^*-\left(w+c^{FN}\right)\right]\cdot\frac{\partial x}{\partial A}(p^*,A^*)$$

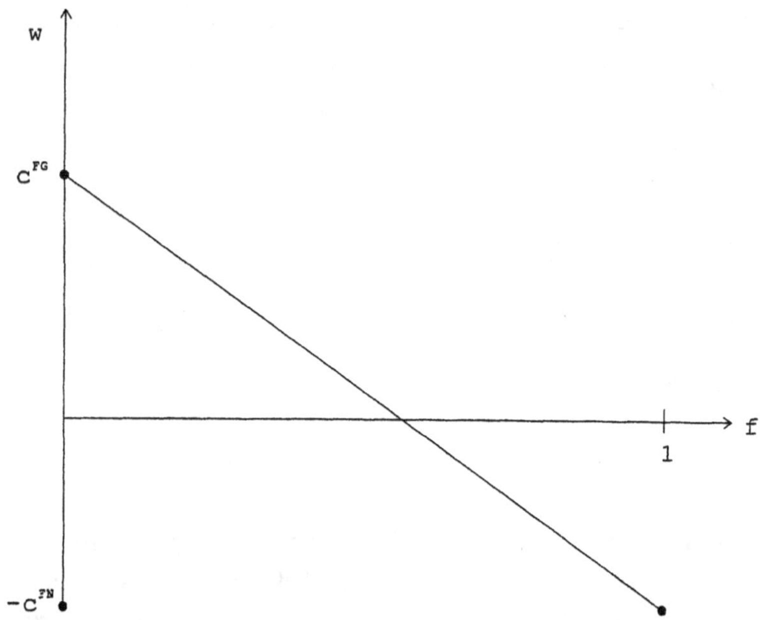

Abb. 3.2: Kombinationen aus Handelsabgabepreis und laufender Franchisegebühr, die (3.11) erfüllen

Im folgenden seien nun zwei alternative Verträge näher untersucht. Betrachtet man zunächst den Vertrag mit $w = c^{FG}$ und $f = 0$, so folgt aus (3.12)

$$(3.13) \quad \frac{\partial \Psi^{FG}}{\partial A}(p^*, A^*) = (p^* - c) \cdot \frac{\partial x}{\partial A}(p^*, A^*) > 0 .$$

Verzichtet der Franchisegeber also auf eine laufende Gebühr und erfolgt die Warenlieferung an den Franchisenehmer zu Grenzkosten des Franchisegebers, so ließe sich dessen erwarteter Gewinn durch eine Steigerung der Werbeausgaben über das Nash-Gleichgewichtsniveau hinaus erhöhen. Der betrachtete Vertrag gibt dem Franchisegeber also nicht ausreichende Anreize, um den optimalen Werbeumfang des vollständigen Vertrags zu realisieren. Ein anderes Bild ergibt sich, wenn der Vertrag mit $w = -c^{FN}$ und $f = 1$ betrachtet wird. Bei diesem Vertrag verschwindet die Ableitung in (3.12), so daß der Franchisegeber bei gegebenem Endpreis p* genau den optimalen Werbeumfang des vollständigen Vertrags wählt. Bei dem betrachteten Vertrag verschwindet allerdings die Deckungsspanne des Franchisenehmers. Um die Mindestgewinnbedingung zu erfüllen, muß der Franchisegeber eine negative fixe Franchisegebühr wählen: $F = -\Pi_{min}^{FN} - K_{Fix}^{FN} < 0$. Wegen der verschwindenden Deckungsspanne ist der Franchisenehmer indifferent gegenüber allen Endpreisen $p \geq 0$. Gemäß den im vorangegangenen Abschnitt getroffenen Verhaltensmaßnahmen wählt er denjenigen Endpreis, der den erwarteten Gewinn des Franchisegebers maximiert, also den optimalen Endpreis des vollständigen Vertrags. Damit induziert der betrachtete Vertrag die Absatzpolitik des vollständigen Vertrags und stellt die optimale Lösung des Problems des Franchisegebers dar.

In der betrachteten Situation ist somit ein Grenzfall des Franchising optimal, der durch folgende Merkmale gekennzeichnet ist:

1. Der Franchisenehmer hat den von ihm erzielten Umsatz zu 100 % an den Franchisegeber abzutreten ($f = 1$).
2. Der Franchisegeber erstattet dem Franchisenehmer die zur Umsatzerzielung entstandenen Verkaufskosten ($w = -c^{FN}$).
3. Für die Übernahme der Distribution des Produkts erhält der Franchisenehmer eine feste Zahlung, die über die Abdeckung der fixen Kosten hinausgeht ($F = -\Pi_{min}^{FN} - K_{Fix}^{FN}$).

Der erwartete Gewinn, den der Franchisegeber mit diesem Vertrag erzielt, ist mit demjenigen des vollständigen Vertrags identisch. Die Vertragsgestaltung weist deutliche Ähnlichkeiten mit der eines Angestellten des Franchisegebers auf. Offenbar ist in der betrachteten Situation der Unterschied zum Filialsystem nur sehr gering.[12]

Möglicherweise liefern die Ergebnisse dieses Abschnitts auch eine Erklärung für das in der Realität häufig auftretene Phänomen, daß Franchisegeber neben franchisierten Verkaufsstellen in einigen Verkaufsgebieten auch Filialen betreiben.[13] Nach den obigen Überlegungen ist ein Filialbetrieb dann vorzuziehen, wenn die lokalen Werbeaktivitäten von untergeordneter Bedeutung für den Absatzerfolg sind.

---

[12] Im Unterschied zu einem angestellten Filialleiter ist allerdings der hier betrachtete Franchisenehmer in seiner Wahl des Endpreises nicht an Vorgaben durch den Franchisegeber gebunden.

[13] Vgl. Tietz (1987), S. 397. Als Beispiele seien IHR PLATZ und NORDSEE genannt.

3.3 Polypolistische Verhältnisse

3.3.1 Charakterisierung des optimalen Vertrags bei allgemeiner Responsefunktion

Auch im Fall des Polypols seinen zunächst die absatzpolitischen Entscheidungen bei gegebenem Franchisevertrag analysiert. Mit dem exogen gegebenen Marktpreis p^ lautet die in einem Verkaufsgebiet erwartete Nachfrage

$$(3.14)\quad x(p^{\wedge},a,A) := E[x_{\Theta}(p^{\wedge},a,A)].$$

Von dieser Änderung der erwarteten Nachfrage abgesehen, besitzen die in (3.2) und (3.3) angegebenen Präferenzfunktionen weiterhin Gültigkeit. Da der Marktpreis gegeben ist, stellen die Werbeausgaben der Vertragsparteien die Entscheidungsvariablen dar. Durch Differenzieren der Präferenzfunktionen erhält man als notwendige Bedingungen für die optimalen Werbeausgaben

$$(3.15)\quad \frac{\partial \Psi^{FN}}{\partial a} = \left[(1-f)p^{\wedge} - \left(w + c^{FN}\right)\right] \cdot \frac{\partial x}{\partial a}(p^{\wedge},a,A) - 1 \overset{!}{=} 0$$

$$(3.16)\quad \frac{\partial \Psi^{FG}}{\partial A} = \left[f \cdot p^{\wedge} + \left(w - c^{FG}\right)\right] \cdot \frac{\partial x}{\partial A}(p^{\wedge},a,A) - 1 \overset{!}{=} 0.$$

Die Lösung dieser Gleichungen liefert das Nash-Gleichgewicht (a*,A*). Im Unterschied zur Analyse des vorangegangenen Abschnitts ist die Absatzpolitik des vollständigen Vertrags nicht induzierbar.[14] Dies soll im folgenden gezeigt werden.

Analog zu (3.7) ergibt sich der erwartete Gewinn des Franchisegebers gemäß

---

[14] Vgl. dazu auch Blair/Kaserman (1994), S. 325.

$$(3.17)\quad \Psi^{FG} = (p^\wedge - c)\cdot x(p^\wedge, a^*, A^*) - (a^* + A^*) - \Pi^{FN}_{min} - K_{Fix}.$$

Die Werbeausgaben des vollständigen Vertrags ergeben sich dann aus der Maximierung von (3.17). Um diese Werbeausgaben zu induzieren, müßten die Gleichungen

$$(3.18)\quad DS^{FN} := [(1-f)\cdot p^\wedge - (w + c^{FN})] = p^\wedge - c$$

$$(3.19)\quad DS^{FG} := [f\cdot p^\wedge + (w - c^{FG})] = p^\wedge - c$$

simultan erfüllt sein. Durch Addition folgt daraus $p^\wedge = c$ im Widerspruch zu der Annahme $p^\wedge > c$. Sofern die Deckungsspannen der Vertragsparteien strikt positiv sind und die erwartete Nachfrage eine konkave Funktion der Werbeausgaben ist, sind die Werbeausgaben der Vertragsparteien im Vergleich zum vollständigen Vertrag zu gering, was sich formal durch Bilden der Ableitungen von Ψ^{FG} nach den Werbeausgaben zeigen läßt.[15] Der Franchisegeber würde also mit einem vollständigen Vertrag, sofern er dessen Einhaltung durch den Franchisenehmer kostenlos überprüfen könnte, einen höheren erwarteten Gewinn erzielen. Im Fall des hier betrachteten unvollständigen Vertrags hat der Franchisegeber ein Interesse daran, die Abweichungen der Werbeausgaben im Vergleich zum vollständigen Vertrag möglichst gering zu halten.

Zur Vereinfachung der folgenden Analyse sei unterstellt, daß die Vertragsparteien durch ihre Werbemaßnahmen die Nachfrage unabhängig voneinander beeinflussen. Die Effektivität der Werbung einer Vertragspartei hänge also nicht den Werbemaßnahmen der anderen Vertragspartei ab, d.h. es gelte

---

15 Analog zu (3.12) gilt

$$\left.\frac{\partial \Psi^{FG}}{\partial A}\right|_{(a^*,A^*)} = DS^{FN}\cdot\frac{\partial x}{\partial A}(p^\wedge, a^*, A^*) > 0 \text{ sowie}$$

$$\left.\frac{\partial \Psi^{FG}}{\partial a}\right|_{(a^*,A^*)} = DS^{FG}\cdot\frac{\partial x}{\partial a}(p^\wedge, a^*, A^*) > 0.$$

$$(3.20)\quad \frac{\partial^2 x}{\partial a \partial A}(p^\wedge, a, A) = 0.$$ [16]

Geht man von einer in den Werbeausgaben konkaven Nachfrage aus und trifft die zusätzliche Vereinbarung, daß die Steigung der Responsefunktion bei Verzicht auf Werbung unendlich groß wird, d.h. daß

$$(3.21)\quad \lim_{a \to 0} \frac{\partial x}{\partial a}(p^\wedge, a, A) = \lim_{A \to 0} \frac{\partial x}{\partial A}(p^\wedge, a, A) = \infty$$

gilt, so existiert unter der Voraussetzung positiver Deckungsspannen ein eindeutiges Nash-Gleichgewicht (a*,A*) der Werbeausgaben.[17]

Nunmehr sei wieder das Problem der optimalen Vertragsgestaltung aufgegriffen. Wie im folgenden zunächst gezeigt werden soll, lassen sich solche Vertäge als suboptimal ausschließen, bei denen eine bzw. beide Vertragsparteien auf Werbung gänzlich verzichten. Dazu werden drei Fälle betrachtet.

Ein Verzicht beider Vertragsparteien auf Werbung (Fall 1) kann keine Gleichgewichtslösung sein, da in diesem Fall die Deckungsspannen beider Vertragsparteien nicht-positiv sein müßten. Dies steht aber im Widerspruch zu $DS^{FN} + DS^{FG} = p^\wedge - c > 0$.

Daß der optimale Vertrag nicht zu einem Nash-Gleichgewicht führen kann, bei dem nur der Franchisegeber wirbt (Fall 2: a* = 0, A* > 0), sieht man wie folgt. Der Franchisenehmer verzichtet auf Werbung, falls seine Deckungsspanne DS^{FN} negativ ist oder verschwindet. Betrachtet sei zunächst ein

---

16 Die anschließenden Überlegungen lassen sich unter der Voraussetzung der Existenz eindeutiger Nash-Gleichgewichte auf den Fall übertragen, daß die Werbeaktivitäten der Vertragsparteien Subsitute sind, d.h. $\frac{\partial^2 x}{\partial a \partial A}(p^\wedge, a, A) < 0$ gilt. In diesem Fall reduziert sich beispielsweise die Effektivität von Werbemaßnahmen des Franchisenehmers, wenn der Franchisegeber bereits umfangreich wirbt.

17 Aufgrund der Konkavitätsannahme sind die linken Seiten der Gleichungen (3.15) und (3.16) monoton fallend in den Werbeausgaben, so daß sich ein eindeutiges Nash-Gleichgewicht ergibt.

Vertrag, der zu $DS^{FN} < 0$ führt. Senkt man die laufende Franchisegebühr marginal, so folgt weiterhin a* = 0. Während sich die Werbeausgaben des Franchisegebers aufgrund der geringeren Deckungsspanne reduzieren. Die Auswirkungen auf den erwarteten Gewinn ergeben sich aus

$$(3.22) \quad \frac{d\Psi^{FG}}{df} = \left.\frac{\partial \Psi^{FG}}{\partial A}\right|_{(0,A^*)} \cdot \frac{\partial A^*}{\partial f}.$$

Da in der betrachteten Situation $DS^{FG} > (p\^{} - c)$ gilt, sind die Werbeausgaben des Franchisegebers relativ zum vollständigen Vertrag zu hoch. Durch die Senkung der Werbeausgaben läßt sich der erwartete Gewinn des Franchisegebers steigern. Die Ableitung in (3.22) hat damit ein positives Vorzeichen, so daß der ursprünglich betrachtete Vertrag nicht optimal sein kann.

Sei nunmehr ein Vertrag betrachtet, der zu $DS^{FN} = 0$ führt. In diesem Fall verzichtet der Franchisenehmer auf Werbung, während der Franchisegeber gerade den optimalen Werbeumfang des vollständigen Vertrags wählt: a* = 0, $A^* = A_{voll}$. Senkt man die laufende Franchisegebühr marginal, so wird $DS^{FN} > 0$, und der Franchisenehmer hat einen Anreiz zu werben, während der Franchisegeber seine Werbeausgaben reduziert. Die Konsequenzen dieser Änderungen für den erwarteten Gewinn des Franchisegebers ergeben sich aus

$$(3.23) \quad \frac{d\Psi^{FG}}{df} = \left.\frac{\partial \Psi^{FG}}{\partial a}\right|_{(0,A_{voll})} \cdot \frac{\partial a^*}{\partial f} + \left.\frac{\partial \Psi^{FG}}{\partial A}\right|_{(0,A_{voll})} \cdot \frac{\partial A^*}{\partial f}.$$

Da der zweite Summand verschwindet, richtet sich das Vorzeichen von (3.23) nach dem ersten Summanden. Wegen (3.21) folgt

$$(3.24) \quad \left.\frac{\partial \Psi^{FG}}{\partial a}\right|_{(0,A_{voll})} = (p\^{} - c)\frac{\partial x}{\partial a}(p\^{},0,A_{voll}) - 1 > 0,$$

so daß die Ableitung in (3.23) insgesamt negativ ist. Damit kann aber der ursprünglich betrachtete Vertrag nicht optimal sein.

Ganz analog lassen sich solche Verträge als suboptimal ausschließen, die dazu führen, daß nur der Franchisenehmer wirbt, während der Franchisegeber auf Werbung verzichtet (Fall 3).

Der optimale Vertrag muß also dazu führen, daß beide Vertragsparteien einen Anreiz zur Werbung haben. Daher müssen die Deckungsspannen beider Vertragsparteien im Optimum strikt positiv sein.

Die optimale Kombination aus Handelsabgabepreis und laufender Franchisegebühr ergibt sich formal aus den folgenden Gleichungen.

$$\text{(3.25)} \quad \frac{\partial \Psi^{FG}}{\partial w} = DS^{FG} \cdot \frac{\partial x}{\partial a}(p\wedge, a^*, A^*) \cdot \frac{\partial a^*}{\partial w} + DS^{FN} \cdot \frac{\partial x}{\partial A}(p\wedge, a^*, A^*) \cdot \frac{\partial A^*}{\partial w} \stackrel{!}{=} 0$$

$$\text{(3.26)} \quad \frac{\partial \Psi^{FG}}{\partial f} = DS^{FG} \cdot \frac{\partial x}{\partial a}(p\wedge, a^*, A^*) \cdot \frac{\partial a^*}{\partial f} + DS^{FN} \cdot \frac{\partial x}{\partial A}(p\wedge, a^*, A^*) \cdot \frac{\partial A^*}{\partial f} \stackrel{!}{=} 0.$$

Aus (3.15) und (3.16) folgt

$$\text{(3.27)} \quad \frac{\partial a^*}{\partial w} = -\frac{\partial DS^{FN}}{\partial w} / DS^{FN} \cdot \frac{\partial x / \partial a}{\partial^2 x / \partial a^2} < 0$$

$$\text{(3.28)} \quad \frac{\partial a^*}{\partial f} = -\frac{\partial DS^{FN}}{\partial f} / DS^{FN} \cdot \frac{\partial x / \partial a}{\partial^2 x / \partial a^2} < 0.$$

Wegen $\partial DS^{FN} / \partial f = p\wedge \cdot \partial DS^{FN} / \partial w$ folgt daraus die Beziehung

$$\text{(3.29)} \quad \frac{\partial a^*}{\partial f} = p\wedge \cdot \frac{\partial a^*}{\partial w}$$

Ganz analog zeigt man die Gültigkeit der Beziehung

$$\text{(3.30)} \quad \frac{\partial A^*}{\partial f} = p\wedge \cdot \frac{\partial A^*}{\partial w}.$$

Indem man (3.29) und (3.30) in die Optimalitätsbedingungen (3.25) und (3.26) einsetzt, erkennt man, daß beide Gleichungen äquivalent sind. Die formale Analyse führt also auf nur eine Gleichung für den optimalen Vertrag, die sich unter Verwendung von (3.15) und (3.16) in der Form

$$(3.31)\quad \frac{DS^{FG}}{\left(DS^{FN}\right)^2}\cdot\frac{\partial x/\partial a}{\partial^2 x/\partial a^2}=\frac{DS^{FN}}{\left(DS^{FG}\right)^2}\cdot\frac{\partial x/\partial A}{\partial^2 x/\partial A^2}$$

anschreiben läßt.

Die Interpretation dieser Gleichung erleichtert sich durch die folgende Überlegung. Zur Verhaltenssteuerung der Vertragsparteien reicht dem Franchisegeber offenbar bereits ein Instrument, d.h., er kann z.B. den Handelsabgabepreis frei wählen und anschließend die laufende Franchisegebühr so festlegen, daß (3.31) erfüllt ist. Mit der Wahl der laufenden Franchisegebühr liegt dann auch der Anteil der Vertragsparteien an der gesamten Deckungsspanne (p^ - c)fest.[18] Es gelte

$$(3.32)\quad DS^{FN}=t\cdot(p\text{^}-c),DS^{FG}=(1-t)\cdot(p\text{^}-c)$$

mit $0 < t < 1$. Aus Sicht des Franchisegebers sind alle Kombinationen aus Handelsabgabepreis und laufender Franchisegebühr, die zum gleichen Anteil t an der gesamten Deckungsspanne, die dem Franchisenehmer vertraglich eingeräumt wird, führen äquivalent. Je nach Wahl von t ergeben sich unterschiedliche Nash-Gleichgewichte der Werbeausgaben der Vertragsparteien und damit ein unterschiedlicher erwarteter Gewinn des Franchisegebers. Insofern läßt sich diese Größe auch als Entscheidungsvariable des Franchisegebers auffassen. Wegen (3.17) ist der optimale Anteil des Franchisenehmers an der gesamten Deckungsspanne so festzulegen, daß

$$(3.33)\quad \frac{\partial\Psi^{FG}}{\partial t}=(p\text{^}-c)\cdot\frac{\partial x}{\partial t}(p\text{^},a^*,A^*)-\frac{\partial(a^*+A^*)}{\partial t}=0$$

---

18 Mit der gesamten Deckungsspanne wird im folgenden die Differenz zwischen dem Marktpreis und der Summe der variablen Produktions- und Verkaufskosten bezeichnet.

erfüllt ist. Formal sind die Gleichungen (3.31) und (3.33) äquivalent. Im Gegensatz zu (3.31) erlaubt (3.33) aber eine unmittelbare ökonomische Interpretation. Der erste Summand beschreibt die durch eine Änderung der Werbeausgaben der Vertragsparteien hervorgerufene Änderung des gesamten Deckungsbeitrags. Diese muß im Optimum den Grenzausgaben der Vertragsparteien für Werbung entsprechen.

Eine explizite Auflösung von (3.31) bzw. (3.33) ist allerdings ohne nähere Spezifikation der Responsefunktion (3.14) nicht möglich. Im folgenden Abschnitt wird daher der optimale Vertrag für die konkrete Spezifikation der Responsefunktion ermittelt.

3.3.2 Charakterisierung des optimalen Vertrags bei spezieller Wahl der Responsefunktion

Ausgangspunkt der Spezifikation sei eine lineare Preisabsatzfunktion mit konstanter Preissensitivität $b > 0$.[19] Mit Θ sei der Prohibitivpreis ohne Werbung bezeichnet. Werbung der Vertragsparteien führe zu einer Steigerung des Prohibitivpreises gemäß der Werbewirkungsfunktionen $f_1(a)$ bzw. $f_2(A)$. Es sei weiterhin angenommen, die Werbung der Vertragsparteien wirke unabhängig voneinander. Geometrisch führt Werbung damit zu einer Parallelverschiebung der Preisabsatzfunktion.

---

19 Der Einfachheit halber sei dieselbe Form der Preisabsatzfunktion im Monopol und im unvollkommenen Polypol unterstellt. Unterschiede in der Marktform mögen sich in unterschiedlichen Werten für den Preissensitivitätsparameter b niederschlagen. Dieser ist im Fall des unvollkommenen Polypols größer als im Monopol. Die Preisabsatzfunktion verläuft somit im unvollkommenen Polypol steiler als im Monopol. Im Polypolfall läßt sich diePreisabsatzfunktion als lineare Näherung an eine doppelt-gekrümmte Funktion verstehen.

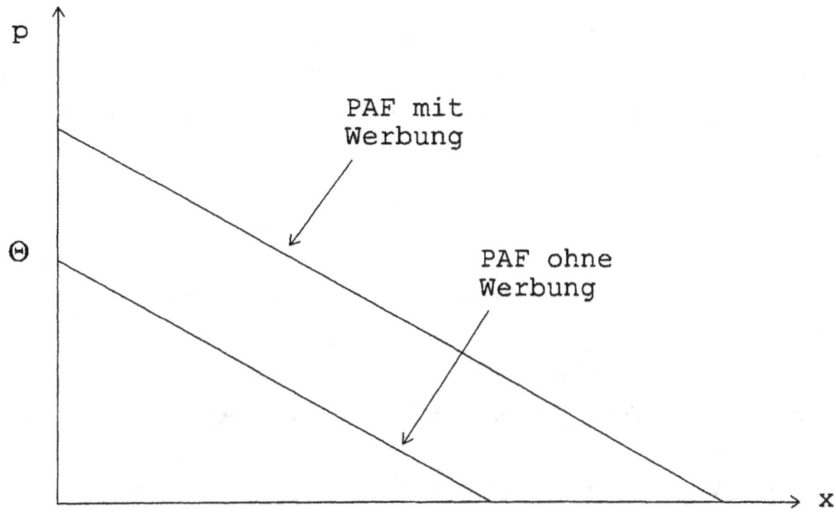

Abb. 3.3: Parallelverschiebung der Preisabsatzfunktion durch Werbung

Analytisch läßt sich damit die Responsefunktion in der Form

(3.34) $x_\Theta(p, a, A) = b \cdot [\Theta + f_1(a) + f_2(A) - p]$

mit b > 0 anschreiben. Im Unterschied zu der von Bhattacharyya/Lafontaine (1995) formulierten Responsefunktion vom Cobb-Douglas Typ ergibt sich hier auch dann ein Absatzzuwachs, wenn nur eine der Vertragsparteien wirbt.

Hinsichtlich der Werbewirkungsfunktionen sei speziell unterstellt, daß das Verhältnis aus Grenzeffekt der Werbung und marginaler Änderung dieses Grenzeffekts konstant ist, d.h.

(3.35) $\frac{f_1'(a)}{f_1''(a)} = \text{const}; \frac{f_2'(A)}{f_2''(A)} = \text{const}$.

Die Werbewirkungsfunktionen haben damit die Eigenschaft, daß der Grenzeffekt der Werbung proportional zum Ausgangsniveau des Werbeeffekts abnimmt.[20] Darüber hinaus sei wie üblich angenommen, daß der Grenzeffekt der Werbung positiv, aber abnehmend ist. Wegen der Forderung (3.35) sind die Werbewirkungsfunktionen Exponentialfunktionen[21] und (3.34) nimmt die spezielle Gestalt

$$(3.36)\quad x_\Theta(p,a,A) = b \cdot \left[\Theta + k/2 \cdot \left[1 - e^{-\mu_l \cdot a}\right] + k/2 \cdot \left[1 - e^{-\mu_g \cdot A}\right] - p\right]$$

an. Die Parameter $\mu_l > 0$, $\mu_g > 0$ messen dabei die Effektivität der Werbung der Vertragsparteien. Je größer μ_l bzw. μ_g ist, desto schneller läßt sich durch lokale, d.h. verkaufsgebietsbezogene bzw. durch nationale Werbung der Prohibitivpreis steigern. Abbildung 3.4 verdeutlicht dies für den Fall der lokalen Werbung. Mit dem Parameter $k > 0$ liegt der maximal durch Werbung beider Vertragsparteien erzielbare Prohibitivpreis $\Theta + k$ fest.

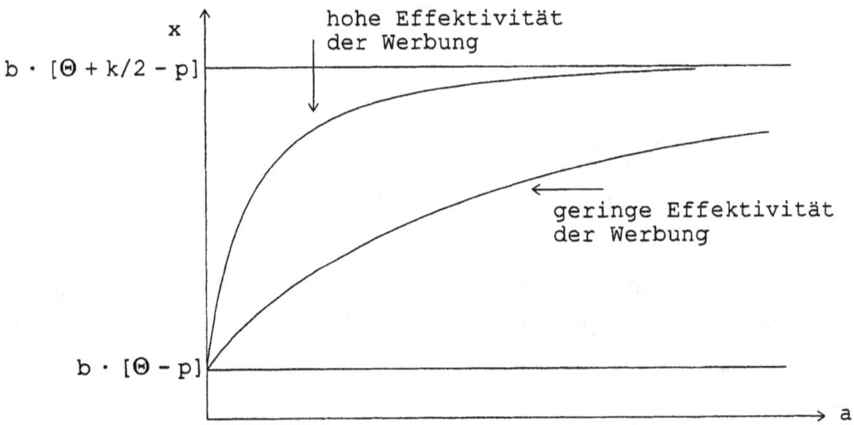

Abb. 3.4: Verlauf der Responsefunktion bei unterschiedlicher Effektivität lokaler Werbung

---

20 Mit geeigneten Parametern α_0, α_1 gilt also beispielsweise $f_1'(a) = \alpha_0 - \alpha_1 \cdot f_1(a)$.

21 Zur Verwendung exponentieller Werbewirkungsfunktionen in Marketing-Modellen vgl. Naert/Leeflang (1978), S. 79.

Allerdings ist bei (3.36) im Gegensatz zu der in (3.21) formulierten Annahme der Grenzeffekt der Werbung auch bei a = 0 bzw. A = 0 endlich, denn es gilt

$$(3.37)\quad \left.\frac{\partial x}{\partial a}\right|_{a=0} = b\mu_l k/2, \qquad \left.\frac{\partial x}{\partial a}\right|_{A=0} = b\mu_g k/2.$$

Bei ausreichend großen Werten für die Effektivitätsparameter ist (3.21) immerhin annähernd erfüllt. Man kann sich dann auf die Analyse solcher Fälle konzentrieren, bei denen beide Vertragsparteien im Nash-Gleichgewicht Werbung betreiben.

Die Auswertung der Gleichungen (3.15) und (3.16) führt auf die folgenden Werbeausgaben im Nash-Gleichgewicht:

$$(3.38)\quad a^* = \frac{1}{\mu_l}\cdot\left[\ln\left(DS^{FN}\cdot b\cdot\mu_l\cdot k/2\right)\right]$$

$$(3.39)\quad A^* = \frac{1}{\mu_g}\cdot\left[\ln\left(DS^{FG}\cdot b\cdot\mu_g\cdot k/2\right)\right]$$

Wegen

$$\frac{\partial x/\partial a}{\partial^2 x/\partial a^2} = -1/\mu_l, \frac{\partial x/\partial A}{\partial^2 x/\partial A^2} = -1/\mu_g$$

vereinfacht sich die Optimumbedingung (3.31) zu

$$(3.40)\quad \frac{DS^{FG}}{\left(DS^{FN}\right)^2}\cdot\frac{1}{\mu_l} = \frac{DS^{FN}}{\left(DS^{FG}\right)^2}\cdot\frac{1}{\mu_g}.$$

Diese Gleichung läßt sich zu

$$(3.41)\quad \frac{DS^{FG}}{DS^{FN}} = \left(\frac{\mu_l}{\mu_g}\right)^{1/3} = \lambda$$

umformen. Der optimale Vertrag ist folglich so zu gestalten, daß die Dekkungsspannen der Vertragsparteien in einem bestimmten Verhältnis λ zueinander stehen. Der Verhältnisfaktor λ wird dabei von den Effizienzparametern μ_l und μ_g bestimmt und ist ein Maß für die relative Effektivität der Werbung des Franchisenehmers. Unter Beachtung von $DS^{FG} + DS^{FN} = p^{\wedge} - c$ folgt aus (3.41) unmittelbar

$$(3.42)\quad DS^{FN} = \frac{1}{\lambda+1} \cdot (p^{\wedge} - c), DS^{FG} = \frac{\lambda}{\lambda+1} \cdot (p^{\wedge} - c).$$

Auf den ersten Blick überraschend folgt für $\mu_l > \mu_g$ (d.h. $\lambda > 1$) $DS^{FG} > DS^{FN}$. Falls also die Effektivität der lokalen Werbung des Franchisenehmers (gemessen durch μ_l) größer ist als die Effektivität der nationalen Werbung des Franchisegebers (gemessen durch μ_g), räumt der optimale Vertrag dem Franchisegeber einen größeren Anteil an der gesamten Deckungsspanne ($p^{\wedge}$ - c) ein. Ist die Werbung der Vertragsparteien hingegen gleich effektiv, d.h. gilt $\mu_l = \mu_g$, so sind auch deren Anteile an der gesamten Deckungsspanne gleich groß. Dieses Ergebnis läßt sich unter Bezugnahme auf das Verhältnis der Werbeausgaben der Vertragsparteien beim vollständigen Vertrag klären. Gilt $\mu_l = \mu_g$, so sind die Werbeausgaben der Vertragsparteien beim vollständigen Vertrag gleich, d.h. es gilt $a_{voll} = A_{voll}$. Steigt nun μ_l relativ zu μ_g an und ist hinreichend groß, so fallen die Werbeausgaben des Franchisenehmers und es gilt $a_{voll} < A_{voll}$.[22] Diejenige Vertragspartei, deren Werbung weniger effektiv ist, müßte beim vollständigen Vertrag die größeren Werbeaufwendungen tätigen. Der optimale unvollständige Vertrag muß dieser Vertragspartei ausreichend Anreize zur Werbung zur Verfügung stellen. Dies geschieht durch einen höheren Anteil an der gesamten Deckungsspanne ($p^{\wedge}$ - c).

Mit (3.42) liegen die Deckungsspannen der Vertragsparteien fest. Jede Kombination aus Handelsabgabepreis und laufender Franchisegebühr, die zu (3.42) führt, ist aus Sicht des Franchisegebers optimal. Legt man den Han-

---

22 Analytisch zeigt sich, daß $\frac{\partial a_{voll}}{\partial \mu_l} < 0 \Leftrightarrow \ln[(p^{\wedge} - c)\mu_l k / 2b] > 1$ gilt.

delsabgabepreis (willkürlich) in Höhe der Grenzkosten des Franchisegebers fest[23], so folgt für die optimale laufende Franchisegebühr

$$(3.43)\quad f = \frac{\lambda}{\lambda+1} \cdot \frac{p^{\wedge}-c}{p^{\wedge}}$$

Die optimale laufende Franchisegebühr ist somit proportional zum Anteil der gesamten Deckungsspanne am Marktpreis. Ist speziell $\mu_l = \mu_g$, so folgt aus (3.43) unmittelbar

$$(3.44)\quad f = \frac{1}{2} \cdot \frac{p^{\wedge}-c}{p^{\wedge}}.$$

Auch die optimale fixe Franchisegebühr läßt sich unmittelbar berechnen. Wegen der bindenden Teilnahmebedingung des Franchisenehmers ist die fixe Franchisegebühr so zu bemessen, daß

$$(3.45)\quad F = DS^{FN} \cdot x(p^{\wedge}, a^*, A^*) - a^* - \Pi_{min}^{FN} - K_{Fix}^{FN}$$

gilt. Nach Einsetzen von (3.36), (3.38), (3.39) und (3.42) erhält man daraus den Ausdruck

$$(3.46)\quad F = b \cdot \left[\Theta^{\wedge} + k - \frac{\lambda\mu_g + \mu_l}{\lambda b \mu_l \mu_g} - p^{\wedge} \right] \cdot \frac{(p^{\wedge}-c)}{\lambda+1}$$
$$- \frac{1}{\mu_l} \ln\left[\frac{(p^{\wedge}-c)}{\lambda+1} \mu_l \cdot b \cdot k/2 \right] - \Pi_{min}^{FN} - K_{Fix}^{FN}.$$

Für den Fall gleicher Effektivität der Werbung der Vertragsparteien ($\lambda = 1$) vereinfacht sich dieser Ausdruck zu

$$(3.47)\quad F = b \cdot \left[\Theta^{\wedge} + k - \frac{2}{\mu b} - p^{\wedge} \right] \cdot \frac{(p^{\wedge}-c)}{2} \frac{1}{\mu} \cdot \ln\left[\frac{(p^{\wedge}-c)}{2} \mu\, b\, k/2 \right]$$

---

23 Dies ist der optimale Handelsabgabepreis im Fall eines einseitigen Anreizproblems.

$$-\Pi_{min}^{FN} - K_{Fix}^{FN}.$$

Zur numerischen Illustration der Lösung sei von folgender Parameterkonstellation ausgegangen: $b = 1$, $\Theta\hat{} = 10$, $k = 4$, $c^{FN} = c^{FG} = 1$, $p\hat{} = 4$, $\Pi_{min}^{FN} = 0$, $K_{Fix}^{FN} = 0$. Der Prohibitivpreis ohne Werbung beträgt also 10 DM und kann durch Werbung der Vertragsparteien maximal auf 14 DM gesteigert werden. Die Grenzkosten der Produktion und des Verkaufs belaufen sich auf 1 DM. Der Marktpreis sei 4 DM. Die Werbung der Vertragsparteien sei gleich effektiv, so daß sich nach (3.44) eine laufende Franchisegebühr von 25 % ergibt. Tabelle 3.2 zeigt nun die Entwicklung der Werbeausgaben, der Absatzmenge und der fixen Franchisegebühr bei unterschiedlichen Werten für die Effektivität der Werbung. Die Absatzmenge sei dabei in 100.000 Einheiten, die Werbeausgaben und die fixe Franchisegebühr in 100.000 DM skaliert.

Tab. 3.2: Entwicklung von Werbeausgaben, Absatzmenge und fixer Franchisegebühr bei unterschiedlichen Werten für die Effektivität der Werbung

μ	a* = A*	x(p^, a*, A*)	F
0,5	0	6	6
1	0,693	8	7,31
10	0,3	9,8	9,5
50	0,09	9,96	9,87
100	0,03	9,98	9,95
1000	0,008	10	9,99

Während mit steigender Effektivität der Werbung die Werbeausgaben zurückgehen, steigt die erwartete Absatzmenge an, so daß auch die fixe Franchisegebühr steigt.

4. Optimales Franchising bei Risikoaversion

In diesem Kapitel wird die Annahme des Grundmodells, beide Vertragsparteien seien risikoneutral aufgehoben. Zunächst wird argumentiert, daß es unter bestimmten Umständen plausibel ist, von der Risikoneutralität des Franchisegebers auszugehen, während der Franchisenehmer als risikoavers betrachtet wird. Anschließend wird die Frage der formalen Modellierung der Risikopräferenzen aufgegriffen und die optimale Vertragsgestaltung bei risikoaversem Franchisenehmer für den Fall monopolistischer bzw. polypolistischer Marktverhältnisse untersucht.

4.1 Grundlagen

4.1.1 Zur Risikoeinstellung der Vertragsparteien

Die Literatur stimmt darin überein, daß Risiken für die Vertragsgestaltung im Franchising von Bedeutung sind.[1] Risikoüberlegungen werden unter der Annahme, daß mindestens eine Vertragspartei nicht risikoneutral ist relevant, da durch den Vertrag eine Risikoaufteilung zwischen den Parteien festgeschrieben wird. Ansätze der Prinzipal-Agenten-Theorie zur Lösung einseitiger Anreizprobleme lassen übertragen auf das Franchising und unter der Annahme eines risikoneutralen Franchisegebers und eines risikoaversen Franchisenehmers die Schlußfolgerung zu, daß die laufende Franchisegebühr mit höherem Risiko steigt, um eine bessere Absicherung des Franchisenehmers gegen Schwankungen der Umwelt zu erreichen.[2]

Diese Schlußfolgerung kontrastiert mit den Ergebnissen empirischer Analysen. So kommen Lafontaine (1992) und Sen (1993) zu dem Ergebnis, daß die laufende Franchisegebühr tendenziell mit höherem Risiko sinkt.[3] Martin (1988) und Norton (1988) finden mit höherem Risiko eine verstärkte

---

1 Vgl. Lafontaine/Bhattacharyya (1995), S. 39 f.

2 Vgl. z.B. Stiglitz (1974), S. 242 f., Shavell (1979), S. 59 f. sowie Laux (1990), S. 114 f.

3 Vgl. Lafontaine (1992), S. 276 f., Sen (1993), S. 185.

Nutzung der Vertriebsform Franchising.[4] Darüber hinaus zeigt Martin, daß franchisierte Verkaufsstellen größere Umsatzschwankungen aufweisen als herstellereigene Verkaufsstellen und der Gesamtumsatz in franchisierten Verkaufsstellen geringer ist als in herstellereigenen Verkaufsstellen.[5] Er zieht aus diesen Beobachtungen die Schlußfolgerung, daß der Franchisegeber die Vertragspartei mit der größeren Risikoaversion ist und unterstreicht diese Ansicht mit der Bemerkung, daß "... franchisees are drawn from the more entrepreneurial agents in our society, since they chose to start their own business rather than seek employment."[6]

Lafontaine/Bhattacharyya (1995) weisen diese Schlußfolgerung als konterintuitiv zurück.[7] Aufgrund der Tatsache, daß Franchisegeber am Erfolg verschiedener, geographisch weit getrennter Verkaufsstellen beteiligt sind und des hiermit verbundenen Diversifikationseffektes sowie der besseren Zugangsmöglichkeiten von Franchisegebern zu Kapitalmärkten und der damit verbundenen verbesserten Möglichkeit der Absicherung gegen finanzielle Risiken dürfte die Annahme risikoneutraler Franchisegeber im allgemeinen gerechtfertigt sein. Allerdings übersieht das erste Argument, daß ein Grund für die Diversifikation gerade in der Risikoaversion besteht. Nur wenn sich in diesem Fall Risiken in verschiedenen Verkaufsgebieten statistisch weitgehend gegeneinander aufheben, können die Entscheidungen des Franchisegebers innerhalb eines Verkaufsgebietes so analysiert werden, als ob er risikoneutral wäre.

Lafontaine/Bhattacharyya zitieren in diesem Zusammenhang eine empirische Studie, die Persönlichkeitsmerkmale von Individuen untersucht, die sich einem Franchisesystem anschließen bzw. nach völliger unternehmerischer Selbständigkeit streben. Demnach zeichnen sich Individuen, die als Franchisenehmer tätig werden wollen durch eine überdurch-

---

4 Vgl. Martin (1988), S. 960, Norton (1988), S. 209 f.

5 Vgl. Martin (1988), S. 957.

6 Martin (1988), S. 954, Fußnote 5.

7 Vgl. Lafontaine/Bhattacharyya (1995), S. 40.

schnittliche Risikoaversion aus.[8] Dieses Ergebnis ist konsistent mit der Vermutung, daß die Franchisenehmer die risikoaversere Vertragspartei sind.

Die Autoren führen die Widersprüche zwischen dieser Vermutung und den empirischen Beobachtungen zum Teil auf Meßprobleme zurück. Das den theoretischen Ansätzen zugrundeliegende Risikokonzept geht davon aus, daß unter Risiko die Abhängigkeit des Ergebnisses einer Agency-Beziehung von exogenen Faktoren zu verstehen ist. Bezogen auf das Franchising wird damit jener Teil der (zeitlichen) Varianz des Verkaufsstellenabsatzes, der nicht auf endogene Faktoren wie etwa den Streuungen in den Absatzaktivitäten der Vertragsparteien zurückführbar ist, zum relevanten Risikomaß. Die empirischen Untersuchungen von Martin (1988) und Norton (1988) verwenden demgegenüber Zeitreihen von Umsatzdaten auf aggregierter Basis und berechnen das Risiko auf der Grundlage der Varianz des durchschnittlichen Umsatzes pro Verkaufsstelle innerhalb eines bestimmten Wirtschaftssektors. Wie Lafontaine/Bhattacharyya zeigen, ist dieses Risikomaß nur unter sehr einschränkenden Bedingungen in der Lage, daß den theoretischen Ansätzen zugrundeliegende Risikomaß korrekt abzuschätzen.[9] Im Unterschied zu Martin und Norton verwenden Lafontaine (1992) und Sen (1993) in ihren Analysen mit dem Anteil geschlossener franchisierter Verkaufsstellen bzw. dem Anteil gekündigter Franchiseverträge Risikomaße, die auf einem anderen Risikokonzept basieren. Insofern sind Abweichungen zwischen den auf diesen Risikomaßen basierenden empirischen Ergebnissen und den Aussagen theoretischer Modelle nicht verwunderlich.

Gestützt wird diese Überlegung durch einen empirischen Vergleich zweier auf der Varianz des durchschnittlichen Umsatzes pro Verkaufsstelle basierender Risikomaße mit dem Anteil geschlossener Verkaufsstellen. Die Ergebnisse zeigen eine negative Korrelation zwischen den auf der Varianz

---

8 Vgl. Lafontaine/Bhattacharyya (1995), S. 43, Fußnote 7.

9 Vgl. Lafontaine/Bhattacharyya (1995), S. 52.

basierenden Risikomaßen und dem Anteil geschlossener Verkaufsstellen.[10] Diese Maße bilden daher unterschiedliche Risikoaspekte ab.

Insgesamt stehen die bisherigen empirischen Erkenntnisse zur Auswirkung des Risikos im Franchising auf wackligen Beinen. Man sollte daher in ihnen nicht voreilig einen Widerspruch zu den Aussagen der Prinzipal-Agenten-Theorie sehen.

Im folgenden sei Lafontaine/Bhattacharyya folgend von der Annahme der Risikoneutralität des Franchisegebers und der Risikoaversion der Franchisenehmer ausgegangen. Es stellt sich dann die Frage, ob die bislang für einseitige Anreizprobleme erzielten Ergebnisse auf den hier betrachteten Fall zweiseitiger Anreizprobleme, bei dem der Vertrag Anreize für beide Vertragsparteien beinhaltet, übertragen werden können. Vorab gilt es aber zu klären, wie Risikopräferenzen formal abzubilden sind.

4.1.2 Modellierung der Risikopräferenzen

Das zentrale Anliegen der Entscheidungstheorie bei unsicheren Erwartungen besteht darin, Aussagen darüber zu machen, wie Individuen alternative Wahrscheinlichkeitsverteilungen über einem Ergebnisintervall in eine Präferenzordnung bringen können. Zur Lösung dieses Problems kann zwischen klassischen Entscheidungsprinzipien und dem Erwartungsnutzenprinzip (Bernoulli-Prinzip) unterschieden werden. Klassische Entscheidungsprinzipien machen die Risikopräferenzen von wenigen die Wahrscheinlichkeitsverteilungen charakterisierenden Kennzahlen abhängig. Beispiele sind das λ-Prinzip, bei dem die Beurteilung einer Wahrscheinlichkeitsverteilung anhand der Wahrscheinlichkeit mit der ein bestimmtes als kritisch empfundenes Ergebnisniveau, z.B. ein ruinöser Verlust, überschritten wird, erfolgt, das μ–Prinzip, das die Beurteilung von der Höhe des mathematischen Erwartungswertes μ abhängig macht, oder das

---

10 Vgl. ebenda, S. 59. Als Datengrundlage diente die Publikation Franchising in the Economy des US Department of Commerce für die Jahre 1971–1986.

(μ,σ)-Prinzip, bei dem zusätzlich die Standardabweichung σ bzw. die Varianz σ^2 in die Beurteilung einer Wahrscheinlichkeitsverteilung eingehen.[11] Nach dem Bernoulli-Prinzip ist die Risikopräferenz vom Erwartungswert der sogenannten Risikonutzenfunktion abhängig. Der Verlauf dieser Funktion über dem Ergebnisintervall gibt über die Risikoeinstellung des betreffenden Individuums Auskunft.[12] Ist sie eine lineare Funktion, so liegt Risikoneutralität vor. Verläuft sie konkav (konvex), so ist das Individuum risikoscheu (risikofreudig).

Das Bernoulli-Prinzip ist insofern allgemeiner als die klassischen Entscheidungsprinzipien, als diese sich bisweilen als Spezialfälle des Bernoulli-Prinzips ergeben und das Bernoulli-Prinzip im Gegensatz zu den klassischen Entscheidungsprinzipien axiomatisch begründbar ist.[13] Während sich das λ-Prinzip als Grenzfall des Bernoulli-Prinzips verstehen läßt[14] und sich das μ-Prinzip bei linearer Risikofunktion ergibt, ist das (μ,σ)-Prinzip nur unter speziellen Annahmen über die Risikonutzenfunktion bzw. die zu beurteilende Wahrscheinlichkeitsverteilung mit dem Bernoulli-Prinzip kompatibel (vgl. Tabelle 4.1)

Trotz der nur eingeschränkten Vereinbarkeit mit dem Bernoulli-Prinzip ist das (μ,σ)-Prinzip in der ökonomischen Forschung weit verbreitet. So findet es etwa Anwendung in der Portefeuilletheorie und den darauf aufbauenden gleichgewichtstheoretischen Kapitalmarktmodellen[15], bei der Analyse von Versicherungsentscheidungen[16] oder von Mengen- und Preisentscheidungen der Anbieter bei unsicherer Nachfrage[17].

---

11 Einen eingehenderen Überblick über diese und weitere klassische Entscheidungsprinzipien findet man bei Schneeweiß (1967), S. 46 f. sowie bei Sinn (1989), S. 43 f.

12 Vgl. z.B. Bamberg/Coenenberg (1992), S. 80 f.

13 Die axiomatische Begründung des Bernoulli-Prinzips geht auf von Neumann/Morgenstern zurück. Vgl. von Neumann/ Morgenstern (1947), S. 26 ff.

14 Vgl. Sinn (1989), S. 86 f.

15 Vgl. z.B. Markowitz (1959), Standop (1975),Rudolph (1979), S. 60 ff., Loistl (1994), S. 249 ff.

16 Vgl. z.B. Robinson/Barry (1987), S. 213 ff., Sinn (1989), S. 295 ff.

17 Vgl. z.B. Folkers (1975), Robinson/Barry (1987), S. 89 ff.

Tab. 4.1: Kompatibilität von Bernoulli- und (μ,σ)-Prinzip

Risikonutzenfunktion	Wahrscheinlichkeits-verteilung	Präferenzfunktion
Quadratisch $u(z)=\alpha_1 \cdot z+\alpha_2 \cdot z^2$	Beliebig	$\Phi(\mu,\sigma)=\alpha_1 \cdot \mu +\alpha_2 \cdot (\mu^2+\sigma^2)$
Exponentiell $u(z)=1-e^{-\beta \cdot z}$	Normalverteilung	$\Phi(\mu,\sigma)=\mu-\frac{\beta}{2}\cdot\sigma^2$ [18]
Beliebig	Normalverteilung mit hinreichend kleinem σ^2	$\Phi(\mu,\sigma)\approx u(\mu) +\frac{\sigma^2}{2}\cdot u''(\mu)$ [19]

Wie Tabelle 4.1 zeigt, ergibt sich eine in der Literatur vielfach angewandte Form des (μ,σ)-Prinzips im Fall einer exponentiellen Risikonutzenfunktion in Verbindung mit einer normalverteilten Ergebnisgröße. Exponentielle Risikonutzenfunktionen[20] liegen etwa dem in der deutschsprachigen Betriebswirtschaftslehre verbreiteten LEN-Modell[21] zugrunde und werden im

---

18 Vgl. Schneeweiß (1967), S. 146 f.

19 Vgl. Sinn (1989), S. 110 f.

20 Exponentielle Nutzenfunktionen zeichnen sich durch ein konstantes Arrow-Pratt-Maß der absoluten Risikoaversion aus. Sie unterstellen also, daß die Risikoaversion des betrachteten Individuums mit steigendem Vermögen konstant bleibt. Innerhalb nicht zu großer Ergebniswerte dürfte dies eine akzeptable Beschreibung der Realität sein.

21 Bei dem LEN-Modell handelt es sich um einen Ansatz der Prinzipal-Agenten-Theorie zur Ermittlung optimaler linearer Entlohnungsfunktionen bei exponentieller Risikonutzenfunktion der Agenten und normalverteilter

folgenden ebenfalls zur Beschreibung der Risikopräferenzen der Vertragsparteien im Franchising herangezogen.

Die Normalverteilung der Ergebnisgröße läßt sich bei hinreichend vielen voneinander unabhängigen Einflußfaktoren mit dem zentralen Grenzwertsatz begründen. Allerdings ist der unbeschränkte Wertebereich einer normalverteilten Größe ökonomisch häufig wenig realistisch. Wie im folgenden gezeigt wird, ergibt sich die oben angeführte Präferenzfunktion $\Phi(\mu,\sigma)=\mu-\frac{\beta}{2}\cdot\sigma^2$ approximativ jedoch auch dann, wenn keine Normalverteilung vorliegt, die Dispersion der betrachteten Verteilung aber hinreichend gering ist.

Ausgangspunkt sei also die exponentielle Risikonutzenfunktion

(4.1) $u(z)=1-e^{-\beta\cdot z}$ mit $\beta>0$.

Für eine Wahrscheinlichkeitsverteilung mit geringer Streuung der möglichen Ausprägungen lassen sich die Funktionswerte von (4.1) durch eine Taylor-Reihenentwicklung an der Stelle $z = \mu$ approximieren. Bricht man diese nach dem quadratischen Glied ab, so ergibt sich

(4.2) $$u(z)\approx u(\mu)+u'(\mu)\cdot(z-\mu)+\frac{1}{2}u''(\mu)\cdot(z-\mu)^2.$$

Durch Erwartungswertbildung folgt daraus

(4.3) $$E[u(z)]\approx u(\mu)+\frac{1}{2}u''(\mu)\cdot\sigma^2=:\Phi(\mu,\sigma).$$

Wegen (4.1) folgt weiter

(4.4) $$\Phi(\mu,\sigma)=-e^{-\beta\mu}\cdot\left[1+\frac{\sigma^2}{2}\cdot\beta^2\right]+1.$$

Ergebnisgröße. Vgl. dazu Spremann (1987), Neus (1989), Wagenhofer/Ewert (1993).

Für $\frac{\sigma^2}{2}\beta^2 < \frac{1}{2}$, d.h. $\sigma < 1/\beta$ gilt approximativ

$$(4.5) \quad 1+\frac{\sigma^2}{2}\beta^2 \approx e^{\beta^2/2\cdot\sigma^2}$$

und daher

$$(4.6) \quad \Phi(\mu,\sigma) \approx 1-e^{-\beta\mu}\cdot e^{\beta^2/2\cdot\sigma^2} = u\left(\mu-\frac{\beta}{2}\cdot\sigma^2\right).$$

Die Maximierung von (4.4) ist damit bei hinreichend kleinem σ^2 äquivalent zur Maximierung von $\Phi(\mu,\sigma)=\mu-\frac{\beta}{2}\cdot\sigma^2$.

4.2 Der optimale Vertrag bei risikoaversem Franchisenehmer

4.2.1 Monopolistische Verhältnisse

Zunächst sei wieder der Fall betrachtet, daß die Werbeausgaben des Franchisenehmers vernachlässigt werden können, dieser aber den Endpreis des Produkts festlegen kann. Der im Grundmodell hergeleitete optimale Vertrag bei Risikoneutralität des Franchisenehmers beinhaltet ein feste Zahlung vom Franchisegeber an den Franchisenehmer. Da dessen Deckungsspanne verschwindet, existiert kein Risiko für den Franchisenehmer. Das Absatzrisiko geht allein zu Lasten des Franchisegebers, während dem Franchisenehmer eine fixe "Entlohnung" gewährt wird. Eine bestehende Risikoaversion des Franchisenehmers ist damit ohne Belang und der im Grundmodell bei monopolistischen Verhältnissen beschriebene Vertrag weiterhin optimal.[22]

---

[22] Das sich dabei auch die fixe Franchisegebühr dem Betrage nach nicht ändert, ist Konsequenz der speziellen Modellierung der Risikopräferenzen durch ein (μ,σ)-Modell.

4.2.2 Polypolistische Verhältnisse

4.2.2.1 Charakterisierung des optimalen Vertrags bei allgemeiner Responsefunktion

Anders liegen die Verhältnisse, wenn der Endpreis exogen gegeben ist, beide Vertragsparteien die Nachfrage aber durch Werbemaßnahmen beeinflussen. Bei gegebenem Franchisevertrag erzielt der Franchisenehmer den risikobehafteten Gewinn

$$(4.7)\quad \Pi^{FN} = \left[(1-f)\cdot p^{\wedge} - \left(w + c^{FN}\right)\right]\cdot x_{\Theta}\left(p^{\wedge}, a, A\right) - F - a - K_{Fix}^{FN},$$

den er gemäß der Risikonutzenfunktion

$$(4.8)\quad u\left(\Pi^{FN}\right) = 1 - e^{-r^{FN}\cdot\Pi^{FN}}$$

bewertet. Der Parameter $r^{FN} > 0$ mißt dabei die Stärke der Risikoaversion des Franchisenehmers. Bei hinreichend kleiner Streuung von Π^{FN} kann, wie oben gezeigt, die Maximierung des Erwartungsnutzens durch die Maximierung der Präferenzfunktion

$$(4.9)\quad \Psi^{FN} = E\left[\Pi^{FN}\right] - \frac{r^{FN}}{2}\cdot Var\left[\Pi^{FN}\right]$$

ersetzt werden. Unterstellt man, wie bereits in (3.36) geschehen, daß der Zufallsterm Θ additiv in die Responsefunktion eingeht, so folgt

$$(4.10)\quad Var\left[\Pi^{FN}\right] = \left[(1-f)\cdot p^{\wedge} - \left(w + c^{FN}\right)\right]^2 \cdot Var[\Theta]$$

$$= \left[(1-f)\cdot p^{\wedge} - \left(w + c^{FN}\right)\right]^2 \cdot \sigma^2 .$$

Die Präferenzfunktion des risikoaversen Franchisenehmers lautet daher

$$(4.11)\quad \Psi^{FN} = \left[(1-f)\cdot p^{\wedge} - \left(w + c^{FN}\right)\right]\cdot x\left(p^{\wedge}, a, A\right) - F - a - K_{Fix}^{FN}$$

$$-\frac{r^{FN}}{2}\left[(1-f)\cdot p^{\wedge}-\left(w+c^{FN}\right)\right]^2\cdot\sigma^2 .$$

Die Präferenzfunktion des risikoneutralen Franchisegebers ist weiterhin durch den Ausdruck

$$(4.12)\quad \Psi^{FG}=\left[f\cdot p^{\wedge}+\left(w-c^{FG}\right)\right]\cdot x\left(p^{\wedge},a,A\right)+F-A-K_{Fix}^{FG}$$

gegeben.

Bei gegebenem Franchisevertrag wählen die Vertragsparteien ihre Werbeausgaben so, daß ihre Präferenzfunktionen maximiert werden. Da die Varianz des Gewinns des Franchisenehmers unabhängig von der Höhe der Werbeausgaben ist, ergeben sich dieselben optimalen Werbeausgaben wie im Grundmodell. Das resultierende Nash-Gleichgewicht sei wieder mit (a*,A*) bezeichnet.

Betrachtet sei nun die Vertragsgestaltung. Der Franchisenehmer akzeptiert einen gegebenen Vertrag, falls das Sicherheitsäquivalent seines aus diesem Vertrag resultierenden risikobehafteten Gewinns größer ist als das als sicher unterstellte Einkommen Π_{min}^{FN}, das er außerhalb der Franchise-Beziehung erzielen könnte. Es muß also $\Psi^{FN}\geq\Pi_{min}^{FN}$ gelten. Der Franchisegeber maximiert unter dieser Bedingung seinen erwarteten Gewinn dann, wenn er die fixe Franchisegebühr so wählt, daß die Teilnahmebedingung des Franchisenehmers als Gleichung erfüllt ist. Aus dem Ansatz $\Psi^{FN}=\Pi_{min}^{FN}$ folgt damit für die fixe Franchisegebühr der Ausdruck

$$(4.13)\quad F=\left[(1-f)\cdot p^{\wedge}-\left(w+c^{FN}\right)\right]\cdot x\left(p^{\wedge},a^*,A^*\right)-a^*$$

$$-\frac{r^{FN}}{2}\left[(1-f)\cdot p^{\wedge}-\left(w+c^{FN}\right)\right]^2\cdot\sigma^2-\Pi_{min}^{FN}-K_{Fix}^{FN} .$$

Nach Einsetzen von (4.13) in (4.12) lautet die Präferenzfunktion des Franchisegebers

$$(4.14)\quad \Psi^{FG}=\left(p^{\wedge}-c\right)\cdot x\left(p^{\wedge},a^*,A^*\right)-\left(a^*+A^*\right)$$

$$-\frac{r^{FN}}{2}\left[(1-f)\cdot p\hat{\ }-\left(w+c^{FN}\right)\right]^2\cdot\sigma^2-\Pi_{min}^{FN}-K_{Fix}\,.$$

Aus Sicht des Franchisegebers ist diejenige Kombination aus Handelsabgabepreis w und laufender Franchisegebühr f optimal, die Ψ^{FG} maximiert. Im Unterschied zum Grundmodell beeinflussen diese Vertragselemente den erwarteten Gewinn des Franchisegebers nicht nur indirekt über das resultierende Nash-Gleichgewicht der Werbeausgaben (a*,A*), sondern auch direkt, da die fixe Franchisegebühr gemäß (4.13) einen Risikoabschlag beinhaltet, dessen Umfang von diesen Vertragselementen abhängig ist. Die optimale Kombination aus Handelsabgabepreis und laufender Franchisegebühr ergibt sich im Fall einer inneren Lösung formal aus den Bedingungen (4.15) und (4.16).[23]

$$(4.15)\quad \frac{d\Psi^{FG}}{dw}=\left.\frac{\partial\Psi^{FG}}{\partial a}\right|_{(a^*,A^*)}\cdot\frac{\partial a^*}{\partial w}+\left.\frac{\partial\Psi^{FG}}{\partial A}\right|_{(a^*,A^*)}\cdot\frac{\partial A^*}{\partial w}+\frac{\partial\Psi^{FG}}{\partial w}$$

$$=DS^{FG}\cdot\frac{\partial x}{\partial a}(p\hat{\ },a^*,A^*)\cdot\frac{\partial a^*}{\partial w}$$

$$+DS^{FN}\cdot\frac{\partial x}{\partial A}(p\hat{\ },a^*,A^*)\cdot\frac{\partial A^*}{\partial w}+r^{FN}\cdot DS^{FN}\cdot\sigma^2$$

$$=\frac{DS^{FG}}{DS^{FN}}\cdot\frac{\partial a^*}{\partial w}+\frac{DS^{FN}}{DS^{FG}}\cdot\frac{\partial A^*}{\partial w}+r^{FN}\cdot DS^{FN}\cdot\sigma^2\overset{!}{=}0$$

$$(4.16)\quad \frac{d\Psi^{FG}}{df}=\left.\frac{\partial\Psi^{FG}}{\partial a}\right|_{(a^*,A^*)}\cdot\frac{\partial a^*}{\partial f}+\left.\frac{\partial\Psi^{FG}}{\partial A}\right|_{(a^*,A^*)}\cdot\frac{\partial A^*}{\partial f}$$

$$+p\hat{\ }\cdot r^{FN}\cdot DS^{FN}\cdot\sigma^2$$

$$=\frac{DS^{FG}}{DS^{FN}}\cdot\frac{\partial a^*}{\partial f}+\frac{DS^{FN}}{DS^{FG}}\cdot\frac{\partial A^*}{\partial f}+p\hat{\ }\cdot r^{FN}\cdot DS^{FN}\cdot\sigma^2\overset{!}{=}0$$

---

23 Zur Herleitung vgl. Gleichung (3.15), (3.16) sowie Fußnote 15 in Kapitel 3.

Wie im Grundmodell sind beide Optimumbedingungen äquivalent. Es bestehen damit für den Franchisegeber hinsichtlich der Wahl des Handelsabgabepreises und der laufenden Franchisegebühr Spielräume. Alle Kombinationen dieser Vertragselemente, die die Bedingung

$$(4.17)\quad \frac{DS^{FG}}{DS^{FN}} \cdot \frac{\partial a^*}{\partial f} + \frac{DS^{FN}}{DS^{FG}} \cdot \frac{\partial A^*}{\partial f} + p\hat{\ } \cdot r^{FN} \cdot DS^{FN} \cdot \sigma^2 = 0$$

erfüllen, sind optimal. Diese Bedingung unterscheidet sich von der Optimumbedingung des Grundmodells nur durch den dritten Term, der den marginalen Einfluß der Vertragselemente auf den Risikoabschlag in der fixen Franchisegebühr reflektiert. Unterstellt man, daß der Warenaustausch zwischen den Vertragsparteien zu Grenzkosten des Franchisegebers erfolgt ($w = c^{FG}$), und bezeichnet man mit f_{opt}^{GM} die optimale laufende Franchisegebühr des Grundmodells, so folgt aus (4.17)

$$(4.18)\quad \left.\frac{d\Psi^{FG}}{df}\right|_{\substack{w=c^{FG} \\ f=f_{opt}^{GM}}} = p\hat{\ } \cdot r^{FN} \cdot DS^{FN} \cdot \sigma^2 > 0\ .$$

Damit ist die optimale laufende Franchisegebühr bei Risikoaversion des Franchisenehmers höher als im Grundmodell.[24]

Wie im Fall eines einseitigen Anreizproblems ist also die laufende Franchisegebühr bei Risikoaversion des Franchisenehmers höher als bei Risikoneutralität. Durch die höhere laufende Franchisegebühr reduziert sich die Deckungsspanne des Franchisenehmers, wodurch sich der risikobehaftete Anteil seines Gewinns reduziert. Dadurch ist er besser gegen das Absatzrisiko gesichert und der Risikoabschlag in der fixen Franchisegebühr geht gemäß (4.13) zurück.

Wie im Fall eines einseitigen Anreizproblems rduziert sich für den Franchisenehmer der Anreiz zu werben. Der Franchisegeber hat hingegen aufgrund der gestiegenen laufenden Franchisegebühr einen erhöhten Anreiz

---

24 Mit der optimalen laufenden Franchisegebühr liegt auch der optimale Anteil t der gesamten Deckungsspanne, die dem Franchisenehmer zukommt, gemäß $t = [(1-f) \cdot p\hat{\ } - c]/(p\hat{\ } - c)$ fest.

zu werben. Die verbesserte Absicherung des Franchisenehmers gegen das Absatzrisiko geht also mit einem höheren Werbeanreiz für den Franchisegeber einher, so daß sich der Konflikt zwischen einer Absicherung gegen Risiken einerseits und Leistungsanreizen für den Franchisenehmer andererseits im Fall eines zweiseitigen Anreizproblems reduziert. In Franchisesystemen, in denen beide Vertragsparteien den Absatzerfolg durch ihre Werbemaßnahmen bestimmen sollte also eine bessere Absicherung der Franchisenehmer gegen Absatzrisiken zu beobachten sein als in solchen Systemen, in denen der Absatzerfolg überwiegend von den lokalen Werbeaktivitäten der Franchisenehmer abhängt.

Die Auswirkungen der Risikoaversion auf die optimale fixe Franchisegebühr sind hingegen nicht eindeutig. Zwar ist zur Erfüllung der Teilnahmebedingungen des Franchisenehmers ein Risikoabschlag erforderlich, der isoliert betrachtet zu einer Senkung der fixen Franchisegebühr bei Risikoaversion führt. Auf der anderen Seite ergibt sich aber durch die gestiegenen Werbeausgaben des Franchisegebers eine Tendenz zur Erhöhung der fixen Franchisegebühr.

4.2.2.2 Charakterisierung des optimalen Vertrags bei spezieller Wahl der Responsefunktion

Im Fall der Responsefunktion (3.36) vereinfacht sich die Optimalitätsbedingung (4.17) zu

$$(4.19)\quad -\frac{1}{\mu_l}\cdot\frac{DS^{FG}}{\left(DS^{FN}\right)^2}+\frac{1}{\mu_g}\cdot\frac{DS^{FN}}{\left(DS^{FG}\right)^2}+r^{FN}\cdot DS^{FN}\cdot\sigma^2=0\,.$$

Setzt man w = c^{FG}, so ergibt sich durch Umformung die folgende Bedingung für die optimale laufende Franchisegebühr:

$$(4.20)\quad \frac{\mu_l}{\mu_g}+\mu_l\cdot r^{FN}\cdot\sigma^2(f\cdot p^\wedge)^2=\left(\frac{f\cdot p^\wedge}{[(1-f)\cdot p^\wedge-c]}\right)^3.$$

Bei gegebenen Parametern ist eine Auflösung dieser Beziehung auf numerischem Wege möglich. Abbildung 4.1 demonstriert graphisch die Auflösung nach der optimalen laufenden Franchisegebühr.[25]

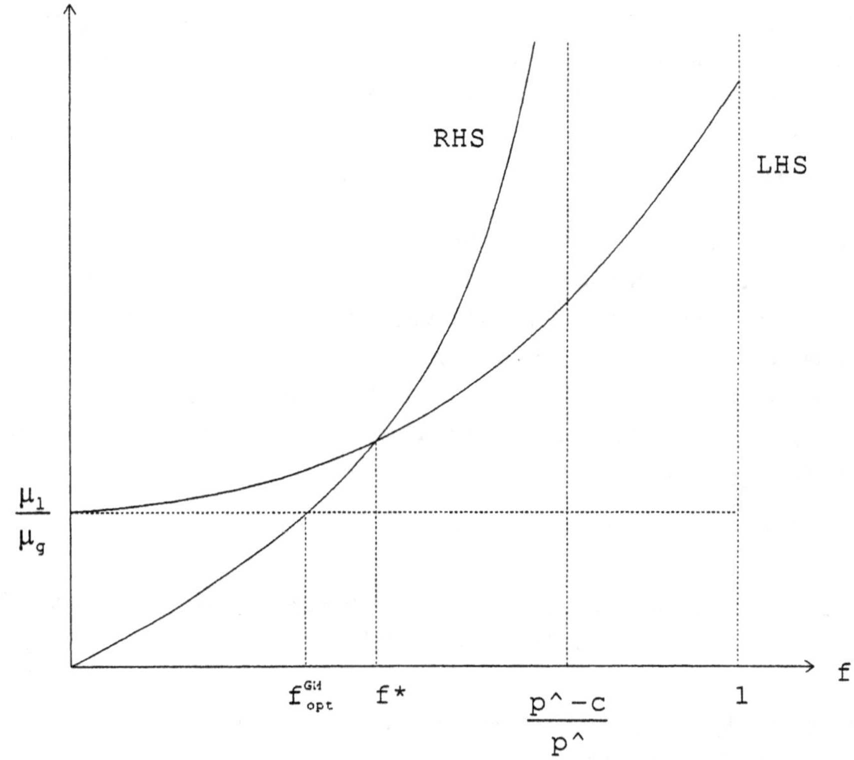

Abb. 4.1: Auflösung der Optimalitätsbedingung für die laufende Franchisegebühr

Die Abbildung verdeutlicht, daß die optimale laufende Franchisegebühr bei Risikoaversion des Franchisenehmers (f*) größer als diejenige bei dessen Risikoneutralität $\left(f_{opt}^{GM}\right)$ ist. Sie ist allerdings kleiner als diejenige laufende Franchisegebühr, bei der die Deckungsspanne des Franchisenehmers gerade verschwindet (f = (p^ - c) / p^). Der Franchisenehmer trägt damit zwar ein

---

[25] Dabei bezeichnet LHS (RHS) die linke (rechte) Seite der Gleichung (4.20).

geringeres Risiko als im Fall der Risikoneutralität, eine volle Absicherung gegen Schwankungen der Umwelt wird ihm aber nicht gewährt. Die Diskrepanz zwischen der optimalen laufenden Franchisegebühr bei Risikoaversion und Risikoneutralität ist dabei um so größer, je ausgeprägter die Risikoaversion des Franchisenehmers ist und/oder je größer die Schwankungen der Umwelt, gemessen durch die Varianz σ^2, sind.

Analog zum Grundmodell steigt die optimale laufende Franchisegebühr mit steigender Effektivität lokaler Werbung, gemessen durch den Parameter μ_l der Responsefunktion, und nähert sich für große μ_l asymptotisch dem Wert $f = (p^{\wedge} - c) / p^{\wedge}$, bei dem die Deckungsspanne des Franchisenehmers verschwindet. Bei sehr hoher Effektivität lokaler Werbung verschwindet damit das vom Franchisenehmer zu tragende Risiko. In diesem Grenzfall stehen damit der Anreizaspekt und der Versicherungsaspekt nicht in Konkurrenz zueinander. Umgekehrt fällt die optimale laufende Franchisegebühr mit steigender Effektivität der nationalen Werbung des Franchisegebers, gemessen durch den Parameter μ_g der Responsefunktion, so daß sich das vom Franchisenehmer zu tragende Risiko erhöht.

5. Optimales Franchising bei begrenztem Opportunismus

Neben positiven Informationskosten gehört die Annahme opportunistischen Verhaltens von Wirtschaftssubjekten zu den Grundannahmen der Prinzipal-Agenten-Theorie, die häufig als Kernkonzept einer ökonomischen Organisationstheorie angesehen wird.[1]

In diesem Kapitel wird von der Annahme, daß sich die Vertragsparteien bei der Wahl ihrer Absatzaktivitäten ausschließlich am eigenen Gewinn orientieren, also opportunistisch handeln, abgewichen. Stattdessen wird die häufig realistischere Annahme eines begrenzt opportunistischen Verhaltens der Vertragsparteien gesetzt. Von einem begrenzt opportunistischen Verhalten soll dabei dann gesprochen werden, wenn sich die Vertragsparteien bei der Wahl ihrer Absatzaktivitäten auch am Systemerfolg orientieren.

Im folgenden wird zunächst die Annahme des begrenzt opportunistischen Verhaltens begründet und Maßnahmen zur Begrenzung des Opportunismus in Franchisesystemen aufgezeigt. Anschließend wird aufgezeigt, wie begrenzt opportunistisches Verhalten modellhaft abgebildet werden kann.

Die Analyse der Vertragsgestaltung bei begrenzt opportunistischen Verhalten der Vertragsparteien erfolgt anschließend wieder getrennt nach den Fällen monopolistischer bzw. polypolistischer Verhältnisse.

5.1 Grundlagen

5.1.1 Zur Begründung der Annahme des begrenzten Opportunismus

Die Annahme opportunistischen Verhaltens wird, wie bereits erwähnt, von Organisationssoziologen zum Teil heftig kritisiert. So wird argumentiert, der

---

1 Vgl. dazu z.B. Jensen (1983), Moe (1984), Wenger/Terberger (1988), Albach (1989), Hesterly/Liebeskind/Zenger (1990).

Prinzipal-Agenten-Theorie liege eine zu stark vereinfachte Theorie der Motivation von Individuen zugrunde, die das auf Eigeninteresse basierende Verhalten überbetont und in Folge dessen die Bedeutung monetärer Anreize, Kontrollen und Sanktionen für das Verhalten in Organisationen überschätzt.[2, 3]

In der Organisationstheorie wird seit langem die Organisationsloyalität als zum Opportunismus alternatives Konzept diskutiert.[4] Organisationsloyalität meint meint die Identifikation der Organisationsmitglieder mit "ihrer" Organisation und deren Zielen. Indem die Organisationsziele in den Blickpunkt ihrer Mitglieder geraten, wird das auf Eigennutz abzielende Handeln durch deren Bereitschaft, Handlungsalternativen unter dem Gesichtspunkt ihrer Folgen für die Organisation - und nicht für die eigene Person - zu bewerten und auszuwählen, eingeschränkt.[5] Organisationsloyalität geht dabei über das bloße Befolgen von Normen und Anweisungen weit hinaus. Sie führt dazu, daß Individuen in Organisationen Anstrengungen übernehmen, auch wenn sie dafür nicht mit einer (monetären) Belohnung rechnen können, daß sie Initiative zeigen, Verantwortlichkeiten tragen und sich aktiv für die Verwirklichung der Organisationsziele einsetzen. Nach Auffassung von Miller kommt der Entwicklung eines Klimas in der Organisation, die das Entstehen von Organisationsloyalität fördert, für deren Effektivität eine größere Bedeutung zu als die Entwicklung von auf einzelne Organisationsmitglieder zugeschnittener Anreizsysteme.[6] Neben dem Organisationszweck und den Persönlichkeitsmerkmalen der Organisationsmitglieder dürften immateriellen Anreizen (Entscheidungsspielräume, Aufstiegsmöglichkeiten, Zufriedenheit mit den Arbeitsbedingungen etc.) eine herausgehobene Bedeutung für die Entstehung von Organisationsloyalität zukommen.

---

2 Vgl. zu dieser Kritik Donaldson (1990), S. 371 f., der ein alternatives theoretisches Konzept entwickelt, bei dem die Organisationsmitgleider ihr Verhalten ausschließlich am Interesse der Organisation und nicht am Eigeninteresse orientieren.

3 Vgl. zum Organisationsbegriff Laux/Liermann (1993), S. 3.

4 Vgl. z.B. Simon (1976), S. 198 f., Simon (1991), S. 34 f.

5 Vgl. Berger/Bernhard-Mehlich (1993), S. 135.

6 Vgl. Miller (1992), S. 12.

Zur Messung der Organisationsloyalität wird in der Literatur die Verwendung des Organizational Commitment Questionnaire vorgeschlagen. Einige seiner insgesamt 15 Items lauten beispielsweise: "Ich bin bereit, mich über das erwartete Maß hinaus einzusetzen, und dazu beizutragen, daß das Unternehmen Erfolg hat." "Gegenüber meinen Freunden bezeichne ich diese Unternehmung als großartige Arbeitsstätte." Ich würde fast jede Arbeit in dieser Unternehmung annehmen, um weiter hier arbeiten zu können."[7] Neben dieser mehr oder weniger direkten Abfrage der Organisationsloyalität besteht auch die Möglichkeit sie durch die Bestimmung der Stärke des "Wir-Gefühls" in einer Organisation zu messen. Zu diesem Zweck hat die soziologische Gruppenforschung Kennzahlen der Gruppenkohäsion entwickelt.[8]

Neben der Organisationsloyalität läßt sich eine weitere Begründung für die Annahme begrenzt opportunistischen Verhaltens anführen, die an der Länge des Planungshorizonts der Vertragsparteien anknüpft. Zwar lassen sich durch Opportunismus kurzfristig individuelle Vorteile erzielen, längerfristig ist jedoch der Systemerfolg von Vorteil für alle Sytemmitglieder. In längerfristiger Sicht ist daher eine Orientierung am Systemerfolg plausibel.

Die These eines begrenzten Opportunismus wird bezogen auf das Franchising durch die empirische Studie von John (1984) gestüzt, der sich erstmalig mit den Bedingungen für das Auftreten opportunistischen Verhaltens in Franchisesystemen beschäftigt hat. Dabei bleibt die Untersuchung allerdings auf opportunistisches Verhalten der Franchisenehmer beschränkt. Ein möglicher Opportunismus des Franchisegebers bleibt ausgeklammert. John untersucht die Auswirkungen von drei Einflußgrößen auf den Opportunismus der Franchisenehmer:

(1) Einsatz von Machtmitteln des Franchisegebers,

(2) Organisationsstruktur des Franchisesystems,

(3) Einstellung gegenüber der Interaktion mit dem Franchisegeber.

Diese Einflußgrößen seien zunächst erläutert.

---

7 Vgl. Kieser (1995), Sp. 1444.
8 Vgl. dazu z.B. Wieswede (1992), Sp. 740.

Dem im Marketing verbreiteten Machtbasenkonzept von French/Raven (1959) folgend, werden als Machtmittel der Einsatz von Belohnungsmacht, Bestrafungsmacht, Legitimationsmacht, Identifikationsmacht sowie Expertenmacht unterschieden.[9] Belohnungsmacht basiert auf der positiven Sanktionsgewalt des Franchisegebers gegenüber den Franchisenehmern. Konkret können mögliche Belohnungen etwa in der Gewährung höherer Spannen oder in Kostenbeteiligungen an Verkaufsförderungsmaßnahmen der Franchisenehmer bestehen. Entsprechend basiert Bestrafungsmacht auf der Möglichkeit des Franchisegebers, mit negativen Sanktionen zu drohen, die im Extremfall eine Vertragskündigung einschließen können. Legitimierte Macht beruht auf der Überzeugung der Franchisenehmer, der Franchisegeber besitze aufgrund des geschlossenen Vertrags das Recht, ihr Verhalten zu beeinflussen. Identifikationsmacht leitet sich aus der Identifikation der Franchisenehmer mit dem Franchisegeber und dessen Zielen ab. Sie kann z.B. entstehen, wenn Belohnungsmacht permanent ausgeübt wird. Schließlich basiert Expertenmacht auf der Einschätzung der Franchisenehmer, daß der Franchisegeber in bestimmten Bereichen (Markt- und Branchenkenntnisse, Produktkenntnisse etc.) über Informationsvorsprünge verfügt, die ihn berechtigen, den Franchisenehmern Vorschriften zu machen.

Die Organisationsstruktur[10] wird erfaßt durch den Bürokratisierungsgrad des Systems, der an den Dimensionen Formalisierung von Abläufen, Zentralisation der Entscheidungsfindung sowie Existenz von Kontrollen durch den Franchisegeber festgemacht wird.

Der traditionellen Einstellungstheorie folgend, gliedert John die Einstellung der Franchisenehmer gegenüber der dyadischen Interaktion mit dem Franchisegeber in eine kognitive, eine affektive und eine konative Komponente. Die kognitive Komponente bezieht sich auf den Grad der Übereinstimmung

---

9 Vgl. dazu French/Raven (1959), S. 154 f., Steffenhagen (1975), S. 99. Macht beinhaltet dabei regelmäßig das Potential zur Sanktionierung des Machthabers gegenüber dem Machtunterworfenen. Vgl. zum Machtbegriff z.B. Ahlert (1996), S. 99 f.

10 Mit Kieser/Kubicek läßt sich unter der Organisationsstruktur eine Menge von Regelungen für die Aktivitäten der Organistionsmitglieder, die auf am Organisationsziel orientierten Zweckmäßigkeitsüberlegungen beruhen, verstehen. Vgl. Kieser/Kubicek (1983), S. 15.

der Vertragsparteien in der Einschätzung zentraler Problembereiche des Systems. Die affektive Komponente mißt den Grad der Zufriedenheit des Franchisenehmers mit der Vertragsbeziehung. Schließlich mißt die konative Komponente die Absicht, die dem Franchisenehmer zugewiesene Rolle im System einzuhalten.[11]

Nach Operationalisierung der obigen Einflußgrößen sowie des Opportunismus[12] konnten durch eine Korrelationsanalyse u.a. folgende Ergebnisse ermittelt werden.[13]

Eine bürokratische Strukturierung des Systems führt in zweifacher Hinsicht zu erhöhtem Opportunismus. Zum einen wird dieser direkt erhöht und zum anderen indirekt dadurch, daß sich die Einstellung der Franchisenehmer gegenüber der Interaktion mit dem Franchisegeber verschlechtert. Der Einsatz von Bestrafungsmacht erhöht ebenfalls den Opportunismus und verschlechtert die Einstellung gegenüber der Interaktion mit dem Franchisegeber. Der Einsatz von Belohnungsmacht erhöht zwar ebenfalls den Opportunismus, aber schwächer als im Fall der Bestrafungsmacht.

5.1.2 Maßnahmen zur Begrenzung des Opportunismus in Franchisesystemen

Aus der Studie von John läßt sich die Schlußfolgerung ziehen, daß Franchisesysteme mit größerem Spielraum für eigenständige unternehmerische Entscheidungen der Franchisenehmer und/oder mit Partizipation der Franchisenehmer bei Entscheidungen der Zentrale, die das System insgesamt betreffen, geeignet sind, opportunistisches Verhalten zu begrenzen.

---

11 Unter einer Rolle wird ein Bündel von Verhaltenserwartungen verstanden, das festlegt, wie sich ein Individuum verhalten sollte. Vgl. z.B. Myers (1996), S. 132.

12 Zu den Operationalisierungen vgl.John (1984), S. 282 f.

13 Zu den Ergebnissen vgl. im Detail John (1984), S. 284 f. Die Ergebnisse von John wurden in den neueren Arbeiten von Provan/Skinner (1989) und Brill (1994) bestätigt.

Weitere Ansatzpunkte für eine Begrenzung des Opportunismus ergeben sich aus praxisorientierten Überlegungen zur Führungspolitik des Franchisegebers. So weist Tietz (1987) auf die Bedeutung der persönlichen Kommunikation der Franchisenehmer mit Abgesandten des Franchisegebers, die für die Entwicklung einer vertrauensvollen Zusammenarbeit der Systemmitglieder entscheidend sei, hin.[14] Die Abgesandten sollen dabei nicht nur Anforderungen des Franchisegebers übermitteln, sondern auch Anregungen der Franchisenehmer aufnehmen und sich bei bestehenden Konflikten um deren Lösung bemühen.[15] Eine Möglichkeit der Institutionalisierung der Entscheidungsbeteiligung der Franchisenehmer besteht in der Bildung eines Franchisenehmerausschusses. In der Praxis ist die Entwicklung festzustellen, daß diesem Gremium nicht nur eine bloße Beratungsfunktion zukommt, sondern zunehmend auch Mitentscheidungsvollmacht.[16] Der Franchisenehmerausschuß bildet dabei ein Diskussionsforum zur Erörterung gemeinsamer Probleme der Franchisenehmer. Darüber hinaus wirkt er bei der Auswahl von Franchisekandidaten, bei Fragen der Marketing-Konzeption sowie bei der Lösung von Konflikten zwischen den Systemmitgliedern mit.[17]

Boehm weist auf die Bedeutung der Entwicklung einer Corporate Identity für Franchisesysteme hin, durch die das "Wir-Gefühl" der Sytemmitglieder gestärkt wird und in der er eine bedeutende Quelle für deren Leistungsmotivation sieht.[18] Instrumente der systeminternen Kommunikation (Regionaltreffen der Franchisenehmer, Kontakte zu Mitarbeitern der Systemzentrale, Herausgabe einer internen Zeitschrift) dürften dabei eine erhöhte Bedeutung für die Entwicklung einer Corporate Identity zukommnen.

---

14 Vgl. Tietz (1987), S. 317, Maas (1990), S. 214 f.

15 Vgl. Tietz (1987), S. 433, Skaupy (1995), S. 119.

16 Vgl. Tietz (1987), S. 322.

17 Vgl. Tietz (1987), S. 321, Skaupy (1995), S. 124.

18 Vgl. Boehm (1993), S. 239 f.

5.1.3 Zur Modellierung begrenzt opportunistischen Verhaltens

Das Konzept eingeschränkt opportunistischen Verhaltens wird einer formalen Analyse zugänglich, wenn man unterstellt, daß die Organisationsziele als Argumente in die Zielfunktionen der Organisationsmitglieder eingehen.[19]

Im folgenden sei als Organisationsziel des Franchisesystems die Maximierung des Systemgewinns, als monetärer Maßstab für den Systemerfolg, unterstellt. Ist n die Anzahl der Franchisenehmer, so ergibt sich dieser Systemgewinn gemäß

$$(5.1)\quad \Pi^{System} = \sum_{i=1}^{n} \left\{ \left(p_i - c_i^{FN} - c^{FG}\right) \cdot x_i\left(p_i, a_i, A\right) - a_i - K_{Fix}^{FN_i} \right\} - A - K_{Fix}^{FG} .$$

Der Systemgewinn setzt sich somit aus den Erlösen aller Verkaufsgebiete abzüglich der Kosten für Verkauf und Produktion, der Werbeausgaben und der fixen Kosten zusammen. Mit

$$(5.2)\quad \Pi_i^{FN} = \left[\left(1 - f\right) \cdot p_i - \left(w + c_i^{FN}\right)\right] \cdot x_i\left(p_i, a_i, A\right) - F - a_i - K_{Fix}^{FN_i}$$

als Gewinn des i-ten Franchisenehmers und

$$(5.3)\quad \Pi^{FG} = \sum_{i=1}^{n} \left\{ \left[f \cdot p_i + \left(w - c^{FG}\right)\right] \cdot x_i\left(p_i, a_i, A\right) + F \right\} - A - K_{Fix}^{FG}$$

als Gewinn des Franchisegebers läßt sich der Systemgewinn einfach als Summe der Gewinne aller Systemmitglieder anschreiben:

$$(5.4)\quad \Pi^{System} = \sum_{i=1}^{n} \Pi_i^{FN} + \Pi^{FG} .$$

Der gemäß (5.1) berechnete Systemgewinn wird also vollständig auf die Systemmitglieder verteilt.

---

19 Vgl. dazu Claque (1993), S. 394. Eine andere hier nicht weiter verfolgte Möglichkeit der Modellierung besteht in der Berücksichtigung begrenzten Opportunismus durch Formulierung entsprechender Restriktionen.

Die Organisationsloyalität werde formal durch den Gewichtungsfaktor q ($0 < q < 1$) beschrieben, der den Grad angibt, mit dem sich die Systemmitglieder bei Wahl ihrer Marketing-Politik am Organisationsziel der Maximierung des Systemgewinns orientieren. Die Zielfunktion des i-ten Franchisenehmers lautet daher

$$(5.5)\quad q\cdot\Pi^{System}+(1-q)\cdot\Pi_i^{FN}=q\cdot\left(\sum_{i=1}^{n}\Pi_i^{FN}+\Pi^{FG}\right)+(1-q)\cdot\Pi_i^{FN}.$$

Da annahmegemäß keine Ausstrahlungseffekte zwischen den Verkaufsgebieten bestehen, genügt die Berücksichtigung desjenigen Teils des Systemgewinns, den der Franchisenehmer beeinflussen kann, also des im eigenen Verkaufsgebiet erzielten Beitrags zum Systemgewinn. In diesem Fall ist formal die Loyalität der Franchisenehmer gegenüber dem gesamten System und deren Loyalität zum Franchisegeber identisch.

Analog zu (5.5) lautet die Zielfunktion des Franchisegebers

$$(5.6)\quad q\cdot\left(\sum_{i=1}^{n}\Pi_i^{FN}+\Pi^{FG}\right)+(1-q)\cdot\Pi^{FG}.$$

Nach (5.5) bzw. (5.6) berücksichtigen die Vertragsparteien sowohl den Systemgewinn als auch den eigenen Gewinn in ihrer Präferenzfunktion nach Art eines Kompromißmodells der multikriteriellen Entscheidungstheorie.[20] Derartige Kompromißmodelle werden zur Lösung von Entscheidungsproblemen mit mehreren Zielen, die untereinander in Konflikt stehen, vorgeschlagen. Eine solche Situation liegt auch hier vor, da zwischen der Maximierung des Systemgewinns und der Maximierung des eigenen Gewinns ein Konflikt besteht, wie im folgenden gezeigt werden soll.

Zur Maximierung des Systemgewinns müßten die Franchisenehmer bei der Wahl des Endpreises die Grenzkosten $c_i^{FN}+c^{FG}$ zugrundelegen. Bei der Maximierung des eigenen Gewinns gehen die Franchisenehmer aber von den

20 Vgl. dazu z.B. Dinkelbach (1982), S. 179 f.

Grenzkosten w + c_i^{FN} aus, die sich von obigen Grenzkosten im Fall $w \neq c^{FG}$ unterscheiden. Zudem berücksichtigen die Franchisenehmer bei ihrer Preisentscheidung die Höhe der laufenden Franchisegebühr, die bei der Maximierung des Systemgewinns keine Rolle spielt. Je nach Ausprägung der Vertragskomponenten (w,f) resultiert daher bei opportunistischen Verhalten der Franchisenehmer (q = 0) ein Endpreis, der bei gegebenen Werbeausgaben der Vertragsparteien geringer oder aber größer ist, als derjenige Endpreis, der den Systemgewinn maximiert. Zudem müßten die Vertragsparteien zur Maximierung des Systemgewinns bei der Planung ihrer Werbeausgaben von der gesamten Deckungsspanne $(p_i - c_i^{FN} - c^{FG})$ ausgehen. Maximieren die Vertragsparteien ihre individuellen Gewinne gehen sie aber von Deckungsspannen aus, die kleiner sind als die gesamte Deckungsspanne. Bei gegebenen Endpreis sind die Werbeausgaben der Vertragsparteien bei opportunistischen Verhalten daher im Vergleich zur Maximierung des Sytemgewinns zu gering.

Das im folgenden zu untersuchende Problem der optimalen Vertragsgestaltung bei Organisationsloyalität der Systemmitglieder geht von einer (kurzfristig) gegebenen Stärke der Loyalität aus. Für die Analyse ist also der Loyalitätsparameter q eine Konstante. Bei längerfristiger Betrachtung kann q durchaus z.B. durch Corporate Identity Maßnahmen steigen.

Das im folgenden zu analysierende Problem ist allerdings schwierig allgemein zu behandeln, insbesondere im realistischen Fall heterogener Verkaufsgebiete. Zwar sind bei Abwesenheit von Ausstrahlungseffekten der Absatzaktivitäten der Franchisenehmer zwischen verschiedenenen Verkaufsgebieten die Gewinne der übrigen Franchisenehmer aus Sicht des i-ten Franchisenehmers Konstante, der Franchisegeber beeinflußt aber mit seinen Werbeausgaben den Absatz in allen Verkaufsgebieten. Um einen Eindruck von dem Einfluß der Organisationsloyalität auf die Vertragsgestaltung zu gewinnen, sei im folgenden wiederum explizit nur der Fall der Vertragsgestaltung mit nur einem Franchisenehmer betrachtet. Analog zum Grundmodell können die Ergebnisse unter der vereinfachenden Annahme identischer Grenzkosten des Verkaufs qualitativ auf den Fall mehrerer Verkaufsgebiete übertragen werden.

5.2 Der optimale Vertrag bei begrenztem Opportunismus

5.2.1 Monopolistische Verhältnisse

Können die lokalen Werbemaßnahmen des risikoneutralen Franchisenehmers vernachlässigt werden, so lautet dessen Präferenzfunktion wegen (5.5)

$$(5.7)\quad \begin{aligned} \Psi^{FN} &= q \cdot \left[E\left[\Pi^{FG}\right] + E\left[\Pi^{FN}\right]\right] + (1-q) \cdot E\left[\Pi^{FN}\right] \\ &= E\left[\Pi^{FN}\right] + q \cdot E\left[\Pi^{FG}\right] \\ &= \left[(1-f) \cdot p - \left(w + c^{FN}\right)\right] \cdot x(p,A) - F - K^{FN}_{Fix} \\ &\quad + q \cdot \left\{\left[f \cdot p + \left(w - c^{FG}\right)\right] \cdot x(p,A) + F - A - K^{FG}_{Fix}\right\}. \end{aligned}$$

Entsprechend ergibt sich die Präferenzfunktion des ebenfalls risikoneutralen Franchisegebers gemäß

$$(5.8)\quad \begin{aligned} \Psi^{FG} &= q \cdot \left[E\left[\Pi^{FG}\right] + E\left[\Pi^{FN}\right]\right] + (1-q) \cdot E\left[\Pi^{FG}\right] \\ &= E\left[\Pi^{FG}\right] + q \cdot E\left[\Pi^{FN}\right] \\ &= \left[f \cdot p + \left(w - c^{FG}\right)\right] \cdot x(p,A) + F - A - K^{FG}_{Fix} \\ &\quad + q \cdot \left\{\left[(1-f) \cdot p - \left(w + c^{FN}\right)\right] \cdot x(p,A) - F - K^{FN}_{Fix}\right\}. \end{aligned}$$

Bei gegebenem Franchisevertrag legen die Vertragsparteien den Endpreis und die Werbeausgaben so fest, daß die jeweiligen Präferenzfunktionen maximiert werden. Für den optimalen Endpreis folgt daraus die Bedingung

$$(5.9)\quad \begin{aligned} \frac{\partial \Psi^{FN}}{\partial p} &= (1-f) \cdot x(p,A) + \left[(1-f) \cdot p - \left(w + c^{FN}\right)\right] \cdot \frac{\partial x}{\partial p}(p,A) \\ &\quad + q \cdot \left\{f \cdot x(p,A) + \left[f \cdot p + \left(w - c^{FG}\right)\right] \cdot \frac{\partial x}{\partial p}(p,A)\right\} \overset{!}{=} 0. \end{aligned}$$

Analog ergeben sich die optimalen Werbeausgaben des Franchisegebers aus der Bedingung

$$(5.10)\quad \frac{\partial \Psi^{FG}}{\partial A} = \left[f \cdot p + \left(w - c^{FG}\right)\right] \cdot \frac{\partial x}{\partial A}(p, A) - 1$$

$$+ q \cdot \left[(1-f) \cdot p - \left(w + c^{FN}\right)\right] \cdot \frac{\partial x}{\partial A}(p, A) \overset{!}{=} 0 .$$

Das Nash-Gleichgewicht (p*,A*) bei Organisationsloyalität ergibt sich dort, wo die Bedingungen (5.9) und (5.10) simultan erfüllt sind.

Im folgenden sei der optimale Vertrag bei begrenztem Opportunismus hergeleitet. Dazu ist zunächst wieder die Teilnahmebedingung des Franchisenehers zu formulieren.

Bei vorgegebenem Franchisevertrag antizipiert der Franchisenehmer das resultierende Nash-Gleichgewicht und entscheidet daraufhin, ob er dem Vertrag zustimmt. Im Gegensatz zur Zielfunktion sei die Entscheidung über die Annahme des Vertrags ausschließlich von dem individuellen Gewinn abhängig, mit dem der Franchisenehmer rechnet. Es gilt also dieselbe Teilnahmebedingung wie im Grundmodell.

$$(5.11)\quad E\left[\Pi^{FN}\right] = \left[(1-f) \cdot p^* - \left(w + c^{FN}\right)\right] \cdot x(p^*, A^*) - F - K_{Fix}^{FN} \geq \Pi_{min}^{FN}$$

Da das Nash-Gleichgewicht (p*,A*) nicht durch die fixe Franchisegebühr beeinflußt wird und wegen $\partial\Psi^{FG}/\partial F = 1 - q > 0$ wird sie der Franchisegeber gerade so wählen, daß die Teilnahmebedingung bindend ist, d.h.

$$(5.12)\quad F = \left[(1-f) \cdot p^* - \left(w + c^{FN}\right)\right] \cdot x(p^*, A^*) - \Pi_{min}^{FN} - K_{Fix}^{FN} .$$

Setzt man (5.12) in die Präferenzfunktion des Franchisegebers ein, so läßt diese sich in der Form

$$(5.13)\quad \Psi^{FG} = (p^* - c) \cdot x(p^*, A^*) - A^* - (1-q) \cdot \Pi_{min}^{FN} - K_{Fix}$$

schreiben. Abgesehen von der additiven Konstanten $q \cdot \Pi_{min}^{FN}$ ist dies dieselbe Präferenzfunktion wie im Grundmodell. Der Franchisegeber wählt den Handelsabgabepreis w und die laufende Franchisegebühr f so, daß seine Präferenzfunktion maximiert wird. Beide Größen beeinflussen Ψ^{FG} dabei wie im Grundmodell nur indirekt über die Festlegung des Nash-Gleichgewichts (p*,A*).

Analog zum Vorgehen im Grundmodell kann man nun untersuchen, ob sich durch eine geeignete Wahl des Handelsabgabepreises und der laufenden Franchisegebühr die Absatzpolitik eines vollständigen Vertrags induzieren läßt. Dazu sind die im Nash-Gleichgewicht ausgewerteten Ableitungen von Ψ^{FG} nach dem Endpreis und den Werbeausgaben zu bilden. Diese ergeben sich wie im Grundmodell zu

$$(5.14)\quad \left.\frac{\partial \Psi^{FG}}{\partial p}\right|_{(p^*,A^*)} = x(p^*,A^*) + (p^*-c)\cdot\frac{\partial x}{\partial p}(p^*,A^*),$$

$$(5.15)\quad \left.\frac{\partial \Psi^{FG}}{\partial A}\right|_{(p^*,A^*)} = (p^*-c)\cdot\frac{\partial x}{\partial A}(p^*,A^*) - 1.$$

Nach Einsetzen von (5.9) läßt sich (5.14) zu

$$(5.16)\quad \left.\frac{\partial \Psi^{FG}}{\partial p}\right|_{(p^*,A^*)} = \left\{-\frac{1}{(1-f)+fq}\left\{\left[(1-f)\cdot p^* - \left(w + c^{FN}\right)\right]\right.\right.$$
$$\left.\left. + q\cdot\left[fp^* + \left(w - c^{FG}\right)\right]\right\} + (p^*-c)\right\}\cdot\frac{\partial x}{\partial p}(p^*,A^*)$$

umformen. Wegen (1 - f)·p* + q·f·p* = [(1 - f) + fq]·p* vereinfacht sich dieser Ausdruck zu

$$(5.16')\quad \left.\frac{\partial \Psi^{FG}}{\partial p}\right|_{(p^*,A^*)} = \left\{\frac{1}{(1-f)+fq}\left(w + c^{FN}\right) - \frac{q}{(1-f)+fq}\left(w - c^{FG}\right) - c\right\}$$
$$\cdot\frac{\partial x}{\partial p}(p^*,A^*).$$

Das Vorzeichen dieses Ausdrucks und damit die Richtung der Abweichung des Endpreises p* vom optimalen Endpreis des vollständigen Vertrags bei gegebenen Werbeausgaben des Franchisegebers hängt ausschließlich vom

Handelsabgabepreis und der laufenden Franchisegebühr ab. Der Loyalitätsparameter bestimmt hingegen die Stärke der Abweichung. Je größer die Loyalität, desto geringer ist die Abweichung. Nun verschwindet (5.16') gerade für jene Kombinationen des Handelsabgabepreises und der laufenden Franchisegebühr, für die

$$(5.17)\quad \frac{1}{(1-f)+fq}\left(w+c^{FN}\right)-\frac{q}{(1-f)+fq}\left(w-c^{FG}\right)=c$$

$$\Leftrightarrow (1-q)\cdot w=(1-f)\cdot(1-q)\cdot c^{FG}-f\cdot(1-q)\cdot c^{FN}$$

$$\Leftrightarrow \left(w+c^{FN}\right)=(1-f)\cdot c$$

gilt. Dies ist aber genau dieselbe Bedingung, die bereits im Grundmodell dafür sorgte, daß der Franchisenehmer bei gegebenen Werbeausgaben den Endpreis des vollständigen Vertrags wählt. Trotz Organisationsloyalität haben sich somit die zur Lösung des Preisanreizproblems geeigneten Kombinationen von Handelsabgabepreis und laufender Franchisegebühr nicht geändert.

Nach Einsetzen von (5.10) in (5.15) folgt

$$(5.18)\quad \left.\frac{\partial \Psi^{FG}}{\partial A}\right|_{(p^*,A^*)}=\Big\{(p^*-c)-\left[f\cdot p^*+\left(w-c^{FG}\right)\right]$$

$$-q\cdot\left[(1-f)p^*-\left(w+c^{FN}\right)\right]\Big\}\cdot\frac{\partial x}{\partial A}(p^*,A^*)$$

$$=(1-q)\cdot\left[(1-f)\cdot p^*-\left(w+c^{FN}\right)\right]\cdot\frac{\partial x}{\partial A}(p^*,A^*).$$

Analog zum Grundmodell führen solche Kombinationen aus Handelsabgabepreis und laufender Franchisegebühr, für die der Grenzerlös des Franchisenehmers $(1 - f) \cdot p^*$ dessen Grenzkosten $(w + c^{FN})$ entspricht, dazu, daß der Franchisegeber bei gegebenem Endpreis die Werbeausgaben des vollständigen Vertrags wählt. Die Ableitungen in (5.14) und (5.15) verschwinden damit dann und nur dann simultan, wenn $f = 1$ und $w = -c^{FN}$

gesetzt werden. Es ist damit trotz des Vorliegens von Organisationsloyalität derselbe Vertrag wie im Grundmodell optimal.

Trotz Loyalität ist nur die bereits im Grundmodell gefundene Kombination aus Handelsabgabepreis und laufender Franchisegebühr in der Lage, die Absatzpolitik des vollständigen Vertrags zu induzieren und damit das Anreizproblem des Franchisegebers zu lösen. Maßnahmen des Franchisegebers zur Erhöhung der Loyalität zahlen sich für ihn bei optimaler Vertragsgestaltung daher nicht aus. Das Konzept der Organisationsloyalität ist also in der betrachteten Situation irrelevant.

5.2.2 Polypolistische Verhältnisse

5.2.2.1 Charakterisierung des optimalen Vertrags bei allgemeiner Responsefunktion

Das Bild ändert sich, wenn die Nachfrage auch von Werbemaßnahmen des Franchisenehmers abhängig ist. Im Fall eines exogen gegebenen Marktpreises sind die Präferenzfunktionen der Vertragsparteien dann durch

$$(5.19)\quad \Psi^{FN} = \left[(1-f)\cdot p^{\wedge} - \left(w + c^{FN}\right)\right]\cdot x\left(p^{\wedge}, a, A\right) - F - a - K_{Fix}^{FN}$$
$$+ q \cdot \left\{\left[f \cdot p^{\wedge} + \left(w - c^{FG}\right)\right]\cdot x\left(p^{\wedge}, a, A\right) + F - A - K_{Fix}^{FG}\right\}$$

und

$$(5.20)\quad \Psi^{FG} = \left[f \cdot p^{\wedge} + \left(w - c^{FG}\right)\right]\cdot x\left(p^{\wedge}, a, A\right) + F - A - K_{Fix}^{FG}$$
$$+ q \cdot \left\{\left[(1-f)\cdot p^{\wedge} - \left(w + c^{FN}\right)\right]\cdot x\left(p^{\wedge}, a, A\right) - F - a - K_{Fix}^{FN}\right\}$$

gegeben. Beide Vertragsparteien wählen ihre Werbeausgaben wieder unter der Cournot-Nash-Annahme eines gegebenen Werbeumfangs des jeweils anderen Systemmitglieds. Das Nash-Gleichgewicht (a*,A*) ergibt sich dann als Lösung von

$$(5.21)\quad \frac{\partial\Psi^{FN}}{\partial a} = \left\{\left[(1-f)\cdot p^{\wedge} - \left(w + c^{FN}\right)\right] + q\cdot\left[f\cdot p^{\wedge} + \left(w - c^{FG}\right)\right]\right\}$$

$$\cdot\frac{\partial x}{\partial a}(p^{\wedge}, a, A) - 1 \overset{!}{=} 0$$

$$(5.22)\quad \frac{\partial\Psi^{FG}}{\partial A} = \left\{\left[f\cdot p^{\wedge} + \left(w - c^{FG}\right)\right] + q\cdot\left[(1-f)\cdot p^{\wedge} - \left(w + c^{FN}\right)\right]\right\}$$

$$\cdot\frac{\partial x}{\partial A}(p^{\wedge}, a, A) - 1 \overset{!}{=} 0.$$

Das resultierende Nash-Gleichgewicht (a*,A*) hängt von der Stärke der Organisationsloyalität ab. Zur Klärung der Frage, wie eine Änderung des Loyalitätsparameters q die im Gleichgewicht getätigten Werbeausgaben beeinflußt, sei wie im Grundmodell von einer in den Variablen (a,A) additiv-separablen Responsefunktion ausgegangen.[21] Sofern $DS^{FG} > 0$ und somit die Loyalität des Franchisenehmers für dessen Wahl der Werbeausgaben relevant ist, führt eine exogene Erhöhung des Loyalitätsparameters dann zu höheren Werbeausgaben des Franchisenehmers. Dieselbe Aussage gilt unter der Voraussetzung $DS^{FN} > 0$ für die im Gleichgewicht getätigten Werbeausgaben des Franchisegebers. Wie aus dem Grundmodell bekannt, sind die Werbeausgaben der Vertragsparteien relativ zum vollständigen Vertrag zu gering. Durch eine Steigerung der Organisationsloyalität läßt sich diese Lücke jedoch verringern. Im Extremfall maximaler Organisationsloyalität (q = 1) stimmen die Werbeausgaben der Vertragsparteien im Nash-Gleichgewicht mit denen des vollständigen Vertrags überein. In diesem Fall orientieren sich die Vertragsparteien bei der Wahl der Werbeausgaben nämlich anhand der gesamten Deckungsspanne, die auch dem Kalkül zur Bestimmung der Werbeausgaben im vollständigen Vertrag zugrundeliegt.

Wie ist nun der optimale Vertrag durch den Franchisegeber zu gestalten?

---

21 Es gilt also $\partial^2 x / \partial a \partial A = 0$. Eine Verallgemeinerung auf den Fall, daß die Werbeausgaben Substitute sind, ist auch hier wieder möglich.

Nach Einsetzen des Nash-Gleichgewichts (a*,A*) in (5.20) ergibt sich die durch Wahl der Vertragselemente (w,f) zu maximierende Präferenzfunktion des Franchisegebers. Er hat dabei als Nebenbedingung die durch

$$(5.23)\quad E\left[\Pi^{FN}\right]=\left[(1-f)\cdot p^\wedge-\left(w+c^{FN}\right)\right]\cdot x\left(p^\wedge,a^*,A^*\right)-F-a^*-K_{Fix}^{FN}\geq\Pi_{min}^{FN}$$

gegebene Teilnahmebedingung des Franchisenehmers zu beachten. Da im Optimum die Teilnahmebedingung wiederum bindend ist, ergibt sich durch Auflösen nach der fixen Franchisegebühr die Präferenzfunktion des Franchisegebers gemäß

$$(5.24)\quad \Psi^{FG}=\left(p^\wedge-c\right)\cdot x\left(p^\wedge,a^*,A^*\right)-\left(a^*+A^*\right)-(1-q)\cdot\Pi_{min}^{FN}-K_{Fix}.$$

Abgesehen von der Konstanten $q\cdot\Pi_{min}^{FN}$ ergibt sich also formal dieselbe Zielfunktion wie im Grundmodell.[22] Allerdings ist, wie gezeigt, das sich durch Wahl der Vertragselemente (w,f) ergebende Nash-Gleichgewicht jetzt zusätzlich vom Loyalitätsparameter abhängig.

Zur Bestimmung des aus Sicht des Franchisegebers optimalen Vertrags wird zunächst untersucht, wie sich eine Steigerung der Werbeausgaben im Nash-Gleichgewicht auf den erwarteten Gewinn des Franchisegebers auswirkt. Wegen (5.22) gilt

$$(5.25)\quad \left.\frac{\partial\Psi^{FG}}{\partial A}\right|_{(a^*,A^*)}=\left(p^\wedge-c\right)\cdot\frac{\partial x}{\partial A}\left(p^\wedge,a^*,A^*\right)-1$$

$$=\left\{\left(p^\wedge-c\right)-\left[f\cdot p^\wedge+\left(w-c^{FG}\right)\right]-q\cdot\left[(1-f)\cdot p^\wedge-\left(w+c^{FN}\right)\right]\right\}$$

$$\cdot\frac{\partial x}{\partial A}\left(p^\wedge,a^*,A^*\right)$$

$$=(1-q)\cdot\left[(1-f)\cdot p^\wedge-\left(w+c^{FN}\right)\right]\cdot\frac{\partial x}{\partial A}\left(p^\wedge,a^*,A^*\right)$$

---

22 Vgl. Gleichung (3.17).

$$> 0, \text{ falls} DS^{FN} > 0.$$

Analog gilt wegen (5.21)

$$(5.26) \quad \left.\frac{\partial \Psi^{FG}}{\partial a}\right|_{(a^*,A^*)} = (p^\wedge - c) \cdot \frac{\partial x}{\partial a}(p^\wedge, a^*, A^*) - 1$$

$$= \left\{(p^\wedge - c) - \left[(1-f) \cdot p^\wedge - \left(w + c^{FN}\right)\right] - q \cdot \left[f \cdot p^\wedge + \left(w - c^{FG}\right)\right]\right\}$$

$$\cdot \frac{\partial x}{\partial a}(p^\wedge, a^*, A^*)$$

$$= (1-q) \cdot \left[f \cdot p^\wedge + \left(w - c^{FG}\right)\right] \cdot \frac{\partial x}{\partial a}(p^\wedge, a^*, A^*)$$

$$> 0, \text{ falls} DS^{FG} > 0.$$

Betrachtet man also einen Franchisevertrag mit strikt positiven Deckungsspannen für beide Vertragsparteien, so ließe sich der erwartete Gewinn des Franchisegebers durch eine exogene Erhöhung der Werbeausgaben im Nash-Gleichgewicht steigern. Dies ist eine Konsequenz aus den im Vergleich zum vollständigen Vertrag zu geringen Werbeausgaben der Vertragsparteien. Wenn es gelingen würde, beiden Vertragsparteien Anreize zu erhöhten Werbeausgaben zu geben, würde dies den erwarteten Gewinn des Franchisegebers steigern.

Handelsabgabepreis und laufende Franchisegebühr beeinflussen die Werbeausgaben der Vertragspartien aber gegenläufig. Überlegt der Franchisegeber z.B. eine Erhöhung des Handelsabgabepreises, so verringern sich die Werbeausgaben des Franchisenehmers und damit vergrößert sich die Abweichung gegenüber dem vollständigen Vertrag. Andererseits steigen die Werbeausgaben des Franchisegebers, so daß sich dessen "Unterinvestition" in Werbung verringert.

Im Optimum müssen sich diese gegenläufigen Effekte gerade ausgleichen. Der optimale Handelsabgabepreis ist daher formal durch die Bedingung

$$(5.27)\quad \frac{\partial \Psi^{FG}}{\partial w} = \left.\frac{\partial \Psi^{FG}}{\partial A}\right|_{(a^*,A^*)} \cdot \frac{\partial A^*}{\partial w} + \left.\frac{\partial \Psi^{FG}}{\partial a}\right|_{(a^*,A^*)} \cdot \frac{\partial a^*}{\partial w} \overset{!}{=} 0$$

gegeben. Analoge Überlegungen gelten für die Wahl der optimalen laufenden Franchisegebühr, die durch die Bedingung

$$(5.28)\quad \frac{\partial \Psi^{FG}}{\partial f} = \left.\frac{\partial \Psi^{FG}}{\partial A}\right|_{(a^*,A^*)} \cdot \frac{\partial A^*}{\partial f} + \left.\frac{\partial \Psi^{FG}}{\partial a}\right|_{(a^*,A^*)} \cdot \frac{\partial a^*}{\partial f} \overset{!}{=} 0$$

festgelegt ist. Aus (5.21) folgt nun

$$(5.29)\quad \frac{\partial a^*}{\partial f} = \frac{(1-q)}{\left[DS^{FN} + q \cdot DS^{FG}\right]} \cdot \frac{\partial x / \partial a}{\partial^2 x / \partial a^2}$$

$$(5.30)\quad \frac{\partial a^*}{\partial w} = \frac{-p\hat{}\,(1-q)}{\left[DS^{FN} + q \cdot DS^{FG}\right]} \cdot \frac{\partial x / \partial a}{\partial^2 x / \partial a^2},$$

woraus sich die Beziehung

$$(5.31)\quad \frac{\partial a^*}{\partial f} = p\hat{}\cdot \frac{\partial a^*}{\partial w}$$

ableiten läßt.[23] Die Änderung der Werbeausgaben des Franchisenehmers bei Erhöhung der laufenden Franchisegebühr ist folglich proportional zu derjenigen bei Erhöhung des Handelsabgabepreises. Da Gleichung (5.31) auch für die Werbeausgaben des Franchisegebers Gültigkeit besitzt, ist analog zum Grundmodell festzustellen, daß die beiden Optimalitätsbedingungen (5.27) und (5.28) äquivalent sind.

Der optimale Vertrag kann also wiederum durch den Ansatz (3.32) ermittelt werden, da der Franchisegeber zwischen allen Kombinationen aus Handelsabgabepreis und laufender Franchisegebühr, die dem Franchisenehmer den gleichen Anteil t an der gesamten Deckungsspanne (p^ - c) einräumen, indifferent ist. Im Optimum ist dieser Anteil durch die Bedingung

---

23 Vgl. die analoge Beziehung (3.29) im Grundmodell.

$$(5.32)\quad \frac{1-t}{[t+q\cdot(1-t)]^2}\cdot\frac{\partial x/\partial a}{\partial^2 x/\partial a^2}=\frac{t}{[(1-t)+q\cdot t]^2}\cdot\frac{\partial x/\partial A}{\partial^2 x/\partial A^2}$$

gegeben. Dabei sind die partiellen Ableitungen der Responsefunktion im zum optimalen Anteil gehörenden Nash-Gleichgewicht auszuwerten.

Gleichung (5.32) verdeutlicht, daß der optimale, dem Franchisenehmer vertraglich zu gewährende Anteil an der gesamten Deckungsspanne vom Loyalitätsparameter abhängig ist. Im Unterschied zur Situation im vorangegangenen Abschnitt hat die Stärke der Organisationsloyalität Einfluß auf die Vertragsgestaltung. In welche Richtung dieser Einfluß geht, läßt sich allerdings ohne nähere Spezifikation der Responsefunktion nicht sagen.

5.2.2.2 Charakterisierung des optimalen Vertrags bei spezieller Wahl der Responsefunktion

Im Fall der Responsefunktion (3.36) vereinfacht sich die Optimalitätsbedingung (5.32) zu

$$(5.33a)\quad \frac{(1-t)\cdot[(1-t)+q\cdot t]^2}{t\cdot[t+q(1-t)]^2}=\frac{\mu_l}{\mu_g}=:\lambda^3$$

bzw.

$$(5.33b)\quad (1-t)\cdot[(1-t)+q\cdot t]^2=\lambda^3\cdot t\cdot[t+q(1-t)]^2.$$

Für den Fall $q = 0$ ergibt sich die bereits aus dem Grundmodell bekannte Lösung $t = 1/(\lambda + 1)$. Für $q > 0$ läßt sich die Auflösung von (5.33b) graphisch demonstrieren. Die linke Seite ist eine monoton fallende Funktion von t, die bei $t = 0$ den Wert 1 und bei $t = 1$ den Wert 0 annnimmt. Die rechte Seite ist eine monoton steigende Funktion von t, die bei $t = 0$ den Wert 0 und bei $t = 1$ den Wert λ^3 annimmt. Wie Abbildung 5.1 verdeutlicht, existiert genau ein $t^* \in (0,1)$, welches (5.33b) löst.

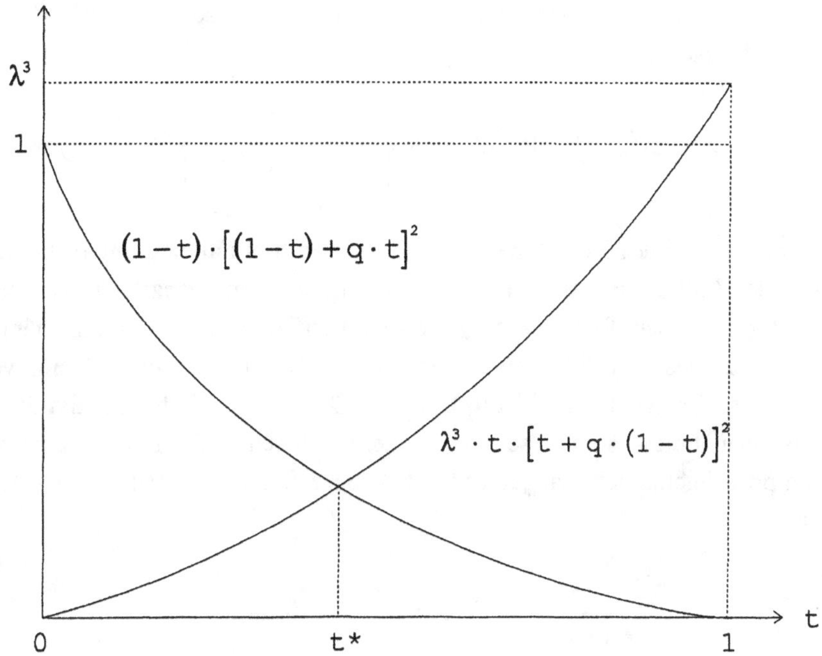

Abb. 5.1: Graphische Bestimmung des optimalen Anteils des Franchisenehmers an der gesamten Deckungsspanne

Ist eine Lösung vom (5.33b) gefunden, so läßt sich bei gegebenem Handelsabgabepreis auch die zugehörige optimale laufende Franchisegebühr ermitteln. Setzt man den Handelsabgabepreis (willkürlich) in Höhe der Grenzkosten des Franchisegebers fest, so ergibt sich die laufende Franchisegebühr gemäß

$$(5.34)\quad f = (1-t)\cdot(p\hat{}-c)/p\hat{}\,.$$

Wie ändert sich nun der optimale Anteil t bzw. die optimale laufende Franchisegebühr mit dem Loyalitätsparameter? Zur Beantwortung dieser Frage wird (5.33b) nach q differenziert. Man erhält dann den Ausdruck

$$(5.35)\quad \frac{dt}{dq} = \frac{2\cdot(1-t)\cdot t\cdot\{[(1-t)+q\cdot t]-\lambda^3\cdot[t+q(1-t)]\}}{[(1-t)+q\cdot t]^2+2\cdot(1-t)(1-q)+\lambda^3[t+q(1-t)]^2+2\lambda^3 t(1-q)}$$

Während der Nenner positiv ist, ist das Vorzeichen des Zählers in (5.35) zunächst unbestimmt. Setzt man (5.33b) in (5.35) ein, so ergibt sich für den Zähler der Ausdruck

$$2 \cdot (1-t) \cdot t \cdot [t + q(1-t)] \cdot \left\{ \left[\lambda^3 \cdot \frac{t}{1-t} \right]^{1/2} - \lambda^3 \right\}.$$

Zur Festlegung des Vorzeichens von dt/dq sind drei Fälle zu unterscheiden. Im ersten Fall ist $\mu_l = \mu_g$, d.h., die Werbung der Vertragsparteien ist gleich effektiv. In diesem Fall ist $\lambda = 1$, und man verifiziert leicht, daß unabhängig vom Wert des Loyalitätsparameters q $t^* = 1/2$ die einzige Lösung von (5.33b) ist. Im zweiten Fall ist $\mu_l > \mu_g$, d.h. $\lambda > 1$. Die Werbeeffektivität des Franchisenehmers ist in diesem Fall höher als diejenige des Franchisegebers. Man prüft leicht nach, daß jetzt $t^* < 1/2$ sein muß. Wegen $t^*/(1 - t^*) < 1$ ist dann

$$\left[\lambda^3 \cdot \frac{t^*}{1-t^*} \right]^{1/2} - \lambda^3 < \lambda^{3/2} - \lambda^3 < 0, \text{da } \lambda > 1.$$

Somit folgt $dt/dq < 0$. Mit steigender Organisationsloyalität sinkt der optimale Anteil des Franchisenehmers an der gesamten Deckungsspanne. Bei gegebenem Handelsabgabepreis bedeutet dies, daß die optimale laufende Franchisegebühr steigt. Im dritten Fall ist $\mu_l < \mu_g$ und damit $\lambda < 1$. Die Werbeeffektivität des Franchisegebers übertrifft jetzt diejenige des Franchisenehmers. In diesem Fall ist $t^* > 1/2$, und es folgt analog zu oben $dt/dq > 0$. Mit steigender Organisationsloyalität steigt in diesem Fall der optimale Anteil des Franchisenehmers an der gesamten Deckungsspanne. Bei gegebenem Handelsabgabepreis sinkt also die optimale laufende Franchisegebühr.

Eine Steigerung der Organisationsloyalität hat in den drei Fällen unterschiedliche Konsequenzen. In allen drei Fällen bewirkt eine erhöhte Organisationsloyalität, daß die Werbeausgaben der Vertragsparteien bei gegebenem Vertrag steigen. Die Vertragselemente (w,f) bleiben von einer Steigerung der Organisationsloyalität unberührt, wenn $\lambda = 1$. In diesem Fall sind die Werbeausgaben der Vertragsparteien identisch. Sie werden durch eine Steigerung der Organisationsloyalität gleichmäßig erhöht. Im Fall $\lambda \neq 1$ ändern sich die Vertragsbedingungen mit steigender Organisationsloyalität derart, daß derjenigen Vertragspartei Anreize zur Erhöhung der Werbeausgaben gegeben werden, die auch bei einem vollständigen Vertrag höhere Werbeausgaben zu leisten hätte (deren Werbeeffektivität also geringer ist).

Abschließend sei der Frage nachgegangen, welchen Einfluß die Organisationsloyalität auf die optimale fixe Franchisegebühr ausübt. Aufgrund der bindenden Teilnahmebedingung (5.23) gilt

$$(5.36)\quad F = t(q)\cdot(p^\wedge - c)\cdot x(p^\wedge, a^*, A^*) - a^* - \Pi_{min}^{FN} - K_{Fix}^{FN}.$$

Durch Differenzieren nach q erhält man daraus unter Beachtung von (5.21)

$$(5.37)\quad \frac{dF}{dq} = \frac{dt}{dq}\cdot(p^\wedge - c)\cdot x(p^\wedge, a^*, A^*) - q\cdot(1 - t(q))(p^\wedge - c)$$

$$\cdot\frac{\partial x}{\partial a}(p^\wedge, a^*, A^*)\cdot\frac{da^*}{dq} + t(q)\cdot(p^\wedge - c)\cdot\frac{\partial x}{\partial A}(p^\wedge, a^*, A^*)$$

$$\cdot\frac{dA^*}{dq}.$$

Da für $\lambda \neq 1$ eine Änderung der Organisationsloyalität sowohl die Werbeausgaben der Vertragsparteien bei gegebenem Vertrag als auch die Vertragsbedingungen ändert, ist das Vorzeichen von dF/dq im allgemeinen unbestimmt. Beispielsweise ergibt sich im Fall $\mu_l > \mu_g$ wegen $dt/dq < 0$ eine Tendenz zur Senkung der fixen Franchisegebühr. Gleichzeitig steigen jedoch die Werbeausgaben des Franchisegebers, wodurch sich eine Tendenz zur Erhöhung der fixen Franchisegebühr ergibt. Im Fall $\lambda = 1$ vereinfacht sich (5.37) wegen $dt/dq = 0$ und $a^* = A^*$ zu

$$(5.38)\quad \frac{dF}{dq} = \frac{1}{2}\cdot(1-q)\cdot(p^\wedge - c)\cdot\frac{\partial x}{\partial A}(p^\wedge, a^*, A^*)\cdot\frac{dA^*}{dq} > 0.$$

Bei gleicher Werbeeffektivität der Vertragsparteien steigt also die fixe Franchisegebühr mit steigender Organisationsloyalität.

Im Fall $\lambda = 1$ hat der Franchisegeber also aus zwei Gründen ein Interesse an einer Steigerung der Organisationsloyalität: Zum einen erhöhen sich die

Werbeausgaben der Vertragsparteien und nähern sich dem Niveau des vollständigen Vertrags. Zum anderen erhöht sich auch die vom Franchisegeber einbehaltene fixe Franchisegebühr.

Zur numerischen Illustration der Lösung sei dieselbe Parameterkonstellation wie im Grundmodell betrachtet:

$$b = 1,\ \Theta\hat{} = 10,\ k = 4,\ c^{FN} = c^{FG} = 1,\ p\hat{} = 4,\ \Pi_{min}^{FN} = 0, K_{Fix}^{FN} = 0.$$

Mit $\mu_g = 10$ und $\mu_l = 5$ sei die Werbung des Franchisegbers doppelt so effektiv wie die des Franchisenehmers. Tabelle 5.2 zeigt den sich bei verschiedenen Werten des Loyalitätsparameters ergebenden optimalen Anteil des Franchisenehmers an der gesamten Deckungsspanne, die zugehörenden Werbeausgaben der Vertragsparteien sowie die optimale fixe Franchisegebühr.

Tab. 5.1: Anteil des Franchisenehmers an der gesamten Deckungsspanne, Werbeausgaben und fixe Franchisegebühr bei alternativen Werten des Loyalitätsparameters

q	t	a*	A*	F
0	0,557	0,482	0,287	10,332
0,25	0,575	0,522	0,312	10,708
0,5	0,605	0,555	0,333	11,307
0,75	0,632	0,580	0,352	11,846
1,0	0,667	0,600	0,369	12,541

Mit steigender Loyalität nimmt der Anteil des Franchisenehmers an der gesamten Deckungsspanne zu, so daß auch dessen Werbeausgaben steigen. Obwohl der Anteil an der gesamten Deckungsspanne, den der Franchisegeber bekommt, zurückgeht, erhöhen sich seine Werbeausgaben bei steigender Loyalität. Die fixe Franchisegebühr ist ebenso steigend.

6. Optimales Franchising bei privater Information

Private Informationen liegen vor, wenn eine Vertragspartei die Ausprägung bestimmter Größen kennt, die andere Vertragspartei aber nicht. Sie implizieren eine asymmetrische Informationsverteilung zwischen den Parteien. Private Informationen stehen im Gegensatz zu öffentlichen Informationen, die beiden Vertragsparteien zugänglich sind. Grundsätzlich können private Informationen bereits vor Vertragsabschluß bestehen oder sich nach Vertragsabschluß durch Informationszugang ergeben.

Im folgenden seien private Informationen über

- die Werbewirkungsparameter μ_l bzw. μ_g der Responsefunktion (3.36),
- die Grenz- und Fixkosten des Verkaufs sowie
- die Grenzkosten der Produktion

betrachtet.[1,2] Vereinfachend sei dabei angenommen, daß nur jeweils eine der Vertragsparteien über eine der oben genannten Größen private Informationen besitzt.

Anders als im Grundmodell möge in diesem Kapitel keine exogene Nachfrageunsicherheit vorliegen. Diese Annahme dient der Vereinfachung der Darstellung, tangiert aber bei Risikoneutralität der Vertragsparteien die Ergebnisse nicht.

---

1 Nicht betrachtet werden private Informationen über den Reservationsgewinn des Franchisenehmers sowie über die Fixkosten des Franchisegebers. Erstere lassen sich genauso behandeln wie private Informationen über die Fixkosten des Verkaufs. Private Informationen über die Fixkosten des Franchisegebers sind unerheblich, da der Franchisenehmer deren Kenntnis zur Entscheidung über die Annahmne eines Vertrags nicht benötigt.

2 Auch nicht betrachtet werden private Informationen über Verhaltensmerkmale der Vertragsparteien wie z.B. deren unternehmerisches Talent, Sorgfalt, Risikoein-stellung etc. Derartige Informationsasymmetrien werden in der Signalling-Theorie behandelt. Vgl. z.B. Banks/Sobel (1987), Cho/Kreps (1987), Hartmann-Wendels (1989). Zur Anwendung der Theorie im Absatzkanalkontext sei auf Chu (1992) sowie Gallini/Lutz (1992) verwiesen.

Im folgenden wird zunächst die Möglichkeit des Vorliegens privater Informationen über die oben genannten Größen begründet und das Problem des wahrheitsgemäßen Informationsaustausches über diese Größen diskutiert. Die spätere Analyse wird sich auf jene Verträge konzentrieren, die zu einem wahrheitsgemäßen Informationsaustausch führen. Eine Möglichkeit zur Begründung dieses Vorgehens liefert das Offenbarungsprinzip.

6.1 Grundlagen

6.1.1 Zur Begründung der Annahme des Vorliegens privater Informationen

Im Gegensatz zu der im Grundmodell getroffenen Annahme, daß beiden Vertragsparteien die Ausprägung der oben genannten Größen bekannt sind, wird es häufig realistischer sein, von privaten Informationen über diese Größen auszugehen.

So wird etwa die Wirkung der Werbung des Franchisegebers von einer Vielzahl von Variablen wie z.B. dem Werbeinhalt, den eingesetzten Werbemitteln, der Qualität des beworbenen Produkts, dem Bekanntheitsgrad/Reputation des Werbenden, der Stellung des Produkts im Produktlebenszyklus bis hin zur Entwicklung gesamtwirtschaftlicher Größen (Konjunktur, Kaufkraft) abhängen. Im allgemeinen dürfte der Franchisegeber besser über diese Variablen informiert sein als der Franchisenehmer. Im Modell läßt sich dieser Informationsvorsprung dadurch erfassen, daß der Franchisegeber den Werbewirkungsparameter μ_g bereits vor Vertragsabschluß kennt, während er dem Franchisenehmer unbekannt ist.

Die Wirkung der Werbung des Franchisenehmers hängt (soweit vorhanden) von dessen Reputation als Händler, der Reputation der eingesetzten lokalen Medien und von lokalen Besonderheiten im Konsumentenverhalten (Präferenzen, Gewohnheiten, Einkommens- und Bildungsniveau) ab. Aufgrund seiner Kenntnisse der lokalen Gegebenheiten wird der Franchisenehmer den Werbewirkungsparameter μ_l bereits vor Vertragsabschluß besser abschätzen können als der Franchisegeber.

Die variablen Verkaufskosten werden im wesentlichen durch die Kosten der Warenpräsentation sowie die Kosten der Beratung und Bedienung bedingt. Während erstere weitgehend durch die im Vertrag getroffenen Regelungen festgelegt sind, hängen letztere von lokalen Gegebenheiten (Bevölkerungsstruktur), die der Franchisenehmer besser kennt, ab. Die fixen Verkaufskosten sind abhängig von der Höhe der Mietzahlung für das Ladenlokal, den Kosten der Geschäftsführung sowie von Personalkosten (Löhne). Diese sind im wesentlichen gegeben durch die Größe der Verkaufsstelle bzw. des Verkaufsgebiets. Dem Franchisenehmer werden die Grenz- und Fixkosten des Verkaufs bereits vor Vertragsabschluß bekannt sein, wenn er bislang ein Ladenlokal als unabhängiger Händler betreibt und sich jetzt einem Franchisesystem anschließen möchte bzw. er dem Franchisegeber ein in Betracht kommendes Ladenlokal vorschlagen kann.

Die Grenzkosten der Produktion sind abhängig von der verwendeten Produktionstechnologie. Da diese bereits vor Vertragsabschluß festliegen dürfte, sind die Grenzkosten der Produktion dem Franchisegeber ebenfalls vor Vertragsabschluß bekannt. Nur bei genauer Kenntnis der Produktionstechnologie werden sie auch dem Franchisenehmer bekannt sein. Eine derartige genaue Kenntnis erscheint indes fraglich.

6.1.2 Das Problem des wahrheitsgemäßen Informationsaustausches

Sind nun die Ausprägungen einer der oben angesprochenen Größen einer Vertragspartei nicht bekannt, so besteht im Grundsatz die Möglichkeit der Informationsübermittlung durch diejenige Partei, die privat über die entsprechende Größe informiert ist.[3] Das Zustandekommen eines solchen Informationsaustausches ist im Rahmen von Vertragsvereinbarungen plausibel und wie bereits erwähnt grundsätzlich für die Vertragsparteien von Vorteil. Allerdings besteht dabei das Problem, daß die übermittelte Information nicht

---

3 Daneben bestehen natürlich weitere kostenverursachende Möglichkeiten der Informationsbeschaffung durch Befragung Dritter, Marktbeobachtung etc. Auf diese Möglichkeiten wird im folgenden nicht eingegangen.

notwendigerweise wahr sein muß. Eventuell hat die besser informierte Partei einen Anreiz, sich durch unwahre Angaben Vorteile zu verschaffen.

Zur Beantwortung der Frage, inwieweit derartige Anreize bei den im Grundmodell als optimal identifizierten Verträgen bestehen, seien deren Merkmale hier kurz wiederholt.

Im Fall monopolistischer Verhältnisse bei vernachlässigbarer Wirkung der Werbung des Franchisenehmers war der optimale Vertrag durch die Bedingungen $f=1, w=-c^{FN}, F=-\Pi_{min}^{FN}-K_{Fix}^{FN}$ gekennzeichnet. Offenbar besteht für den Franchisenehmer ein Anreiz, höhere Grenz- und Fixkosten des Verkaufs zu behaupten, um einen geringeren Handelsabgabepreis bzw. eine geringere fixe Franchisegebühr zu erzielen. Dasselbe gilt für das bei alternativer Beschäftigung erzielbare Einkommen Π_{min}^{FN}. Da der Franchisenehmer im Grundmodell indifferent hinsichtlich der Höhe des Endpreises ist, muß er, um den optimalen Preis des vollständigen Vertrags setzen zu können, die Grenzkosten der Produktion kennen. Offenbar hat der Franchisegeber einen Anreiz, diesen Kostenparameter wahrheitsgemäß mitzuteilen, da sich anderenfalls ein zu hoher oder zu niedriger Endpreis ergeben würde. Private Informationen über die Grenzkosten der Produktion spielen daher im Fall monopolistischer Verhältnisse keine große Rolle und brauchen nicht gesondert betrachtet werden.

Im Fall polypolistischer Verhältnisse war der optimale Vertrag durch die Vertragsparameter

$$t=\left[1+(\mu_l/\mu_g)^{1/3}\right]^{-1} \text{ und } F=t\cdot(p\hat{}-c)\cdot x(p\hat{},a^*,A^*)-a^*-\Pi_{min}^{FN}-K_{Fix}^{FN}$$

gekennzeichnet.[4] Bei diesem Vertrag besteht für den Franchisenehmer gegebenenfalls ein Anreiz, einen kleineren Werbewirkungsparameter μ_l zu behaupten, um einen höheren Anteil an der gesamten Deckungsspanne zu er-

4 Die Größe t gibt dabei den Anteil an der gesamten Deckungsspanne (p^ - c) an, die dem Franchisenehmer eingeräumt wird. Bei privater Information des Franchise-nehmers ist die gesamte Deckungsspanne aus dessen Angaben über die Grenzkosten des Verkaufs zu berechnen.

halten. Allerdings müßte er dann mit einer höheren fixen Franchisegebühr rechnen.

Für den Franchisegeber besteht eventuell ebenfalls ein Anreiz, einen kleineren Werbewirkungsparameter μ_g zu behaupten, um den Anteil des Franchisenehmers an der gesamten Deckungsspanne zu verringern. Zwar würde sich dadurch die fixe Franchisegebühr verringern, der Franchisegeber könnte aber behaupten, daß er wegen der geringeren Werbeeffektivität höhere Werbeausgaben tätigt und damit gegebenenfalls ein Absinken der fixen Franchisegebühr kompensieren.[5]

Der obige Vertrag beinhaltet einen Anreiz für den Franchisenehmer, höhere Grenzkosten des Verkaufs zu behaupten. Der Franchisegeber würde nämlich in diesem Fall geringere Werbeausgaben tätigen, da er mit einer geringeren gesamten Deckungsspanne rechnet. Hierdurch sinkt die fixe Franchisegebühr.[6] Offenkundig ist auch der Anreiz für den Franchisenehmer höhere Fixkosten des Verkaufs und höhere alternative Verdienstmöglichkeiten zu behaupten, da hierdurch die fixe Franchisegebühr sinkt.

Für den Franchisegeber besteht hingegen ein Anreiz, geringere Grenzkosten der Produktion zu behaupten. Hierdurch würde der Franchisenehmer mit höheren Werbeausgaben des Franchisegebers rechnen, womit dieser eine höhere fixe Franchisegebühr begründen könnte.

6.1.3 Das Offenbarungsprinzip

Für die Modellierung der Kommunikation über private Informationen in einer Agency-Beziehung ist das Offenbarungsprinzip (Relevation Principle) von fundamentaler Bedeutung. Es liefert eine theoretische Begründung für

---

5 Inwieweit der im Grundmodell abgeleitete optimale Vertrag tatsächlich Anreize zu unwahren Behauptungen über die Werbewirkungsparameter beinhaltet wird im Abschnitt 6.2 noch näher zu untersuchen sein.

6 Wegen der Bedingung 1. Ordnung für die optimalen Werbeausgaben des Franchisenehmers bleibt die fixe Franchisegebühr von Änderungen in a* unberührt.

die Beschränkung auf solche Verträge, die den Parteien Anreize zur wahrheitsgemäßen Offenlegung ihrer Informationen geben. Das Offenbarungsprinzip wurde erstmals von Myerson (1979) im Rahmen der Analyse von Spielen mit unvollständiger Information formuliert und von Christensen (1981) auf die Prinzipal-Agenten-Theorie übertragen. Zum besseren Verständnis der nachfolgenden Analysen sei das Modell von Christensen kurz skizziert.

In diesem Modell erhält der Agent nach Vertragsabschluß eine Information über eine die Wahl seiner Handlung beeinflussende Größe.[7] Der Prinzipal weiß, daß dem Agenten eine Information über diese Größe zugeht, kann aber den Inhalt der Information nicht selbst beobachten. Im Zeitpunkt des Vertragsabschlusses haben Prinzipal und Agent identische Wahrscheinlichkeitsvorstellungen über die möglichen Informationsinhalte. Der zwischen Prinzipal und Agent geschlossene Vertrag sieht eine Entlohnung des Agenten in Abhängigkeit eines monetären Ergebnisses sowie des dem Prinzipal mitgeteilten Inhalts der Information vor. Der Agent kann damit seine Entlohnung auch durch den Inhalt der weitergegebenen Information beeinflussen. Dieser Vertrag sei im folgenden Rahmenvertrag genannt, da die effektiv geltende Entlohnungsregel erst nach Mitteilung der Information durch den Agenten festliegt.

Der Agent wird nicht bei jedem Rahmenvertrag einen Anreiz zur wahrheitsgemäßen Mitteilung seiner Information haben. Da der Agent aber annahmegemäß rational handelt und daher seine Mitteilung so wählt, daß sein Erwartungsnutzen maximal wird, kann der Prinzipal bei unterstellter Kenntnis der Nutzenfunktion den Inhalt seine Mitteilung antizipieren. Der Prinzipal weiß daher im voraus, ob der Agent die Wahrheit sagt oder nicht. Wird nun ein Rahmenvertrag samt zugehöriger Entlohnungsregel betrachtet, bei dem der Agent einen Anreiz zu unwahren Behauptungen hat, so kann der Prinzipal eine modifizierte Entlohnungsregel ermitteln, bei der der Anreiz zur Lüge gerade verschwindet. Überraschend ist, daß ein derart modifizierter Rahmenvertrag denselben Erwartungsnutzen für Agent und Prinzipal beinhaltet

---

7 Man kann auch den Fall zulassen, daß der Agent die Information bereits vor Vertragsabschluß hat. Entscheidend ist lediglich, daß die vom Agenten gewählte Handlung (Aktion) vom Inhalt der Information abhängt.

wie der ursprüngliche. Auch wählt der Agent unter dem modifizierten Vertrag die gleiche Handlungsalternative.[8] Das Problem der Wahl eines aus Sicht des Prinzipals optimalen Rahmenvertrags besitzt keine eindeutige Lösung. Vielmehr lassen sich zu jedem Rahmenvertrag andere Rahmenverträge konstruieren, welche dieselben Erwartungsnutzen und Aktionen induzieren.[9] In der Menge der in dieser Hinsicht äquivalenten Verträge ist jedoch stets ein Vertrag enthalten, der den Agenten dazu veranlaßt, über seine Information wahrheitsgemäß zu berichten. Dieses ist die Aussage des Offenbarungsprinzips.

Gemäß dem Offenbarungsprinzip bedeutet es keinerlei Einschränkung, sich bei der Suche nach einem optimalen Rahmenvertrag auf solche Verträge zu beschränken, die Anreize zur wahrheitsgemäßen Offenlegung privater Informationen geben. In methodischer Hinsicht erlaubt es den optimalen, wahrheitsgemäße Informationsübermittlung induzierende Rahmenvertrag mit kontrolltheoretischen Methoden zu ermitteln.

Das Offenbarungsprinzip läßt sich im Grundsatz auch auf den Fall anwenden, daß nicht dem Agenten, sondern dem Prinzipal private Informationen vorliegen, die für die Wahl der erwartungsnutzenmaximalen Handlungsalternativen des Agenten von Bedeutung sind. Dazu ist das Wissen des Prinzipals über die eigene Kommunikationsentscheidung erforderlich.

Die Beschränkung der Analyse auf wahrheitsgemäße Informationsübertragung induzierende Rahmenverträge läßt sich indes auch jenseits des Offenbarungsprinzips rechtfertigen. So würde in dynamischer Betrachtung bei wiederholtem Lügen das Vertrauensverhältnis leiden und damit die Basis für eine Vertragsbeziehung verflüchtigen. Darüberhinaus geht von der Marktform des Polypols ein externer Druck auf den Franchisegeber für eine wahrheitsgemäße Informationsübermittlung aus, da die Franchisenehmer leichter zwischen verschiedenen Franchisesystemen wechseln können.

---

8 Vgl. Christensen (1981), S. 665.

9 Vgl. ebenda.

6.2 Private Information über Werbewirkungsparameter

6.2.1 Monopolistische Verhältnisse

Im Fall monopolistischer Verhältnisse ist die Kenntnis des Werbewirkungsparameters μ_l zur Berechnung des optimalen Vertrags des Grundmodells durch den Franchisegeber nicht erforderlich. Dieser kann den optimalen Vertrag unmittelbar bestimmen. Ebenso ist die private Information über den Werbewirkungsparameter μg belanglos, da der Franchisenehmer über die Annahme des Vertrags auch ohne Kenntnis dieses Parameters entscheiden kann.

6.2.2 Polypolistische Verhältnisse

6.2.2.1 Private Information des Franchisenehmers über μ_l

Zunächst sei der Fall betrachtet, daß der Franchisenehmer vor Vertragsabschluß den Werbewirkungsparameter μ_l kennt. Dem Franchisegeber ist die Ausprägung dieses Parameters unbekannt. Beide Vertragsparteien kennen hingegen z.B. die Ausprägung des Werbewirkungsparameters μ_g. Der Rahmenvertrag spezifiziert den Handelsabgabepreis sowie die laufende und fixe Franchisegebühr in Abhängigkeit von dem dem Franchisegeber noch unbekannten Werbewirkungsparameter μ_l. Dieser zwischen den Vertragsparteien abgeschlossene Rahmenvertrag muß zum einen für den Franchisenehmer akzeptabel sein und soll ihm zum anderen Anreize zur wahrheitsgemäßen Berichterstattung über den ihm bekannten Werbewirkungsparameter geben. Denken läßt sich dieser Rahmenvertrag z.B. in tabellarischer Form, die für verschiedene Ausprägungen von μ_l die zugehörenden monetären Vertragskomponenten beinhaltet. Ohne Abschluß eines solchen Rahmenvertrags entfällt für den Franchisenehmer der Anreiz, die tatsächliche Ausprägung von μ_l zu berichten. Ohne Kenntnis dieses Parameters kann der Franchisegeber aber den optimalen Vertrag des Grundmodell nicht implementieren. Erst nach Berichterstattung durch den Franchisenehmer liegt der definitiv gültige Franchisevertrag fest und die Vertragsparteien entscheiden auf der

Grundlage dieses Vertrages über die Höhe ihrer Werbeausgaben. Abbildung 6.1 zeigt die zeitliche Abfolge der Ereignisse.

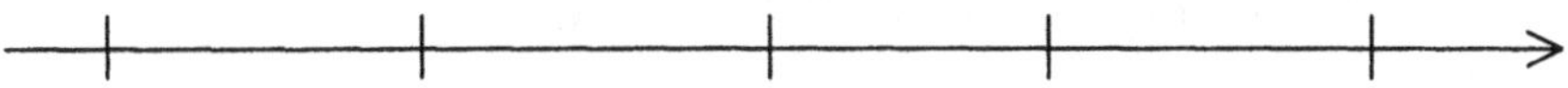

Franchise-nehmer beobachtet μ_l	Abschluß des Rahmen-vertrags $w = w(\mu_l)$ $f = f(\mu_l)$ $F = F(\mu_l)$	Franchise-nehmer meldet m_l	Franchise-vertrag liegt aufgrund der Meldung fest	Entscheidung über die Werbeaus-gaben

Abb. 6.1: Ereignissequenz bei privater Information des Franchisenehmers über μ_l

In diesem und in den folgenden Abschnitten dieses Kpaitels vollzieht sich die formale Analyse in folgenden Schritten. Zunächst werden die Absatzaktivitäten der Vertragsparteien nach Abschluß des Rahmenvertrags bestimmt und deren Gewinnfunktionen formuliert. Anschließend wird untersucht, wie sich der Gewinn derjenigen Vertragspartei, die private Informationen über eine bestimmte Größe besitzt, bei Änderung dieser Größe unter der Voraussetzung der Optimalität wahrheitsgemäßer Berichterstattung, ändert. Auf der Grundlage dieser Analyse wird sodann das Problem der Bestimmung eines optimalen Rahmenvertrags formuliert und gelöst.

Wie aus der Analyse des Grundmodells bekannt, bedeutet es keine Einschränkung der Allgemeinheit, wenn man sich auf solche Verträge beschränkt, die die Deckungsspanne des Franchisenehmers als Anteil t der gesamten Deckungsspanne (p^ - c) festlegen.[10] In dem hier betrachteten Fall ist der Anteilswert t abhängig von der Meldung m_l des Franchisenehmers über den Werbewirkungsparameter $\mu_l : t = t(m_l)$. Grundsätzlich können m_l und μ_l verschieden sein. Es wird wie gesagt nicht davon ausgegangen, daß die Vertragsparteien stets die Wahrheit sagen. Nur bei wahrheitsgemäßer Berichterstattung ist $m_l = \mu_l$.

---

10 Vgl. die Gleichung (3.32) im Grundmodell.

Aufgrund der Gleichungen (3.15) und (3.16) läßt sich das resultierende Nash-Gleichgewicht der Werbeausgaben in der Form

$$(6.1)\quad a^* = a^*(t(m_l)/\mu_l),\ A^* = A^*(t(m_l))$$

schreiben. Hinter dieser Schreibweise steht die folgende Überlegung: Aufgrund der unterstellten Unabhängigkeit der Werbewirkungen ist der Werbewirkungsparameter μ_l für den Franchisegeber nicht unmittelbar relevant. Seine Werbeausgaben hängen ausschließlich von der Höhe des Anteils seiner Deckungsspanne an der gesamten Deckungsspanne ab. Dieser Anteil beträgt $(1-t(m_l))$. Für die Höhe der Werbeausgaben des Franchisenehmers ist hingegen der Werbewirkungsparameter μ_l von unmittelbarer Bedeutung. Der Franchisenehmer wird dabei unabhängig von seiner Berichterstattung an den Franchisegeber seine Werbeausgaben in Abhängigkeit der tatsächlichen Höhe von μ_l festlegen. Mit dem Schrägstrich soll die Abhängigkeit der Werbeausgaben des Franchisenehmers und nachfolgend auch anderer Größen von der Ausprägung von μ_l ausgedrückt werden. Mit dem Nash-Gleichgewicht (6.1) ergeben sich mit $X(t(m_l)/\mu_l) := x(p^\wedge, a^*, A^*)$ die Gewinne der Vertragsparteien zu

$$(6.2)\quad \Pi^{FN}(m_l/\mu_l) = t(m_l)\cdot(p^\wedge - c)\cdot X(t(m_l)/\mu_l) - F(m_l) - a^*(t(m_l)/\mu_l) - K_{Fix}^{FN},$$

$$(6.3)\quad \Pi^{FG}(m_l/\mu_l) = (1-t(m_l))\cdot(p^\wedge - c)\cdot X(t(m_l)/\mu_l) + F(m_l) - A^*(t(m_l)) - K_{Fix}^{FG}.$$

Die Variable X symbolisiert wie x die Absatzmenge, hebt jedoch deren Abhängigkeit von den Komponenten des Rahmenvertrags hervor.

Der Franchisenehmer wird grundsätzlich seine Meldung m_l über den Werbewirkungsparameter μ_l so wählen, daß sein durch (6.2) gegebener Gewinn maximal wird. Gesucht sind nunmehr Bedingungen, die eine wahrheitsgemäße Berichterstattung implizieren. Bei wahrheitsgemäßer Berichterstattung ist $m_l = \mu_l$ und der Franchisenehmer erzielt den Gewinn

$$(6.4)\quad W^{FN}(\mu_l) := \Pi^{FN}(\mu_l/\mu_l)$$

Differentiation nach μ_1 liefert den Ausdruck

$$(6.5)\qquad W^{FN'}(\mu_1) = \frac{\partial \Pi^{FN}}{\partial m_1}(\mu_1/\mu_1) + \frac{\partial \Pi^{FN}}{\partial \mu_1}(\mu_1/\mu_1).$$

In (6.5) muß der erste Summand verschwinden, wenn wahrheitsgemäße Berichterstattung für den Franchisenehmer optimal sein soll. Das Nullsetzen dieses Summanden liefert nämlich die notwendige Bedingung für die optimale Berichterstattung des Franchisenehmers. Der zweite Summand erfaßt jene Gewinnänderung, die unabhängig von der Meldung über μ_1 bei einer Variation des Werbewirkungsparameters eintritt. Für diesen Summanden erhält man den Ausdruck[11]

$$(6.6)\qquad \frac{\partial \Pi^{FN}}{\partial \mu_1}(\mu_1/\mu_1) = t(\mu_1)\cdot(p\hat{}-c)\cdot\frac{\partial X}{\partial \mu_1}(t(\mu_1)/\mu_1) - \frac{\partial a^*}{\partial \mu_1}(t(\mu_1)/\mu_1)$$

$$= \frac{\partial a^*}{\partial \mu_1}(t(\mu_1)/\mu_1)\cdot\left[t(\mu_1)\cdot(p\hat{}-c)\cdot\frac{\partial x}{\partial a}(p\hat{}, a^*, A^*)-1\right]$$

$$= 0.$$

Das letzte Gleichheitszeichen folgt dabei aus der Bedingung für die Wahl der Werbeausgaben des Franchisenehmers in (3.15).

Man erhält also folgendes Ergebnis. Wenn eine wahrheitsgemäße Berichterstattung über den Werbewirkungsparameter μ_1 für den Franchisenehmer optimal sein soll, so darf dessen Gewinn nicht von der tatsächlichen Ausprägung dieses Parameters abhängen: $\Pi^{FN}(\mu_1/\mu_1) = \text{const}$. Diese Bedingung ist auch hinreichend für eine wahrheitsgemäße Berichterstattung, wenn man von der Annahme ausgeht, daß die Vertragsparteien stets die Wahrheit sagen, wenn sie sich durch unwahre Behauptungen keine Vorteile verschaffen können.

Wie sind nun aus Sicht des Franchisegebers die Bestandteile $t(\mu_1)$ und $F(\mu_1)$ des Rahmenvertrags optimal festzulegen? Im Zeitpunkt der Gestal-

---

11 Es ist zu beachten, daß A* unabhängig von dem wahren Wert von μ_1 ist.

tung des Rahmenvertrags ist dem Franchisegeber die Ausprägung des Werbewirkungsparameters noch unbekannt. Er weiß aber, so sei angenommen, daß mögliche Werte für μ_1 nur aus dem Bereich $[\mu_{1min}, \mu_{1max}]$ stammen können. Darüber hinaus habe er subjektive Wahrscheinlichkeitsvorstellungen über μ_1, die durch die Wahrscheinlichkeitsdichte $g(\mu_1)$ wiedergegeben werden. Der Franchisegeber wird dann $t(\mu_1)$ und $F(\mu_1)$ so wählen, daß sein erwarteter Gewinn maximal wird. Dieser ist durch

$$(6.7a)\quad \int_{\mu_1 \min}^{\mu_1 \max} \{(1 - t(\mu_1)) \cdot (p\hat{}-c) \cdot X(t(\mu_1)/\mu_1) + F(\mu_1) - K_{Fix}^{FG} - A^*(t(\mu_1))\} \cdot g(\mu_1) d\mu_1$$

gegeben. Dabei hat er die Teilnahmebedingung des Franchisenehmers

$$(6.7b)\quad \Pi^{FN}(\mu_1/\mu_1) \geq \Pi_{min}^{FN}$$

sowie die Bedingung für eine wahrheitsgemäße Berichterstattung des Franchisenehmers

$$(6.7c)\quad \Pi^{FN}(\mu_1/\mu_1) = \text{const.}$$

zu beachten. Der Franchisegeber wird den Gewinn des Franchisenehmers so festlegen, daß die Teilnahmebedingung (6.7b) für alle μ_1 als Gleichung erfüllt ist. Dies läßt sich durch Wahl der fixen Franchisegebühr gemäß

$$(6.8)\quad F(\mu_1) = t(\mu_1) \cdot (p\hat{}-c) \cdot X(t(\mu_1)/\mu_1) - a^*(t(\mu_1)/\mu_1) - \Pi_{min}^{FN} - K_{Fix}^{FN}$$

erreichen. Einsetzen in (6.7a) liefert den Ausdruck

$$(6.9)\quad \int_{\mu_1 \min}^{\mu_1 \max} \{(p\hat{}-c) \cdot X(t(\mu_1)/\mu_1) - a^*(t(\mu_1)/\mu_1) - A^*(t(\mu_1)) - K_{Fix} - \Pi_{min}^{FN}\} \cdot g(\mu_1) d\mu_1$$

für den erwarteten Gewinn des Franchisegebers. Punktweise Differentiation des Integranden liefert die notwendige Bedingung für den optimalen Anteil der Deckungsspanne des Franchisenehmers an der gesamten Deckungsspanne. Es gilt

$$(6.10)\quad (p^{\wedge}-c)\cdot\frac{\partial X}{\partial t}(t(\mu_1)/\mu_1)=\frac{\partial}{\partial t}[a^*(t(\mu_1)/\mu_1)+A^*(t(\mu_1))]$$

Man erhält somit denselben Anteilswert wie im Grundmodell: $t(\mu_1)=t^{GM}(\mu_1)$. Dasselbe gilt für die fixe Franchisegebühr.

Der im Grundmodell bei öffentlicher Information über die Werbewirkungsparameter abgeleitete Vertrag ist auch für den Fall privater Information des Franchisenehmers über den Werbewirkungsparameter μ_1 optimal. Dieser Vertrag ist der einzige für den Franchisenehmer akzeptable Vertrag, der ihm Anreize zur wahrheitsgemäßen Berichterstattung über μ_1 gibt. Der in Abschnitt 6.1.2 vermutete Anreiz zur Behauptung eines kleineren Werbewirkungsparameters besteht also nicht. Der sich durch eine solche Behauptung erzielbare Vorteil in Form eines höheren Anteils des Franchisenehmers an der gesamten Deckungsspanne wird durch die höhere fixe Franchisegebühr genau ausgeglichen.

Das Ergebnis ist indes nicht überraschend, wenn man bedenkt daß, wie oben gezeigt, der Franchisenehmer genau dann einen Anreiz zur wahrheitsgemäßen Berichterstattung über den Werbewirkungsparameter μ_1 hat, wenn sein Gewinn unabhängig von diesem Paramter ist. Eben diese Bedingung ist aber im Grundmodell erfüllt, da der Franchisenehmer unabhängig von der Ausprägung von μ_1 genau seinen Reservationsgewinn Π^{FN}_{min} erzielt.

Im Unterschied zum Franchisenehmer hängt der Gewinn, den der Franchisegeber erzielt sehr wohl von der Höhe des Werbewirkungsparameters μ_1 ab, denn es gilt

$$(6.11)\quad \frac{d\Pi^{FG}}{d\mu_1}(\mu_1/\mu_1)=-\frac{\partial a^*}{\partial\mu_1}(t(\mu_1)/\mu_1)\neq 0\,.$$

Sind die Werbeausgaben des Franchisenehmers mit steigender Werbeeffizienz (steigendes μ_l) fallend, so steigt der Gewinn des Franchisegebers mit höherem μ_l.

6.2.2.2 Private Information des Franchisegebers über μ_g

Im zweiten untersuchten Fall kennt der Franchisegeber den Werbewirkungsparameter μ_g bereits vor Vertragsabschluß, während dem Franchisenehmer die Ausprägung dieses Parameters unbekannt ist. Hingegen ist die Ausprägung des Werbewirkungsparameters μ_l nun beiden Vertragspartnern bereits vor Vertragsabschluß bekannt. Handelsabgabepreis und die laufende und fixe Franchisegebühr werden im Rahmenvertrag in Abhängigkeit des Werbewirkungsparameters μ_g festgelegt. Dieser Rahmenvertrag soll Anreize zu einer wahrheitsgemäßen Berichterstattung über die private Information des Franchisegebers beinhalten. Zu denken ist der Abschluß eines Rahmenvertrags hier als vertrauenbildende Maßnahme des Franchisegebers gegenüber den Franchisenehmern. Er signalisiert den Franchisenehmern damit seine Bereitschaft zur wahrheitsgemäßen Offenlegung der privaten Information. Nach der Berichterstattung über μ_g liegt der Franchisevertrag fest und erfolgt die Entscheidung der Vertragsparteien über die Höhe der Werbeausgaben.

Analog zum vorangegangenen Abschnitt wird ein Rahmenvertrag betrachtet, der den Anteil der Deckungsspanne des Franchisenehmers an der gesamten Deckungsspanne spezifiziert. Der Anteilswert t ist im Rahmenvertrag als Funktion des Werbewirkungsparameters μ_g spezifiziert. Mit der Meldung m_g des Franchisegebers über den Werbewirkungsparameter liegt damit der Anteilswert $t(m_g)$ fest. Analog zu (6.1) läßt sich das Ergebnis des Entscheidungskalküls der Vertragsparteien über die Werbeausgaben in der Form

$$(6.12)\quad a^* = a^*(t(m_g)),\quad A^* = A^*(t(m_g)/\mu_g)$$

anschreiben. Zu beachten ist, daß die Werbeausgaben des Franchisegebers unabhängig von dessen Berichterstattung von der tatsächlichen Höhe des Werbewirkungsparameters μ_g abhängig sind. Mit der Meldung m_g erzielt der Franchisegeber den Gewinn

$$(6.13)\quad \Pi^{FG}(m_g/\mu_g)=(1-t(m_g))\cdot(p\hat{}-c)\cdot X(t(m_g)/\mu_g)+F(m_g)$$
$$-A*(t(m_g)/\mu_g)-K_{Fix}^{FG}$$

Bei wahrheitsgemäßer Berichterstattung ist $m_g = \mu_g$ und der Franchisegeber erzielt dann den Gewinn

$$(6.14)\quad W^{FG}(\mu_g):=\Pi^{FG}(\mu_g/\mu_g).$$

Differentiation von (6.14) liefert

$$(6.15)\quad W^{FG\prime}(\mu_g)=\frac{\partial\Pi^{FG}}{\partial m_g}(\mu_g/\mu_g)+\frac{\partial\Pi^{FG}}{\partial\mu_g}(\mu_g/\mu_g).$$

In (6.15) muß der erste Summand verschwinden, wenn wahrheitsgemäße Berichterstattung für den Franchisegeber optimal sein soll. Für den zweiten Summanden erhält man den Ausdruck

$$(6.16)\quad \frac{\partial\Pi^{FG}}{\partial\mu_g}(\mu_g/\mu_g)=(1-t(\mu_g))\cdot(p\hat{}-c)\cdot\frac{\partial X}{\partial\mu_g}(t(\mu_g)/\mu_g)-\frac{\partial A*}{\partial\mu_g}(t(\mu_g)/\mu_g)$$
$$=\frac{\partial A*}{\partial\mu_g}(t(\mu_g)/\mu_g)\cdot\left[(1-t(\mu_g))\cdot(p\hat{}-c)\cdot\frac{\partial x}{\partial A}(p\hat{},a*,A*)-1\right]=0.$$

Das letzte Gleichheitszeichen folgt dabei aus der notwendigen Bedingung für die optimalen Werbeausgaben des Franchisegebers in Gleichung (3.16). Zusammenfassend ist es also für eine wahrheitsgemäße Berichterstattung des Franchisegebers über den Werbewirkungsparameter μ_g notwendig und hinreichend, daß der von ihm erzielte Gewinn unabhängig von der tatsächlich vorliegenden Ausprägung von μ_g ist: $\Pi^{FG}(\mu_g/\mu_g)=\Pi_o^{FG}=\text{const.}$

Diese Bedingung für eine wahrheitsgemäße Berichterstattung ist für den im Rahmen des Grundmodells abgeleiteten Vertrag nicht erfüllt wie die folgenden Überlegungen zeigen. Betrachtet man den optimalen Vertrag des Grundmodells, so erzielt der Franchisegeber bei wahrheitsgemäßer Berichterstattung den Gewinn

$$(6.17)\quad W^{FG}(\mu_g)=(p\hat{}-c)\cdot x(p\hat{},a*,A*)-(a*+A*)-K_{Fix}-\Pi_{min}^{FN}$$

Mit einer marginalen Änderung des Werbewirkungsparameters ändert sich auch der optimale Anteil t^{GM}, den der Franchisenehmer an der gesamten Deckungsspanne erhält, marginal. Wegen (3.33) wirkt sich eine marginale Änderung von t nicht auf den Gewinn des Franchisegebers aus, so daß dieser nur mit der Änderung in den Werbeausgaben des Franchisegebers variiert. Es folgt

$$(6.18)\quad W^{FG'}(\mu_g) = (p\hat{}-c)\cdot \frac{\partial x}{\partial A}(p\hat{}, a^*, A^*)\cdot \frac{\partial A^*}{\partial \mu_g}.$$

Mit (3.39) gilt

$$(6.19)\quad \frac{\partial A^*}{\partial \mu_g} = \frac{1-\ln\left[(1-t(\mu_g))\cdot(p\hat{}-c)\cdot b\cdot \mu_g \cdot k/2\right]}{(\mu_g)^2}.$$

Für hinreichend großes (p^ - c) ist die Ableitung in (6.19) negativ und folglich der Gewinn des Franchisegebers mit steigendem Werbewirkungsparameter μ_g fallend und daher nicht konstant. Hieraus ergibt sich der bereits in Abschnitt 6.1.1 vermutete Anreiz zur Behauptung eines kleineren Werbewirkungsparameters.

Dieser Anreiz entfällt, wenn wie oben gezeigt der Gewinn des Franchisegebers unabhängig von μ_g ist. Ein von der Ausprägung des Werbewirkungsparameters μ_g unabhängiger Gewinn des Franchisegebers läßt sich durch die Wahl der fixen Franchisegebühr gemäß

$$(6.20)\quad F(\mu_g) = -(1-t(\mu_g))\cdot(p\hat{}-c)\cdot X(t(\mu_g)/\mu_g) + A^*(t(\mu_g)/\mu_g)$$
$$+ K_{Fix}^{FG} + \Pi_o^{FG}$$

erreichen. Mit dieser fixen Franchisegebühr ergibt sich für den Gewinn des Franchisenehmers der Ausdruck

$$(6.21)\quad W^{FN}(\mu_g) = \Pi^{FN}(\mu_g/\mu_g) = t(\mu_g)\cdot(p\hat{}-c)\cdot X(t(\mu_g)/\mu_g) - F(\mu_g)$$
$$- a^*(t(\mu_g)) - K_{Fix}^{FN}$$
$$= (p\hat{}-c)\cdot X(t(\mu_g)/\mu_g) - A^*(t(\mu_g)/\mu_g) - a^*(t(\mu_g))$$

$$-K_{Fix} - \Pi_o^{FG}.$$

Es sei angenommen, daß der Franchisenehmer den Bereich $[\mu_{gmin}, \mu_{gmax}]$, in dem der Werbewirkungsparameter μ_g variieren kann, kennt. Hinsichtlich der Formulierung der Teilnahmebedingung des Franchisenehmers sind zwei Alternativen denkbar. Zum einen mag der Franchisenehmer subjektive Wahrscheinlichkeitsvorstellungen über μ_g haben. Er entscheidet dann über die Annahme des Rahmenvertrags anhand des Erwartungswertes seines Gewinns. Zum anderen mag es sein, daß der Franchisenehmer keine Vermutungen über μ_g hat. In diesem Fall wird er den Rahmenvertrag nur dann akzeptieren, wenn sein Reservationsgewinn Π_{min}^{FN} auf jeden Fall erreicht wird. Dieser Fall wird im folgenden unterstellt. Er ergibt sich aus Sicht des Franchisegebers auch dann, wenn der Franchisenehmer über die Vertragsannahme zwar anhand des Gewinnerwartungswertes entscheidet, der Franchisegeber aber die der Erwartungsbildung zugrundeliegende Wahrscheinlichkeitsdichte nicht kennt. Die Teilnahmebedingung lautet dann

$$(6.22)\quad W^{FN}(\mu_g) \geq \Pi_{min}^{FN} \text{ für alle } \mu_g \in [\mu_{gmin}, \mu_{gmax}].$$

Unter Beachtung dieser Teilnahmebedingung ist der von der Ausprägung des Werbewirkungsparameters μ_g unabhängige Gewinn Π_o^{FG} des Franchisegebers zu maximieren. Angenommen nun, der Franchisegeber wähle den Anteil des Franchisenehmers an der gesamten Deckungsspanne wie im Grundmodell. Dann folgt durch Differentiation von (6.21)

$$(6.23)\quad W^{FN\prime}(\mu_g) = \left[(p^\wedge - c) \cdot \frac{\partial x}{\partial t}(t(\mu_g)/\mu_g) - \frac{\partial A^*}{\partial t}(t(\mu_g)/\mu_g) \right.$$

$$\left. - \frac{\partial a^*}{\partial t}(t(\mu_g)) \right] \cdot \frac{\partial t}{\partial \mu_g} + \left[(p^\wedge - c) \cdot \frac{\partial x}{\partial A}(p^\wedge, a^*, A^*) - 1 \right] \cdot \frac{\partial A^*}{\partial \mu_g}.$$

Im Grundmodell verschwindet gemäß (3.33) der erste Summand, so daß sich die Ableitung in (6.23) unter Beachtung von (3.16) zu

$$(6.24)\quad W^{FN\prime}(\mu_g) = \left[(p^\wedge - c) \cdot \frac{\partial x}{\partial A}(p^\wedge, a^*, A^*) - 1 \right] \cdot \frac{\partial A^*}{\partial \mu_g}$$

$$= t(\mu_g) \cdot \frac{\partial x}{\partial A}(p^\wedge, a^*, A^*) \cdot \frac{\partial A^*}{\partial \mu_g}$$

vereinfacht. Wegen $\partial A^* / \partial \mu_g < 0$ ist der Gewinn des Franchisenehmers mit steigendem Werbewirkungsparameter μ_g fallend. Die Teilnahmebedingung kann daher nur für $\mu_g = \mu_{g\max}$ bindend sein. Abbildung 6.2 zeigt den Verlauf von $W^{FN}(\mu_g)$ graphisch.

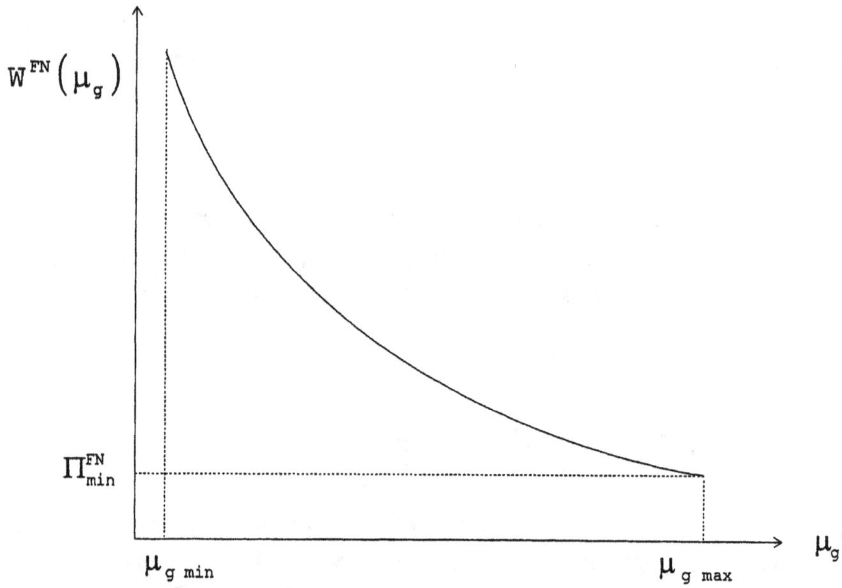

Abb. 6.2: Verlauf der Gewinnfunktion des Franchisenehmers

Wegen der für $\mu_{g\max}$ bindenden Teilnahmebedingung ist der Gewinn des Franchisegebers durch die Beziehung

$$\text{(6.25)} \quad W^{FN}(\mu_{g\max}) = \Pi^{FN}_{min} \Leftrightarrow \Pi^{FG}_o = (p^\wedge - c) \cdot X(t(\mu_{g\max})/\mu_{g\max})$$
$$- A^*(t(\mu_{g\max})/\mu_{g\max}) - a^*(t(\mu_{g\max})) - \Pi^{FN}_{min} - K_{Fix}$$

festgelegt. Man beachte, daß Π^{FG}_o durch die Wahl von $t(\mu_{g\max}) = t^{GM}(\mu_{g\max})$ maximiert wird. Andere Rahmenverträge, die ebenfalls zu einem Verlauf des Franchisenehmergewinns gemäß obiger Abbildung führen und für die $t(\mu_{g\max}) = t^{GM}(\mu_{g\max})$ erfüllt ist, führen aber auf den gleichen Wert für Π^{FG}_o.

Der optimale Rahmenvertrag ist damit nur für den maximalen Werbewirkungsparameter μ_g eindeutig bestimmt. Es bestehen also hinsichtlich der Wahl des Rahmenvertrags Spielräume.

Im Vergleich zum Grundmodell mit öffentlicher Information über diesen Parameter ist es für eine wahrheitsgemäße Berichterstattung des Franchisegebers über ein $\mu_g < \mu_{g\,max}$ erforderlich, dem Franchisenehmer einen Gewinn einzuräumen, der oberhalb seines Reservationsgewinns Π^{FN}_{min} liegt. Der Abschluß eines Rahmenvertrags als vertauenbildende Maßnahme ist also für den Franchisegeber keineswegs kostenlos, sondern führt im Vergleich zum Grundmodell im allgemeinen zu einem geringeren Franchisegebergewinn. Allerdings werden gerade im hier betrachteten Fall polypolistischer Marktverhältnisse Franchisenehmer ohne diese vertrauenbildende Maßnahme nicht in das Sytem eintreten wollen. Der sich aus der Konkurrenz zu anderen Franchisesystemen ergebende externe Druck zum Abschluß eines Rahmenvertrags zwingt den Fanchisegeber auf Gewinn zugunsten der Franchisenehmer zu verzichten. Der konstante Franchisegebergewinn entspricht dabei demjenigen Gewinn, den er im Grundmodell im ungünstigsten Fall, d.h. für den höchsten Werbewirkungsparameter erzielen würde.

6.3 Private Information über Kostenparameter

6.3.1 Monopolistische Verhältnisse

6.3.1.1 Private Information des Franchisenehmers über die Grenzkosten des Verkaufs

Als erstes sei der Fall betrachtet, daß der Franchisenehmer vor Vertragsabschluß über die Grenzkosten des Verkaufs informiert ist, während der Franchisegeber die Ausprägung dieser Größe nicht kennt. Die Vertragsparteien schließen einen Rahmenvertrag, der den Handelsabgabepreis sowie die laufende und fixe Franchisegebühr in Abhängigkeit von den Grenzkosten des Verkaufs festlegt. Dieser Rahmenvertrag soll dem Franchisenehmer Anreize zur wahrheitsgemäßen Berichterstattung über die ihm bekannten Grenzkosten des Verkaufs geben. Damit scheidet der im Grundmodell als optimal identifizierte Vertrag aus, denn dieser führt, wie bereits im Abschnitt 6.1.2 festgestellt, zu einem Anreiz, höhere als die tatsächlich vorliegenden Grenzkosten des Verkaufs zu behaupten. Nach Abschluß des Rahmenvertrags offenbart der Franchisenehmer dem Franchisegeber seine Information und die Vertragsparteien entscheiden über den Endpreis und die Werbeausgaben.[12] Abbildung 6.3 zeigt die zeitliche Abfolge der einzelnen Ereignisse.

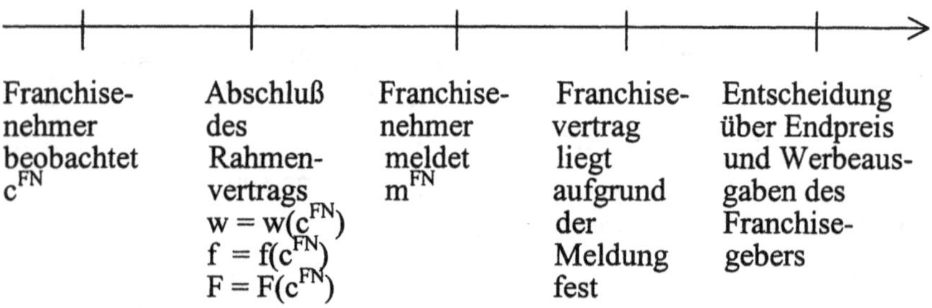

Abb. 6.3: Ereignissequenz bei privater Information des Franchisenehmers über die Grenzkosten des Verkaufs

Im folgenden werden zunächst die Bedingungen für ein Nash-Gleichgewicht bei gegebenen Rahmenvertrag angegeben und dann das Problem der Bestimmung des optimalen Rahmenvertrags analysiert.

Betrachtet man einen gegebenen Rahmenvertrag und meldet der Franchisenehmer die Grenzkosten m^{FN}, so ergeben sich die Gewinne der Vertragsparteien gemäß

$$(6.26)\quad \Pi^{FN}\left(m^{FN}/c^{FN}\right)=\left[\left(1-f\left(m^{FN}\right)\right)\cdot p-\left(w\left(m^{FN}\right)+c^{FN}\right)\right]\cdot x(p,A) - K_{Fix}^{FN}-F\left(m^{FN}\right)$$

$$(6.27)\quad \Pi^{FG}\left(m^{FN}/c^{FN}\right)=\left[f\left(m^{FN}\right)\cdot p+\left(w\left(m^{FN}\right)-c^{FG}\right)\right]\cdot x(p,A) - A$$

---

12 Es wird wieder der Fall unterstellt, daß die Werbeaktivitäten des Franchisenehmers für den lokalen Absatz von zu vernachlässigender Bedeutung sind.

$$-K_{Fix}^{FG}+F\left(m^{FN}\right)$$

Durch Maximierung dieser Gewinnfunktionen nach dem Endpreis, bzw. den Werbeausgaben des Franchisegebers ergeben sich die folgenden Bedingungen für ein Nash-Gleichgewicht (p*,A*).

$$(6.28)\quad \left(1-f\left(m^{FN}\right)\right)\cdot x(p^*,A^*)+\left[\left(1-f\left(m^{FN}\right)\right)\cdot p-\left(w\left(m^{FN}\right)+c^{FN}\right)\right] \cdot\frac{\partial x}{\partial p}(p^*,A^*)=0$$

$$(6.29)\quad \left[f\left(m^{FN}\right)\cdot p^*+\left(w\left(m^{FN}\right)-c^{FG}\right)\right]\cdot\frac{\partial x}{\partial A}(p^*,A^*)=1$$

Welcher Endpreis und welche Werbeausgaben des Franchisegebers resultieren, hängt von der Wahl des Handelsabgabepreises und der laufenden Franchisegebühr im Rahmenvertrag ab:

$$p^*=p^*(w(m^{FN}),f(m^{FN})/c^{FN}),\;\; A^*=A^*(w(m^{FN}),f(m^{FN})).$$

Die im Nash-Gleichgewicht resultierende Absatzmenge x(p*,A*) sei mit $X\left(w\left(m^{FN}\right),f\left(m^{FN}\right)/c^{FN}\right)$ bezeichnet.

Bei wahrheitsgemäßer Berichterstattung ist $m^{FN}=c^{FN}$, und der Franchisenehmer erzielt den Gewinn

$$(6.30)\quad W^{FN}\left(c^{FN}\right):=\Pi^{FN}\left(c^{FN}/c^{FN}\right)$$

Differentiation von (6.30) liefert den Ausdruck

$$(6.31)\quad W^{FN'}\left(c^{FN}\right)=\frac{\partial\Pi^{FN}}{\partial m^{FN}}\left(c^{FN}/c^{FN}\right)+\frac{\partial\Pi^{FN}}{\partial c^{FN}}\left(c^{FN}/c^{FN}\right).$$

Der erste Summand in (6.31) muß verschwinden, wenn eine wahrheitsgemäße Berichterstattung für den Franchisenehmer optimal sein soll, denn dieser Summand bestimmt die Meldung des Franchisenehmers. Der zweite Summand erfaßt jene Änderung des Franchisenehmergewinns, die unabhängig von der Meldung m^{FN} bei einer marginalen Änderung der tatsächlichen Grenzkosten des Verkaufs eintritt. Zunächst ist der Endpreis im Nash-Gleichgewicht unmittelbar von c^{FN} abhängig. Wegen (6.28) wirkt sich eine marginale Änderung des Endpreises aber nicht auf den Gewinn des Franchisenehmers aus. Darüber hinaus bewirkt eine marginale Erhöhung der Grenzkosten des Verkaufs einen Rückgang des Franchisenehmergewinns um den Betrag x(p*,A*). Bei Optimalität wahrheitsgemäßer Berichterstattung muß daher die Bedingung

$$(6.32)\quad W^{FN'}\left(c^{FN}\right) = -X\left(w\left(c^{FN}\right), f\left(c^{FN}\right)/c^{FN}\right)$$

gelten. Der Franchisenehmergewinn muß daher bei höheren Grenzkosten des Verkaufs um den Betrag der Absatzmenge abnehmen.

Aufgrund der Definition von $W^{FN}\left(c^{FN}\right)$ läßt sich für die fixe Franchisegebühr des Rahmenvertrags der Ausdruck

$$(6.33)\quad F\left(c^{FN}\right) = DS^{FN} \cdot x\left(p^*, A^*\right) - K_{Fix}^{FN} - W^{FN}\left(c^{FN}\right)$$

ansetzen. Setzt man diesen Ausdruck in (6.27) ein, so erhält man für den Gewinn des Franchisegebers bei wahrheitsgemäßer Berichterstattung

$$(6.34)\quad W^{FG}\left(c^{FN}\right) = \left(p^*\left(w\left(c^{Fn}\right), f\left(c^{FN}\right)/c^{FN}\right) - c\right) \cdot X\left(w\left(c^{FN}\right), f\left(c^{FN}\right)/c^{FN}\right)$$
$$- A^*\left(w\left(c^{FN}\right), f\left(c^{FN}\right)\right) - K_{Fix} - W^{FN}\left(c^{FN}\right).$$

Der Gewinn des Franchisegebers läßt sich also als Differenz des Gesamtgewinns beider Vertragsparteien ("Systemgewinn") und dem Gewinn des Franchisenehmers schreiben.

Es sei wieder angenommen, daß der Franchisegeber vor Vertragsabschluß subjektive Wahrscheinlichkeitseinschätzungen über die Grenzkosten des Verkaufs hat, die sich in der Wahrscheinlichkeitsdichte $g\left(c^{FN}\right)$ konkretisieren. Die Variable c^{FN} möge dabei Werte im Bereich $\left[c_{min}^{FN}, c_{max}^{FN}\right]$ annehmen können. Der Franchisegeber wird dann den Rahmenvertrag so festlegen, daß der Erwartungswert in (6.34) maximal wird. Er hat dabei die Bedingung für eine wahrheitsgemäße Berichterstattung durch den Franchisenehmer sowie dessen Teilnahmebedingung zu berücksichtigen. Analog zu Abschnitt 6.2.2 sei die Teilnahmebedingung des Franchisenehmers so formuliert, daß unabhängig von den tatsächlich vorliegenden Grenzkosten des Verkaufs der Gewinn des Franchisenehmers in jedem Fall den Reservationsgewinn Π_{min}^{FN}

übersteigt. Formal läßt sich damit das Problem des Franchisegebers in der Form

$$(6.35a)\quad \int_{c_{min}^{FN}}^{c_{max}^{FN}} W^{FG}\left(c^{FN}\right)\cdot g\left(c^{FN}\right) \Rightarrow \max!$$

$$(6.35b)\quad W^{FN'}\left(c^{FN}\right) = -X\left(w\left(c^{FN}\right), f\left(c^{FN}\right)/c^{FN}\right)$$

$$(6.35c)\quad W^{FN}\left(c_{max}^{FN}\right) \geq \Pi_{min}^{FN}$$

anschreiben.[13] Es handelt es sich bei (6.35a–c) um ein Kontrollproblem mit den Kontrollvariablen $w(c^{FN})$ und $f(c^{FN})$ sowie der Zustandsvariablen $W^{FN}(c^{FN})$. Üblicherweise ergeben sich Kontrollprobleme im Rahmen dynamischer Optimierungsmodelle. Die Rolle der Zeit wird hier von den Grenzkosten des Verkaufs übernommen.

Zur Lösung des Kontrollproblems ist die sogenannte Hamiltonfunktion aufzustellen.[14] Unter Vernachlässigung der Funktionsargumente lautet sie

$$(6.36)\quad H = \left[(p^* - c)\cdot X - A^* - K_{Fix} - W^{FN}\right]\cdot g\left(c^{FN}\right) - \lambda \cdot X$$

Dabei ist $\lambda = \lambda\left(c^{FN}\right)$ die sogenannte Kozustandsvariable. Sie mißt die Änderung des erwarteten Franchisegebergewinns in (6.35a) bei einer marginalen Erhöhung von $W^{FN}(c^{FN})$. Aufgrund des Maximumprinzips von Pontryagin muß λ die Bedingung

$$(6.37a)\quad \lambda'\left(c^{FN}\right) = -\partial H / \partial W^{FN} = g\left(c^{FN}\right)$$

$$(6.37b)\quad \lambda\left(c_{max}^{FN}\right) \geq 0, \lambda\left(c_{max}^{FN}\right)\cdot\left[W^{FN}\left(c_{max}^{FN}\right) - \Pi_{min}^{FN}\right] = 0$$

erfüllen.[15] Diese Bedingung ist erfüllt, wenn λ gemäß

---

13 Da wegen (6.35b) der Gewinn des Franchisenehmers bei steigenden Grenzkosten des Verkaufs abnimmt, reicht es aus, die Erfülltheit der Teilnahmebedingung für den Fall der maximalen Grenzkosten zu verlangen.

14 Vgl. zur Lösungstechnik für Kontrollprobleme im einzelnen z.B. Feichtinger/Hartl (1986).

$$(6.38)\quad \lambda\left(c^{FN}\right)=G\left(c^{FN}\right)-1\leq 0$$

angesetzt wird.[16] Ferner sind die Kontrollvariablen $w(c^{FN})$ und $f(c^{FN})$ für jedes c^{FN} so zu wählen, daß die Hamiltonfunktion maximiert wird. Für den Fall eines inneren Optimums bedeutet dies, daß die Bedingungen

$$(6.39)\quad \frac{\partial \Pi^{System}}{\partial w}\cdot g\left(c^{FN}\right)=\left(G\left(c^{FN}\right)-1\right)\cdot\frac{\partial X}{\partial w}$$

$$(6.40)\quad \frac{\partial \Pi^{System}}{\partial f}\cdot g\left(c^{FN}\right)=\left(G\left(c^{FN}\right)-1\right)\cdot\frac{\partial X}{\partial f}$$

erfüllt sein müssen. Dabei steht Π^{System} für den Ausdruck $(p^*-c)\cdot X-A^*-K_{Fix}$.

Diese Bedingungen gestatten die folgende ökonomische Interpretation. Auf der rechten Seite steht jeweils die Änderung des erwarteten Systemgewinns bei einer marginalen Erhöhung des Handelsabgabepreises bzw. der laufenden Franchisegebühr. Durch eine derartige Erhöhung verändert sich die Rate, mit der der Gewinn des Franchisenehmers bei steigenden Grenzkosten abnimmt um den Betrag $\partial X/\partial w$ bzw. $\partial X/\partial f$. Mit der Änderung dieser Rate verändert sich auch der Anteil des Franchisegebers am Systemgewinn. Die Auswirkungen, die sich auf den erwarteten Gewinn des Franchisegebers ergeben, erhält man durch die Multiplikation mit der Kozustandsvariable. Auf diese Weise ergibt sich die linke Seite der Gleichung. Im Optimum müssen die beiden angesprochenen Effekte einer Erhöhung der Kontrollvariablen in einem ausgeglichenen Verhältnis zueinander stehen.

Die Optimumbedingungen (6.39-6.40) bilden ein nichtlineares Gleichungssystem zur Bestimmung des Handelsabgabepreises und der laufenden Franchisegebühr des Rahmenvertrags. Eine analytische Auflösung ist nicht möglich. Unter speziellen Annahmen lassen sich aber Aussagen darüber ablei-

---

15 Das Maximumprinzip von Pontryagin ist das zentrale Resultat der Kontrolltheorie. Es stellt ein standardisiertes Vorgehen bei der Lösung von Kontrollproblemen bereit. Vgl. Feichtinger/Hartl (1986), S. 16 ff.

16 $G(c^{FN})$ ist die zu der Dichtefunktion $g(c^{FN})$ gehörige Verteilungsfunktion.

ten, wie sich diese Vertragsbestandteile mit höheren Grenzkosten des Verkaufs ändern. Dazu sei im folgenden angenommen, daß

- der Systemgewinn Π^{System} eine konkave Funktion von (w,f) ist,
- die Absatzmenge im Nash-Gleichgewicht X eine konkave Funktion von (w,f) ist und
- die sogenannte Hazardrate $HR = g(c^{FN})/(1 - G(c^{FN}))$ monoton steigt.[17]

Durch totale Differentiation der beiden Optimumbedingungen (6.39) und (6.40) nach c^{FN} erhält man ein Gleichungssystem, das sich matriziell in der Form

$$(6.41)\quad A \cdot \begin{pmatrix} w'(c^{FN}) \\ f'(c^{FN}) \end{pmatrix} = -\left(HR^{-1}(c^{FN})\right)' \cdot \begin{pmatrix} \partial X / \partial w \\ \partial X / \partial f \end{pmatrix}$$

anschreiben läßt. Dabei ist $A = \begin{bmatrix} a & b \\ b & c \end{bmatrix}$ mit den Matrixelementen

$$(6.42a)\ a = \frac{\partial^2 \Pi^{System}}{\partial w \partial w} + HR^{-1}(c^{FN}) \cdot \frac{\partial^2 X}{\partial w \partial w} < 0,$$

$$(6.42b)\ b = \frac{\partial^2 \Pi^{System}}{\partial f \partial w} + HR^{-1}(c^{FN}) \cdot \frac{\partial^2 X}{\partial f \partial w},$$

$$(6.42c)\ c = \frac{\partial^2 \Pi^{System}}{\partial f \partial f} + HR^{-1}(c^{FN}) \cdot \frac{\partial^2 X}{\partial f \partial f} < 0.$$

Mit $\Delta = \det A = a \cdot c - b^2 > 0$ läßt sich (6.41) zu

---

17 Der Ausdruck $\Delta c^{FN} \cdot HR(c^{FN})$ gibt die Wahrscheinlichkeit an, daß die Grenzkosten des Verkaufs kleiner sind als $c^{FN} + \Delta c^{FN}$ wenn bekannt ist, daß die Grenzkosten des Verkaufs größer sind als c^{FN}.
Obige Bedingung ist automatisch erfüllt, wenn für die Wahrscheinlichkeitsdichte $g'(c^{FN}) \geq 0$ gilt. Als Beispiele für derartige Verteilungsmodelle lassen sich die stetige Gleichverteilung, die Beta-Verteilung und die Weibull-Verteilung anführen.

$$(6.43)\quad w'\left(c^{FN}\right)=-1/\Delta\cdot\left(HR^{-1}\left(c^{FN}\right)\right)'\cdot\left[c\cdot\partial X/\partial w-b\cdot\partial X/\partial f\right]$$

$$(6.44)\quad f'\left(c^{FN}\right)=-1/\Delta\cdot\left(HR^{-1}\left(c^{FN}\right)\right)'\cdot\left[-b\cdot\partial X/\partial w+a\cdot\partial X/\partial f\right]$$

auflösen. Das Vorzeichen von $w'\left(c^{FN}\right)$ und $f'\left(c^{FN}\right)$ hängt also vom Vorzeichen der Größen $\partial^2\Pi^{System}/\partial f\partial w$, $\partial^2 X/\partial f\partial w$, $\partial X/\partial w$ und $\partial X/\partial f$ ab. A priori liegt keines dieser Vorzeichen fest, so daß im folgenden verschiedene Fälle zu betrachten sind.

Wie im Anhang zu diesem Kapitel gezeigt wird, steigen unter einigen technischen Annahmen sowohl der Endpreis als auch die Werbeausgaben des Franchisegebers bei einer Erhöhung des Handelsabgabepreises bzw. der laufenden Franchisegebühr. Dieses Ergebnis ist ökonomisch plausibel. Eine Erhöhung der beiden Vertragskomponenten wirkt aus Sicht des Franchisenehmers wie eine Grenzkostenerhöhung bzw. Grenzerlösschmälerung. Daher steigt der Endpreis im Nash-Gleichgewicht. Erhöhungen des Handelsabgabepreises bzw. der laufenden Franchisegebühr und des Endpreises steigern die Deckungsspanne des Franchisegebers. Hierdurch steigen dessen Werbeausgaben im Nash-Gleichgewicht. Da sowohl der Endpreis als auch die Werbeausgaben steigen ist die Auswirkung einer Erhöhung des Handelsabgabepreises bzw. der laufenden Franchisegebühr auf die Absatzmenge im Nash-Gleichgewicht zunächst unklar. Es werden zwei Fälle betrachtet. Im Fall (1) sei angenommen, daß die Absatzmenge elastischer auf eine Preisänderung als auf eine Änderung der Werbeausgaben reagiert. Plausibel ist eine solche Annahme für einen Anbieter, der auf einem preissensitiven Markt operiert. In diesem Fall ist es plausibel anzunehmen, daß die Absatzmenge mit einer Erhöhung des Handelsabgabepreises bzw. der laufenden Franchisegebühr fällt. Im Fall (2) sei umgekehrt angenommen, daß die Absatzmenge elastischer auf eine Änderung der Werbeausgaben als auf eine Preisänderung reagiert. Diese Annahme dürfte für einen Anbieter auf einen wenig preissensitiven Markt zutreffen. In diesem Fall führt eine Erhöhung des Handelsabgabepreises bzw. der laufenden Franchisegebühr zu einer steigenden Absatzmenge.

In beiden Fällen sind zwei Unterfälle zu betrachten. Fall (a) ist dadurch gekennzeichnet, daß Handelsabgabepreis und laufende Franchisegebühr Gewinn- und Mengenkomplemente sind. Es gilt dann $b > 0$. Umgekehrt liegt im Fall (b) Gewinn- und Mengensubstitutionalität vor. Es gilt dann $b < 0$.

Tabelle 6.1 zeigt die sich ergebenden Fälle.

Tab. 6.1: Einordnung der analysierten Fälle

	Fall (1): hohe Preissensitivität	Fall (2): niedrige Preissensitivität
Fall (a): Komplementarität	Fall (1a)	Fall (2a)
Fall (b): Substitutionalität	Fall (1b)	Fall (2b)

Zur Bestimmung des Vorzeichens von $w'(c^{FN})$ und $f'(c^{FN})$ sei zusätzlich von der notwendigen Bedingung 2. Ordnung für eine wahrheitsgemäße Berichterstattung durch den Franchisenehmer Gebrauch gemacht. Aus dieser Bedingung läßt sich die Beziehung

$$(6.45)\quad \frac{\partial^2 \Pi^{FN}}{\partial m^{FN} \partial c^{FN}}(c^{FN}/c^{FN}) = -\left[\partial X/\partial w \cdot w'(c^{FN}) + \partial X/\partial f \cdot f'(c^{FN})\right] \geq 0$$

ableiten.[18] Nunmehr seien die vier Fälle untersucht.

Fall (1a): $b > 0, \partial X/\partial w < 0, \partial X/\partial f < 0$

In diesem Fall ist $f'(c^{FN}) > 0$, während das Vorzeichen von $w'(c^{FN})$ unbestimmt ist. Während also die laufende Franchisegebühr mit höheren Grenz-

---

18 Vgl. Guesnerie/Laffont (1984), S. 337.

kosten des Verkaufs zunimmt, kann der Handelsabgabepreis sowohl fallen als auch steigen. Beide Konstellationen sind mit (6.45) vereinbar.

Fall (1b): $b < 0, \partial X / \partial w < 0, \partial X / \partial f < 0$

In diesem Fall ist das Vorzeichen von $w'\left(c^{FN}\right)$ und $f'\left(c^{FN}\right)$ unbestimmt. Lediglich die Konstellation $w'\left(c^{FN}\right) < 0$ und $f'\left(c^{FN}\right) < 0$ steht im Widerspruch zu (6.45). Handelsabgabepreis und laufende Franchisegebühr können also nicht gleichzeitig mit höheren Grenzkosten des Verkaufs fallen.

Fall (2a): $b > 0, \partial X / \partial w > 0, \partial X / \partial f > 0$

In diesem Fall ist sowohl $w'\left(c^{FN}\right)$ als auch $f'\left(c^{FN}\right) < 0$. Handelsabgabepreis und laufende Franchisegebühr nehmen also mit höheren Grenzkosten des Verkaufs ab. Die Bedingung (6.45) ist erfüllt.

Fall (2b): $b < 0, \partial X / \partial w > 0, \partial X / \partial f > 0$

Auch in diesem Fall ist das Vorzeichen von $w'\left(c^{FN}\right)$ und $f'\left(c^{FN}\right)$ unbestimmt. Lediglich die Konstellation $w'\left(c^{FN}\right) > 0$ und $f'\left(c^{FN}\right) > 0$ steht im Widerspruch zu (6.45). Handelsabgabepreis und laufende Franchisegebühr können also nicht gleichzeitig mit steigenden Grenzkosten des Verkaufs zunehmen.

Als Fazit läßt sich also feststellen, daß sich über die Richtung der Änderung von Handelsabgabepreis und laufender Franchisegebühr bei steigenden Grenzkosten des Verkaufs im optimalen Rahmenvertrag nur unter sehr speziellen Annahmen Aussagen treffen lassen. Nur für den Fall einer komplementären Beziehung zwischen den beiden Vertragskomponenten und bei relativ geringer Preiselastizität der Nachfrage ist die Richtung der Änderung bei steigenden Grenzkosten des Verkaufs eindeutig bestimmt. Aber auch in diesem Fall läßt sich über das Vorzeichen der Änderung der fixen Franchisegebühr im optimalen Rahmenvertrag keine Aussage treffen. Die fixe Franchisegebühr dürfte daher generell eine nicht-monotone Funktion der Grenzkosten des Verkaufs sein.

6.3.1.2 Private Information des Franchisenehmers über die Fixkosten des Verkaufs

In diesem Abschnitt sei der Franchisenehmer vor Vertragsabschluß privat über die Fixkosten des Verkaufs informiert. Die Grenzkosten des Verkaufs bzw. der Produktion seien hingegen beiden Vertragsparteien vor Vertragsabschluß bekannt. Die Vertragskomponenten des Rahmenvertrags sind in Abhängigkeit von den dem Franchisegeber unbekannten Fixkosten formuliert. Er soll dem Franchisenehmer wieder Anreize zur wahrheitsgemäßen Berichterstattung über die ihm bekannten Fixkosten geben.

Die Gewinnfunktionen der Vertragsparteien sind weiterhin durch (6.26) und (6.27) gegeben, wobei sich die Meldung des Franchisenehmers nunmehr auf die von ihm beobachteten Fixkosten bezieht. Bei Optimalität wahrheitsgemäßer Berichterstattung bewirkt eine marginale Erhöhung der Fixkosten einen Rückgang des Franchisenehmergewinns um den gleichen Betrag. Die zu (6.32) analoge Bedingung für eine wahrheitsgemäße Berichterstattung durch den Franchisenehmer lautet daher

(6.46) $W^{FN'}\left(K_{Fix}^{FN}\right) = -1$

Das Problem des Franchisegebers, dessen Gewinn in Analogie zu (6.34) gegeben ist, lautet daher

(6.47a) $\int_{K_{Fix\,min}^{FN}}^{K_{Fix\,max}^{FN}} W^{FG}\left(K_{Fix}^{FN}\right) \cdot g\left(K_{Fix}^{FN}\right) \Rightarrow \max!$

(6.47b) $W^{FN'}\left(K_{Fix}^{FN}\right) = -1$

(6.47c) $W^{FN}\left(K_{Fix\,max}^{FN}\right) \geq \Pi_{min}^{FN}$.

Die Hamiltonfunktion für dieses Kontrollproblem ist durch

(6.48) $H = \left[(p^* - c) \cdot X - A^* - K_{Fix} - W^{FN}\right] \cdot g\left(K_{Fix}^{FN}\right) - \lambda$

gegeben. Für die Kozustandsvariable λ gilt analog zu (6.38)

(6.49) $\lambda\left(K_{Fix}^{FN}\right) = G\left(K_{Fix}^{FN}\right) - 1 \leq 0$.

Aus der Analyse des Grundmodells ist die Wahl von $f(K_{Fix}^{FN}) = 1 = \text{const.}$ und $w\left(K_{Fix}^{FN}\right) = -c^{FN} = \text{const.}$ bekannt. Die Vertragsparteien realisieren bei dieser Wahl von Handelsabgabepreis und laufender Franchisegebühr die Absatzpolitik des vollständigen Vertrags. Folglich wird durch diese Kombination des Handelsabgabepreises und der laufenden Franchisegebühr die Hamiltonfunktion maximiert. Da diese Vertragskomponenten unabhängig von den Fixkosten des Verkaufs sind, kann im Rahmenvertrag lediglich die fixe Franchisegebühr mit den Fixkosten variieren. Bei wahrheitsgemäßer Berichterstattung erhält der Franchisenehmer aus diesem Vertrag den Gewinn

(6.50) $W^{FN}\left(K_{Fix}^{FN}\right) = -F\left(K_{Fix}^{FN}\right) - K_{Fix}^{FN}$.

Zur Einhaltung der Bedingung (6.46) muß jedoch $F\left(K_{Fix}^{FN}\right) = F = \text{const.}$ gelten. Anders als im Grundmodell darf also die fixe Franchisegebühr nicht mit den fixen Verkaufskosten variieren. Damit sind alle drei Komponenten des Rahmenvertrags unabhängig von K_{Fix}^{FN}. Zur Gewinnmaximierung des Franchisegebers ist die konstante fixe Franchisegebühr so zu wählen, daß die Teilnahmebedingung (6.47c) als Gleichung erfüllt ist. Daraus folgt

(6.51) $F = -\left(K_{Fix\,max}^{FN} + \Pi_{min}^{FN}\right)$.

Liegen beim Franchisenehmer kleinere als die maximal möglichen Fixkosten des Verkaufs vor, so räumt dieser Vertrag ihm einen Gewinn ein, der strikt oberhalb des Reservationsgewinns Π_{min}^{FN} liegt.

Aus der Konstanz der fixen Franchisegebühr ist nun aber nicht die Schlußfolgerung zu ziehen, daß Franchising in unterschiedlichen Branchen gleich verbreitet ist, da sich in verschiedenen Branchen auch die maximalen Fixkosten des Verkaufs und damit die fixe Franchisegebühr unterscheiden werden.

6.3.2 Polypolistische Verhältnisse

6.3.2.1 Private Information des Franchisenehmers über die Grenzkosten des Verkaufs

Auch im Fall polypolistischer Verhältnisse sei zunächst angenommen, daß der Franchisenehmer vor Vertragsabschluß privat über die Grenzkosten des Verkaufs informiert ist, während sie dem Franchisegeber unbekannt sind. Der zwischen den Parteien geschlossene Rahmenvertrag, der die monetären Vertragsbestandteile in Abhängigkeit der Grenzkosten des Verkaufs formuliert, soll dem Franchisenehmer wiederum Anreize zur wahrheitsgemäßen Berichterstattung über die ihm vorliegende Information geben. Die zeitliche Abfolge der Ereignisse ergibt sich analog zu Abbildung 6.1.

Im folgenden konzentriert sich die Analyse, dem Grundmodell folgend, auf solche Rahmenverträge, die die Deckungsspanne des Franchisenehmers als Anteil an der gesamten Deckungsspanne (p^ - c) formulieren. Dadurch erleichtert sich die formale Analyse.

Die Ermittlung der gesamten Deckungsspanne, die dem Franchisegeber ja zunächst unbekannt ist, erfolgt dabei auf der Grundlage der Meldung des Franchisenehmers über die Grenzkosten des Verkaufs. Bei wahrheitsgemäßer Berichterstattung durch den Franchisenehmer ergeben sich damit analog zu (3.32) die Deckungsspannen

$$(6.52)\quad DS^{FN} = t\left(c^{FN}\right)\cdot\left(p\hat{}-c\right),\; DS^{FG} = \left(1-t\left(c^{FN}\right)\right)\cdot\left(p\hat{}-c\right)$$

Nicht jeder Rahmenvertrag führt zu einer wahrheitsgemäßen Berichterstattung durch den Franchisenehmer. Es sei daher zunächst allgemein die Meldung des Franchisenehmers über die Grenzkosten des Verkaufs wieder mit m^{FN} bezeichnet. Analog zu (6.1) können die bei einem gegebenen Rahmenvertrag resultierenden Werbeausgaben der Vertragsparteien im Nash-Gleichgewicht mit

$$(6.53)\quad a^* = a^*(t(m^{FN})/c^{FN}),\quad A^* = A^*(t(m^{FN}), m^{FN})$$

bezeichnet werden. Diese Schreibweise soll folgendes zum Ausdruck bringen. Die Werbeausgaben der Vertragsparteien hängen von dem mit der Meldung des Franchisenehmers festliegenden Anteil t an der auf Grundlage dieser Meldung berechneten gesamten Deckungsspanne, der ihm zukommt, ab. Während aber der Franchisenehmer der Ermittlung seiner Werbeausgaben die ihm bekannte tatsächliche gesamte Deckungsspanne zugrunde legt, ist der Franchisegeber bei deren Ermittlung auf die Meldung des Franchisenehmers angewiesen. Daher sind dessen Werbeausgaben direkt von der Meldung über die Grenzkosten des Verkaufs abhängig.

Die sich im Nash-Gleichgewicht ergebende Absatzmenge $x(p^{\wedge}, a^*, A^*)$ sei mit $X(t(m^{FN}), m^{FN} / c^{FN})$ bezeichnet. Bei wahrheitsgemäßer Berichterstattung $(m^{FN} = c^{FN})$ sei dafür kürzer $X(t(c^{FN}) / c^{FN})$ geschrieben.

Der Gewinn des Franchisenehmers, den dieser bei Vorliegen der Grenzkosten des Verkaufs in Höhe von c^{FN} und bei der Meldung m^{FN} hierüber erzielt, ist durch

$$(6.54)\quad \Pi^{FN}(m^{FN} / c^{FN}) = t(m^{FN}) \cdot (p^{\wedge} - c^{FG} - m^{FN}) \cdot X(t(m^{FN}), m^{FN} / c^{FN})$$
$$- F(m^{FN}) - a^*(t(m^{FN}) / c^{FN}) - K_{Fix}^{FN}$$

gegeben. Sofern der Franchisenehmer wahrheitsgemäß berichtet, erzielt er den Gewinn

$$(6.55)\quad W^{FN}(c^{FN}) := \Pi^{FN}(c^{FN} / c^{FN}).$$

Durch Differentiation erhält man daraus

$$(6.56)\quad W^{FN\prime}(c^{FN}) = \frac{\partial \Pi^{FN}}{\partial m^{FN}}(c^{FN} / c^{FN}) + \frac{\partial \Pi^{FN}}{\partial c^{FN}}(c^{FN} / c^{FN}).$$

Bei Optimalität wahrheitsgemäßer Berichterstattung muß der erste Summand in (6.56) verschwinden. Für den zweiten Summanden erhält man den Ausdruck

$$(6.57)\quad \frac{\partial \Pi^{FN}}{\partial c^{FN}}(c^{FN} / c^{FN}) = \left[t(c^{FN}) \cdot (p^{\wedge} - c) \cdot \frac{\partial x}{\partial a}(p^{\wedge}, a^*, A^*) - 1 \right]$$
$$\cdot \frac{\partial a^*}{\partial c^{FN}}(t(c^{FN}) / c^{FN}) - t(c^{FN}) \cdot X(t(c^{FN}) / c^{FN})$$

$$= -t\left(c^{FN}\right)\cdot X\left(t\left(c^{FN}\right)/c^{FN}\right)$$

Das letzte Gleichheitszeichen folgt dabei aus der Bedingung für die optimalen Werbeausgaben des Franchisenehmers in (3.15). Zusammenfassend muß also bei Optimalität wahrheitsgemäßer Berichterstattung der Gewinn des Franchisenehmers die Bedingung

$$(6.58)\quad W^{FN\prime}\left(c^{FN}\right) = -t\left(c^{FN}\right)\cdot X\left(t\left(c^{FN}\right)/c^{FN}\right) < 0$$

erfüllen.

Der im Grundmodell abgeleitete optimale Vertrag erfüllt diese Bedingung nicht. Im Grundmodell ist nämlich $W^{FN}\left(c^{FN}\right) = \Pi_{min}^{FN}$ und daher $W^{FN\prime}\left(c^{FN}\right) = 0$. Wegen $\partial\Pi^{FN}/\partial c^{FN}\left(c^{FN}/c^{FN}\right) < 0$ folgt daraus aber

$$(6.59)\quad \frac{\partial\Pi^{FN}}{\partial m^{FN}}\left(c^{FN}/c^{FN}\right) > 0 .$$

Der Gewinn des Franchisenehmers steigt also mit der Meldung höherer Grenzkosten des Verkaufs, d.h., er hat bei diesem Vertrag, wie bereits in Abschnitt 6.1.2 vermutet, einen Anreiz, höhere als die tatsächlichen Grenzkosten des Verkaufs zu behaupten.

Das Problem des Franchisegebers zur Ermittlung eines optimalen, wahrheitsgemäße Berichterstattung durch den Franchisenehmer induzierenden, Rahmenvertrags kann nunmehr in Analogie zu Abschnitt 6.3.1.1 in Form des folgenden Kontrollproblems formuliert werden.

$$(6.60a)\quad \int_{c_{min}^{FN}}^{c_{max}^{FN}} \Big\{ (p\text{^} - c)\cdot X\left(t\left(c^{FN}\right)/c^{FN}\right) - a*\left(t\left(c^{FN}\right)/c^{FN}\right)$$

$$- A*\left(t\left(c^{FN}\right)/c^{FN}\right) - K_{Fix} - W^{FN}\left(c^{FN}\right)\Big\}\cdot g\left(c^{FN}\right)dc^{FN} \Rightarrow \max!$$

$$(6.60b)\quad W^{FN\prime}\left(c^{FN}\right) = -t\left(c^{FN}\right)\cdot X\left(t\left(c^{FN}\right)/c^{FN}\right)$$

$$(6.60c)\quad W^{FN}\left(c_{max}^{FN}\right) \geq \Pi_{min}^{FN}$$

Die Hamiltonfunktion des Problems lautet

(6.61) $H = [(p^\wedge - c)\cdot X - (a^* + A^*) - K_{Fix} - W^{FN}]\cdot g(c^{FN}) - \lambda \cdot t \cdot X$

Dabei muß die Kozustandsvariable $\lambda(c^{FN})$ weiterhin die Bedingungen (6.37a,b) erfüllen und ist wiederum durch (6.38) gegeben. Der optimale Anteilswert ergibt sich durch Ableiten von (6.61) und ist durch die Bedingung

(6.62) $\left[(p^\wedge - c)\cdot \frac{\partial X}{\partial t} - \frac{\partial (a^* + A^*)}{\partial t}\right]\cdot g(c^{FN}) = [G(c^{FN}) - 1]\cdot\left(X + t\cdot\frac{\partial X}{\partial t}\right)$

gegeben.[19] Da nach (3.33) im Grundmodell die linke Seite dieser Gleichung im Optimum verschwindet, ist ein Abweichen von dem optimalen Anteilswert des Grundmodells erforderlich, um eine wahrheitsgemäße Berichterstattung durch den Franchisenehmer zu erreichen. Die einzige Ausnahme hiervon liegt vor, wenn die maximalen Grenzkosten des Verkaufs c^{FN}_{max} vorliegen. In diesem Fall ist wegen $G(c^{FN}_{max}) = 1$ der optimale Anteilswert mit demjenigen des Grundmodells identisch: $t(c^{FN}_{max}) = t^{GM}$.[20] Es stellt sich nun die Frage, in welcher Richtung der optimale Anteilswert bei privater Information des Franchisenehmers von demjenigen des Grundmodells abweicht. Für $t = t^{GM}$ gilt

(6.63) $\frac{\partial H}{\partial t} = [1 - G(c^{FN})]\cdot\left(X + t^{GM}\cdot\frac{\partial X}{\partial t}\right).$

Wegen $X > 0$ hängt das Vorzeichen dieses Ausdrucks vom Vorzeichen von $\partial X / \partial t$ ab, welches im Optimum des Grundmodells mit demjenigen von $\partial(a^* + A^*)/\partial t$ übereinstimmt. Es kommt also auf die Veränderung der Summe der Werbeausgaben der Vertragsparteien bei einer Erhöhung des Anteilswerts an. Eine Erhöhung von t wirkt sich asymmetisch auf die Werbeausgaben der Vertragsparteien aus. Während die Werbeausgaben des

---

19 Im Anhang zu diesem Kapitel wird gezeigt, daß durch (6.62) tatsächlich ein Maximum der Hamiltonfunktion gegeben ist, da diese konkav ist.

20 Man beachte, daß der optimale Anteilswert im Grundmodell unabhängig von den Grenzkosten des Verkaufs ist.

Franchisenehmers steigen, sinken die des Franchisegbers. Im Anhang zu Kapitel 3 wurde gezeigt, daß

$$(6.64)\quad \frac{\partial(a^* + A^*)}{\partial t} = \frac{1}{1-t} \cdot k_A - \frac{1}{t} \cdot k_a$$

gilt.[21] Falls nun $k_A \geq k_a$ gilt, so folgt daraus

$$(6.65)\quad \frac{\partial(a^* + A^*)}{\partial t} \geq \left(\frac{1}{1-t} - \frac{1}{t}\right) \cdot k_A = \frac{2t-1}{t \cdot (1-t)} \cdot k_A > 0.^{22}$$

In diesem Fall ergibt sich also in (6.63) ein positives Vorzeichen, d.h., die Hamiltonfunktion nimmt durch Erhöhung des Anteilswertes über t^{GM} hinaus zu. Dann muß aber der optimale Anteilswert größer als t^{GM} sein. Liegt umgekehrt der Fall $k_A < k_a$ vor, so läßt sich mit zu (6.65) analogen Überlegungen zeigen, daß das Vorzeichen in (6.64) negativ ist. In diesem Fall ist aber das Vorzeichen in (6.63) unbestimmt. Damit ist unklar, ob der optimale Anteilswert größer oder kleiner als t^{GM} ist.

Bezogen auf die Responsefunktion (3.36) läßt sich als Ergebnis festhalten, daß für $c^{FN} < c^{FN}_{max}$ der optimale Anteilswert oberhalb des Optimalwertes im Grundmodell liegen muß, sofern der Werbewirkungsparameter μ_g größer oder gleich dem Werbewirkungsparameter μ_l ist.[23] Die Effektivität der Werbung des Franchisegebers entspricht in diesem Fall also mindestens derjenigen des Franchisenehmers entsprechen. Es liegt dann also der Fall der Wirkungsdominanz der nationalen Werbung vor. In diesem Fall ist dem Franchisenehmer ein größerer Anteil an der gesamten Deckungsspanne einzuräumen als im Grundmodell.

---

21 Dabei stehen k_A bzw. k_a abkürzend für die Ausdrücke $\frac{\partial x / \partial A}{\partial^2 x / \partial A^2}$ bzw. $\frac{\partial x / \partial a}{\partial^2 x / \partial a^2}$. Für die Responsefunktion (3.36) gilt $k_A = -1/\mu_g, k_a = -1/\mu_l$.

22 Da $k_A < 0$ und für $k_A \geq k_a$ $t^{GM} < 1/2$ gilt.

23 Für die Responsefunktion (3.36) gilt $k_A \geq k_a \Leftrightarrow -\frac{1}{\mu_g} \geq -\frac{1}{\mu_l} \Leftrightarrow \mu_g \geq \mu_l$.

Wie ändert sich nun der optimale Anteilswert $t(c^{FN})$ mit höheren Grenzkosten des Verkaufs?

Eine Möglichkeit zur Beantwortung dieser Frage besteht darin, von der notwendigen Bedingung 2. Ordnung für die Optimalität wahrheitsgemäßer Berichterstattung durch den Franchisenehmer auszugehen. Analog zu (6.45) muß

$$(6.66)\quad \frac{\partial^2 \Pi^{FN}}{\partial m^{FN} \partial c^{FN}}\left(c^{FN} / c^{FN}\right) = -t'\left(c^{FN}\right) \cdot \left[X\left(t\left(c^{FN}\right) / c^{FN}\right)\right.$$

$$\left. + t\left(c^{FN}\right) \cdot \frac{\partial X}{\partial t}\left(t\left(c^{FN}\right) / c^{FN}\right)\right] - t\left(c^{FN}\right) \cdot \frac{\partial X}{\partial m^{FN}}\left(t\left(c^{FN}\right) / c^{FN}\right)$$

$$\geq 0$$

gelten. Der Term $\partial X / \partial m^{FN}$ berücksichtigt dabei die durch eine Änderung der Werbeausgaben des Franchisegebers bei höheren gemeldeten Grenzkosten des Verkaufs resultierende Änderung der Absatzmenge. Da A* mit höheren gemeldeten Grenzkosten des Verkaufs abnimmt, ist $\partial X / \partial m^{FN}$ negativ. Bedingung (6.66) ist in dem Fall erfüllt, wenn

$$(6.67)\quad -t'\left(c^{FN}\right) \cdot \left[X\left(t\left(c^{FN}\right) / c^{FN}\right) + t\left(c^{FN}\right) \cdot \frac{\partial X}{\partial t}\left(t\left(c^{FN}\right) / c^{FN}\right)\right] \geq 0$$

gilt. Falls $t\left(c^{FN}\right) > t^{GM}$, folgt aus (6.62), daß der Ausdruck in der eckigen Klammer positiv ist. Bedingung (6.67) und damit die notwendige Bedingung 2. Ordnung für eine wahrheitsgemäße Berichterstattung durch den Franchisenehmer ist daher dann erfüllt, wenn $t'\left(c^{FN}\right) < 0$ gilt. Diese Überlegungen führen also zu dem Ergebnis, daß der optimale Anteilswert mit höheren Grenzkosten des Verkaufs wie in Abbildung 6.4 dargestellt abnehmen sollte. [24]

---

24 Die vorgestellten Überlegungen sind insofern heuristischer Natur, als sie nicht explizit auf der Optimalbedingung in (6.62) basieren. Diese Bedingung läßt im all-gemeinen keinen eindeutigen Schluß auf das Vorzeichen von $t'\left(c^{FN}\right)$ zu. Im Fall der Responsefunktion (3.36) wird im Anhang je-

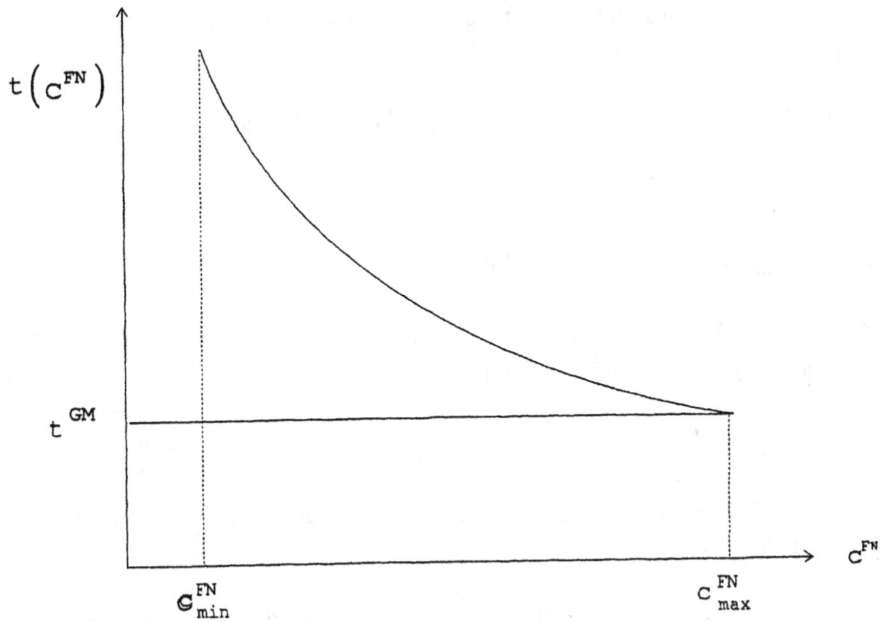

Abb. 6.4: Verlauf des optimalen Anteilswerts bei steigenden Grenzkosten des Verkaufs

Man kann aus diesem Ergebnis aber nicht zwingend schließen, daß die laufende Franchisegebühr steigen muß, da zwar der Anteil des Franchisenehmers an der gesamten Deckungsspanne mit steigenden Grenzkosten des Verkaufs abnimmt, diese aber selbst kleiner wird. Geht man beispielsweise davon aus, daß der Handelsabgabepreis in Höhe der Grenzkosten c^{FG} des Franchisegebers fixiert wird, so folgt aus

$$DS^{FN} = \left[\left(1 - f\left(c^{FN}\right)\right) \cdot p^\wedge - c\right] = t\left(c^{FN}\right)\left(p^\wedge - c\right)$$

$$(6.68) \quad f\left(c^{FN}\right) = \left(1 - t\left(c^{FN}\right)\right) \cdot \left(p^\wedge - c\right) / p^\wedge .$$

Während im Grundmodell die laufende Franchisegebühr mit steigenden Grenzkosten des Verkaufs abnimmt, ist sie gemäß (6.68) bei privater Infor-

---

doch gezeigt, daß, falls $\mu_g \geq \mu_l$ gilt und die Wahrscheinlichkeitsdichte $g\left(c^{FN}\right)$ die Bedingung $g'\left(c^{FN}\right) \geq 0$ erfüllt, $t'\left(c^{FN}\right) < 0$ gelten muß.

mation des Franchisenehmers im allgemeinen nicht-monoton von c^{FN} abhängig. Diesselbe Aussage gilt für die gemäß

$$(6.69)\quad F\left(c^{FN}\right) = t\left(c^{FN}\right)\cdot\left(p^\wedge - c\right)\cdot X\left(t\left(c^{FN}\right)/c^{FN}\right) - a * \left(t\left(c^{FN}\right)/c^{FN}\right)$$

$$- K_{Fix}^{FN} - W^{FN}\left(c^{FN}\right)$$

zu berechnende fixe Franchisegebühr.

Zur numerischen Illustration der Lösung sei wieder das Beispiel aus dem vorangegangenen Kapitel aufgegriffen:

$b = 1, \Theta^\wedge = 10, k = 4, c^{FG} = 1, p^\wedge = 4, \mu_g = 10, \mu_l = 5, \Pi_{min}^{FN} = 0, K_{Fix}^{FN} = 0.$

Die Grenzkosten des Verkaufs c^{FN} seien aus Sicht des Franchisegebers im Intervall [0,1] gleichverteilt.

Für die Responsefunktion (3.36) nimmt die Optimumbedingung (6.62) dann die Gestalt

$$(6.\ 62')\qquad \{1/\mu_l \cdot (1-t)/t^2 - 1/\mu_g \cdot t/(1-t)^2\} =$$

$$[c^{FN} - 1] \cdot \{b\,[\theta + k - p^\wedge] - (p^\wedge - c)^{-1} \cdot 1/\mu_g \cdot 1/(1-t)^2\}$$

an. Tabelle 6.2 zeigt die Auflösung dieser Gleichung nach dem Anteilswert t für verschiedene Werte der Grenzkosten des Verkaufs. Darüberhinaus sind die laufende und fixe Franchisegebühr sowie die Gewinne der Vertragsparteien (in 100.000 DM) angegeben.

Während mit höheren Grenzkosten des Verkaufs der Anteil des Franchisenehmers an der gesamten Deckungsspanne von ca. 89% auf ca. 56% zurückgeht, steigt in diesem Beispiel die laufende Franchisegebühr von ca. 8% auf ca. 22%. Die fixe Franchisegebühr ist hingegen fallend. Mit höheren Grenzkosten des Verkaufs gehen auch die Gewinne der Vertragspartien zurück. Dabei ist der Gewinnrückgang beim Franchisenehmer ausgeprägter als beim Franchisegeber.

Tab. 6.2: Anteil des Franchisenehmers an der gesamten Deckungsspanne, laufende und fixe Franchisegebühr und Gewinne der Vertragsparteien bei alternativen Werten der Grenzkosten des Verkaufs

c^{FN}	t	f	F [25]	$W^{FN}(c^{FN})$	$W^{FG}(c^{FN})$
0	0,8896	0,0828	17,206	7,819	20,204
0,1	0,8849	0,0834	17,077	6,967	20,099
0,2	0,8795	0,08444	16,934	6,121	19,99
0,3	0,8731	0,0857	16,773	5,281	19,877
0,4	0,8652	0,0876	16,583	4,448	19,761
0,5	0,8553	0,0904	16,354	3,624	19,640
0,6	0,842	0,0948	16,061	2,813	19,513
0,7	0,8233	0,1016	15,663	2,019	19,375
0,8	0,7931	0,1138	15,041	1,252	19,220
0,9	0,7335	0,1399	13,840	0,541	19,022
1,0	0,5575	0,2212	10,342	0	18,646

25 Die Berechnung der fixen Franchisegebühr erfordert die Berechnung des Franchisenehmergewinns. Dieser ergibt sich rekursiv aus

$$W^{FN}(c^{FN}) = W^{FN}(c^{FN} + 0,1) + W^{FN'}(c^{FN})\,(-0,1).$$

Der Startwert lautet $W^{FN}(1) = \Pi^{FN}_{min} = 0$.

6.3.2.2 Private Information des Franchisenehmers über die Fixkosten des Verkaufs

In diesem Abschnitt wird wieder der Fall betrachtet, daß sich die private Information des Franchisenehmers nicht auf die Grenzkosten, sondern auf die Fixkosten des Verkaufs bezieht. Die monetären Bestandteile des Rahmenvertrags sind daher als Funktion dieser Fixkosten formuliert. Der Rahmenvertrag soll dem Franchisenehmer wieder Anreize zur wahrheitsgemäßen Berichterstattung über die ihm bekannten Fixkosten des Verkaufs geben. Im Rahmenvertrag wird dazu der Anteil an der nun wie den beiden Vertragsparteien bekannten gesamten Deckungsspanne, die dem Franchisenehmer zukommt, in Abhängigkeit von den Fixkosten formuliert. Liegen die tatsächlichen Fixkosten K_{Fix}^{FN} vor und meldet der Franchisenehmer Fixkosten in Höhe von m_{Fix}^{FN}, so erzielt er den Gewinn

$$(6.70)\quad \Pi^{FN}\left(m_{Fix}^{FN}/K_{Fix}^{FN}\right)=t\left(m_{Fix}^{FN}\right)\cdot\left(p\hat{}-c\right)\cdot X\left(t\left(m_{Fix}^{FN}\right)\right)-F\left(m_{Fix}^{FN}\right)$$
$$-a*\left(t\left(m_{Fix}^{FN}\right)\right)-K_{Fix}^{FN}.$$

Bei wahrheitsgemäßer Berichterstattung resultiert daraus der Gewinn

$$(6.71)\quad W^{FN}\left(K_{Fix}^{FN}\right):=\Pi^{FN}\left(K_{Fix}^{FN}/K_{Fix}^{FN}\right)$$

Durch Differentiation von (6.71) ergibt sich ganz analog zu (6.46), daß bei Optimalität wahrheitsgemäßer Berichterstattung für den Franchisenehmer

$$(6.72)\quad W^{FN'}\left(K_{Fix}^{FN}\right)=-1$$

gelten muß.

Das Problem des Franchisegebers zur Bestimmung eines optimalen Rahmenvertrags, der zur Optimalität wahrheitsgemäßer Berichterstattung über die dem Franchisenehmer bekannten Fixkosten des Verkaufs führt, läßt sich analog zu Abschnitt 6.3.1.2 wie folgt formulieren.

$$(6.73a)\quad \int_{K_{Fix\,min}^{FN}}^{K_{Fix\,max}^{FN}}\left[\left(p\hat{}-c\right)\cdot X\left(t\left(K_{Fix}^{FN}\right)\right)-a*\left(t\left(K_{Fix}^{FN}\right)\right)-A*\left(t\left(K_{Fix}^{FN}\right)\right)\right.$$

$$-K_{Fix} - W^{FN}\left(K_{Fix}^{FN}\right)\Big]\cdot g\left(K_{Fix}^{FN}\right)dK_{Fix}^{FN} \Rightarrow \max!$$

(6.73b) $W^{FN'}\left(K_{Fix}^{FN}\right) = -1$

(6.73c) $W^{FN}\left(K_{Fix\,max}^{FN}\right) \geq \Pi_{min}^{FN}$

Die Hamiltonfunktion dieses Kontrollproblems lautet

(6.74) $H = \left[(p^\wedge - c)\cdot X - (a^* + A^*) - K_{Fix} - W^{FN}\right]\cdot g\left(K_{Fix}^{FN}\right) - \lambda$.

Wie bisher ist dabei die Kozustandsvariable λ durch

(6.75) $\lambda\left(K_{Fix}^{FN}\right) = G\left(K_{Fix}^{FN}\right) - 1$

bestimmt. Der optimale Anteilswert $t\left(K_{Fix}^{FN}\right)$ muß die Bedingung

(6.76) $\frac{\partial H}{\partial t} = 0 \Leftrightarrow (p^\wedge - c)\cdot\frac{\partial X}{\partial t} - \frac{\partial(a^* + A^*)}{\partial t} = 0$

erfüllen. Damit ist aber der gleiche Anteilswert wie im Grundmodell optimal. Es gilt also

(6.77) $t\left(K_{Fix}^{FN}\right) = t^{GM} = \text{const.}$

Der optimale Anteil der Deckungsspanne des Franchisenehmers an der gesamten Deckungsspanne ist damit unabhängig von der Höhe der Fixkosten des Verkaufs, so daß im Rahmenvertrag nurmehr die fixe Franchisegebühr von K_{Fix}^{FN} abhängen kann. Bei wahrheitsgemäßer Berichterstattung erzielt der Franchisenehmer bei einem derartigen Rahmenvertrag den Gewinn

(6.78) $W^{FN}\left(K_{Fix}^{FN}\right) = t^{GM}\cdot(p^\wedge - c)\cdot X\left(t^{GM}\right) - a^*\left(t^{GM}\right) - K_{Fix}^{FN} - F\left(K_{Fix}^{FN}\right)$.

Differenziert man nach den Fixkosten, folgt

(6.79) $W^{FN'}\left(K_{Fix}^{FN}\right) = -1 - F'\left(K_{Fix}^{FN}\right)$.

Da bei Optimalität wahrheitsgemäßer Berichterstattung (6.72) gelten muß, folgt daraus

(6.80) $F\left(K_{Fix}^{FN}\right) = F = \text{const.}$

Also muß auch die fixe Franchisegebühr im Gegensatz zum Grundmodell unabhängig von der Höhe der Fixkosten des Verkaufs sein. Die konstante Gebühr F ist dabei so zu wählen, daß in (6.73c) das Gleichheitszeichen gilt. Daraus folgt

(6.81) $F = t^{GM} \cdot (p\hat{}-c) \cdot X\left(t^{GM}\right) - a*\left(t^{GM}\right) - K_{Fix\,max}^{FN} - \Pi_{min}^{FN}.$

Falls kleinere als die maximal möglichen Fixkosten des Verkaufs vorliegen, erzielt der Franchisenehmer dann einen Gewinn, der strikt größer als sein Reservationsgewinn Π_{Fix}^{FN} ist.

6.3.2.3 Private Information des Franchisegebers über die Grenzkosten der Produktion

Anders als im Fall monopolistischer Marktverhältnisse bei Vernachlässigung der Werbeaktivitäten des Franchisenehmers für den Absatzerfolg ist im hier betrachteten Fall polypolistischer Verhältnisse bei Berücksichtigung eben jener Werbeaktivitäten die Kenntnis der Grenzkosten der Produktion durch den Franchisenehmer von Bedeutung. Anderenfalls wäre es dem Franchisenehmer nicht möglich, über die Annahme oder Ablehnung des im Grundmodell abgeleiteten Vertrags zu entscheiden, da er die gesamte Deckungsspanne nicht kennt. In diesem Abschnitt wird daher der Fall betrachtet, daß der Franchisegeber vor Vertragsabschluß privat über die Höhe der Grenzkosten der Produktion informiert ist. Die Vertragsparteien schließen einen Rahmenvertrag, der die monetären Vertragskomponenten als Funktion der Grenzkosten der Produktion spezifiziert. Dieser Rahmenvertrag soll dem Franchisegeber zu einer wahrheitsgemäßen Berichterstattung über die ihm bekannten Grenzkosten anreizen. Wie im Fall privater Information des Franchisegebers über den Werbewirkungsparameter μ_g dient der Abschluß eines Rahmenvertrags hier als vertrauenbildende Maßnahme gegenüber den Franchisenehmern. Nach der Berichterstattung ist der Vertrag endgültig spezifiziert und die Vertragsparteien entscheiden über die Höhe ihrer Werbeausgaben. Abbildung 6.5 stellt die zeitliche Abfolge dieser Ereignisse graphisch dar.

Franchisegeber beobachtet c^{FG}	Abschluß des Rahmenvertrags $w = w(c^{FG})$ $f = f(c^{FG})$ $F = F(c^{FG})$	Franchisegeber meldet m^{FG}	Franchisevertrag liegt aufgrund der Meldung fest	Entscheidung über die Werbeausgaben

Abb. 6.5: Ereignissequenz bei privater Information des Franchisegebers über die Grenzkosten der Produktion

Wie in den beiden vorangegangenen Abschnitten wird wieder ein Rahmenvertrag untersucht, der die Deckungsspanne des Franchisenehmers als Anteil an der gesamten Deckungsspanne formuliert. Da dem Franchisenehmer bei Abschluß des Rahmenvertrags die Grenzkosten der Produktion noch unbekannt sind, liegt für ihn die gesamte Deckungsspanne erst nach Berichterstattung durch den Franchisegeber fest. Die Höhe seiner Werbeausgaben im Nash-Gleichgewicht hängt daher sowohl von dem vertraglich zugesicherten Anteil an der gesamten Deckungsspanne als auch von der mit der Meldung m^{FG} des Franchisegebers über die Höhe seiner Grenzkosten festliegenden gesamten Deckungsspanne ab: $a^* = a^*\left(t\left(m^{FG}\right), m^{FG}\right)$. Der Franchisegeber trifft hingegen seine Werbeentscheidung unabhängig von seiner Berichterstattung immer auf der Grundlage der tatsächlich vorliegenden gesamten Deckungsspanne, so daß A* nur indirekt von der Meldung m^{FG} abhängig ist: $A^* = A^*\left(t\left(m^{FG}\right)/c^{FG}\right)$.

Die im Nash-Gleichgewicht resultierende Absatzmenge sei mit $X\left(t\left(m^{FG}\right), m^{FG}/c^{FG}\right)$ bezeichnet. Im Fall wahrheitsgemäßer Berichterstattung $\left(m^{FG} = c^{FG}\right)$ sei dafür kürzer $X\left(t\left(c^{FG}\right)/c^{FG}\right)$ geschrieben.

Falls nun die Grenzkosten der Produktion c^{FG} betragen und der Franchisegeber Grenzkosten in Höhe von m^{FG} berichtet, erzielt er den Gewinn

$$(6.82)\quad \Pi^{FG}\left(m^{FG}/c^{FG}\right) = \left(1 - t\left(m^{FG}\right)\right)\cdot\left(p^{\wedge} - c\right)\cdot X\left(t\left(m^{FG}\right), m^{FG}/c^{FG}\right)$$

$$+ F\left(m^{FG}\right) - A^*\left(t\left(m^{FG}\right)/c^{FG}\right) - K^{FG}_{Fix}.$$

Bei wahrheitsgemäßer Berichterstattung resultiert der Gewinn

$$(6.83)\quad W^{FG}\left(c^{FG}\right) := \Pi^{FG}\left(c^{FG} / c^{FG}\right).$$

Die Ableitung von (6.83) nach c^{FG} läßt sich in gewohnter Weise in zwei Summanden zerlegen, von denen der erste bei Optimalität wahrheitsgemäßer Berichterstattung für den Franchisegeber verschwinden muß. Für den zweiten Summanden gilt

$$(6.84)\quad \frac{\partial \Pi^{FG}}{\partial c^{FG}}\left(c^{FG} / c^{FG}\right) = \frac{\partial A^*}{\partial c^{FG}}\left(t\left(c^{FG}\right) / c^{FG}\right) \cdot \left[\left(1 - t\left(c^{FG}\right)\right) \cdot (p\hat{\ } - c)\right.$$

$$\left. \cdot \frac{\partial x}{\partial A}(p\hat{\ }, a^*, A^*) - 1\right] - \left(1 - t\left(c^{FG}\right)\right) \cdot X\left(t\left(c^{FG}\right) / c^{FG}\right)$$

$$= -\left(1 - t\left(c^{FG}\right)\right) \cdot X\left(t\left(c^{FG}\right) / c^{FG}\right).$$

Dabei folgt das zweite Gleichheitszeichen aus der notwendigen Bedingung 1. Ordnung für die optimalen Werbeausgaben des Franchisegebers. Bei Optimalität wahrheitsgemäßer Berichterstattung muß also

$$(6.85)\quad W^{FG'}\left(c^{FG}\right) = -\left(1 - t\left(c^{FG}\right)\right) \cdot X\left(t\left(c^{FG}\right) / c^{FG}\right)$$

gelten.

Zunächst sei gezeigt, daß diese Bedingung im Grundmodell verletzt ist. Bei wahrheitsgemäßer Berichterstattung erzielt der Franchisegeber im Grundmodell den Gewinn

$$(6.86)\quad W^{FG}\left(c^{FG}\right) = (p\hat{\ } - c) \cdot X\left(t^{GM} / c^{FG}\right) - A^*\left(t^{GM} / c^{FG}\right) - a^*\left(t^{GM}, c^{FG}\right)$$

$$- \Pi_{min}^{FN} - K_{Fix}.$$

Differentiation nach den Grenzkosten der Produktion liefert

$$(6.87)\quad W^{FG'}\left(c^{FG}\right) = -X\left(t^{GM} / c^{FG}\right) + \left[(p\hat{\ } - c)\frac{\partial x}{\partial a}(p\hat{\ }, a^*, A^*) - 1\right] \cdot \frac{\partial a^*}{\partial c^{FG}}$$

$$+\left[(p\wedge-c)\cdot\frac{\partial x}{\partial A}(p\wedge,a^*,A^*)-1\right]\cdot\frac{\partial A^*}{\partial c^{FG}}.$$

Aus der Analyse des Grundmodells ist bekannt, daß die Werbeausgaben im Nash-Gleichgewicht des unvollständigen Vertrags geringer sind als jene des vollständigen Vertrags. Die Ausdrücke in eckigen Klammern sind daher positiv. Da wegen der geringer werdenden gesamten Deckungsspanne die Werbeausgaben der Vertragsparteien mit steigenden Grenzkosten der Produktion geringer werden, kann aus (6.87) die Ungleichung

$$(6.88)\quad W^{FG'}\left(c^{FG}\right)<-X\left(t^{GM}/c^{FG}\right)<-\left(1-t^{GM}\right)\cdot X\left(t^{GM}/c^{FG}\right)$$

gefolgert werden. Dann muß aber auch

$$(6.89)\quad \frac{\partial\Pi^{FG}}{\partial m^{FG}}\left(c^{FG}/c^{FG}\right)<0$$

gelten, so daß der Franchisegeber im Grundmodell den bereits im Abschnitt 6.1.2 vermuteten Anreiz hat, das Vorliegen geringerer Grenzkosten der Produktion zu behaupten.

Welchen Rahmenvertrag, bei dem der Franchisegeber einen Anreiz zur wahrheitsgemäßen Berichterstattung hat, sollte er wählen?

Der Franchisegeber wird Anteilswert und fixe Franchisegebühr des Rahmenvertrags so festlegen wollen, daß sein Gewinn (6.83) maximal wird. Dabei hat er die Bedingung für die Optimalität wahrheitsgemäßer Berichterstattung (6.85) sowie die Teilnahmebedingung

$$(6.90)\quad W^{FN}\left(c^{FG}\right):=\Pi^{FN}\left(c^{FG}/c^{FG}\right)\geq\Pi^{FN}_{min}$$

des Franchisenehmers zu beachten.

Geht man zur Lösung dieses Problems davon aus, daß (6.85) für alle $c_o^{FG}\in\left[c_{min}^{FG},c^{FG}\right]$ erfüllt ist und vernachlässigt man zunächst die Teilnahmebedingung (6.90), so läßt sich das Problem des Franchisegebers als Kontrollproblem in Mayer-Form auffassen.[26]

(6.91a) $W^{FG}\left(c^{FG}\right) \Rightarrow \max!$

(6.91b) $W^{FG'}\left(c_o^{FG}\right) = -\left(1 - t\left(c_o^{FG}\right)\right) \cdot X\left(t\left(c_o^{FG}\right) / c_o^{FG}\right)$

für alle $c_o^{FG} \in \left[c_{min}^{FG}, c^{FG}\right]$

Die Hamiltonfunktion dieses Problems lautet

(6.92) $H = -\lambda \cdot (1 - t) \cdot X$.

Die Kozustandsvariable $\lambda = \lambda\left(c^{FG}\right)$ muß die Bedingungen

(6.93a) $\lambda'\left(c_o^{FG}\right) = -\partial H / \partial W^{FG} = 0$, für $c_o^{FG} \in \left[c_{min}^{FG}, c^{FG}\right]$,

(6.93b) $\lambda\left(c^{FG}\right) = 1$

erfüllen. Daraus folgt

(6.94) $\lambda\left(c_o^{FG}\right) = 1$ für $c_o^{FG} \in \left[c_{min}^{FG}, c^{FG}\right]$

und damit

(6.95) $H = -(1 - t) \cdot X \leq 0$ für $t \in [0,1]$.

Die Hamiltonfunktion nimmt offenbar ihren maximalen Wert 0 dann an, wenn der Franchisenehmer die gesamte Deckungsspanne erhält, d.h. $t = 1$ gilt. Wird der Handelsabgabepreis in Höhe der Grenzkosten der Produktion festgesetzt ($w = c^{FG}$), so bedeutet dies den Verzicht auf eine laufende Franchisegebühr. Nach (6.85) muß dann der Gewinn des Franchisegebers unabhängig von der Höhe der Grenzkosten der Produktion sein. Da er wegen der verschwindenden Deckungsspanne nicht wirbt, besteht sein Gewinn gerade in der Differenz zwischen fixer Franchisegebühr $F\left(c^{FG}\right)$ und den Fixkosten. Die fixe Franchisegebühr muß daher ebenfalls konstant sein.

---

[26] Vgl. dazu Feichtinger/Hartl (1986), S. 17.

Die konstante fixe Franchisegebühr ist dabei unter Beachtung der Teilnahmebedingung

$$(6.96)\quad W^{FN}(c^{FG}) = (p^{\wedge} - c) \cdot x(p^{\wedge}, a_{voll}, 0) - a_{voll} - K_{Fix}^{FN} - F \geq \Pi_{min}^{FN}$$

möglichst groß zu wählen. Dabei kann (6.96) nicht für alle c^{FG} bindend sein, da anderenfalls die fixe Franchisegebühr mit der Höhe der Grenzkosten variieren würde. Damit ergäbe sich ein Widerspruch zur Konstanz von F. Können die Grenzkosten der Produktion nur Werte im Bereich $[c_{min}^{FG}, c_{max}^{FG}]$ annehmen, so ist die fixe Franchisegebühr so zu wählen, daß die Teilnahmebedingung (6.96) bei Vorliegen der maximal möglichen Grenzkosten bindend ist. Daraus folgt

$$(6.97)\quad F = (p^{\wedge} - c_{max}) \cdot x(p^{\wedge}, a_{voll}, 0) - a_{voll} - K_{Fix}^{FN} - \Pi_{min}^{FN}$$

$$\text{mit } c_{max} = c^{FN} + c_{max}^{FG}, a_{voll} = a_{voll}(c_{max}).$$

Liegen geringere als die maximal möglichen Grenzkosten der Produktion vor, so ist es für eine wahrheitsgemäße Berichterstattung für den Franchisegeber notwendig, dem Franchisenehmer einen Gewinn einzuräumen, der größer als sein Reservationsgewinn Π_{min}^{FN} ist.

7. Optimales Franchising bei Machtübergewicht des Franchisenehmers

Das im 3. Kapitel betrachtete Grundmodell und alle bisherigen Kapitel gehen von einer asymmetrischen Machtverteilung zugunsten des Franchisegebers aus. Diese Annahme dürfte vielfach für die Realität akzeptabel sein, wenngleich sie nicht immer eine zutreffende Beschreibung der Machtverhältnisse zwischen den Vertragsparteien ist.

In diesem Kapitel wird der Fall eines Machtübergewichts des Franchisenehmers betrachtet. Zunächst wird der Machtbegriff präzisiert und die Annahme des Machtübergewichts des Franchisenehmers begründet. Anschließend wird der aus Sicht des Franchisenehmers optimale Vertrag bestimmt. Während für den Franchisenehmer dabei durchgängig Risikoneutralität angenommen wird, wird für den Franchisegeber zwischen dem Fall der Risikoneutralität und der Risikoaversion unterschieden.

7.1 Nachfragemacht des Handels und "umgekehrtes" Franchising

Macht stellt im modernen Wirtschaftsleben ein vielschichtiges und omnipräsentes Phänomen dar. Sie bildet auch das zentrale Konstrukt in der verhaltenswissenschaftlichen Analyse von Absatzkanalsystemen.[1] Macht ist andererseits aber schwierig begrifflich exakt zu fassen. In den Wirtschafts- und Sozialwissenschaften wird häufig der Machtbegriff von Max Weber verwendet, der unter Macht die Chance versteht, innerhalb einer sozialen Beziehung den eigenen Willen auch gegen Widerstreben durchzusetzen, unabhängig davon, worauf diese Chance beruht.[2] Macht ist demnach als relationales Konzept zu verstehen, das die Existenz eines sozialen Beziehungsgefüges voraussetzt. Nur innerhalb dieses Beziehungsgefüges kann ein Individuum Macht über ein anderes Indidviduum haben.

---

1 Vgl. z.B. Gaski (1984), Stern/El-Ansary (1988), S. 410f., Ahlert (1996), S. 98.

2 Vgl. Weber (1980), S. 28.

Schränkt man die allgemein gehaltene Definition von Weber auf die Betrachtung wirtschaftlicher Austauschprozesse ein, so läßt sich auch vom Vorliegen von Marktmacht und spezieller bei einem Handelsunternehmen, das als Nachfrager auf einem bestimmten Warenmarkt auftritt, von Nachfragemacht sprechen.[3] Wird die Gesamtheit von Handelsunternehmen betrachtet, spricht man auch von der Nachfragemacht des Handels. In der Literatur werden zwei Bedingungen für das Entstehen handelsseitiger Nachfragemacht identifiziert: die Entwicklung von Käufermärkten und Konzentrationsprozesse auf seiten des Handels. Auf Käufermärkten übersteigt das Angebot der Produzenten die Nachfrage des Handels dauerhaft. Verstärkt durch Konzentrationsprozesse des Handels führt dies zu einem Mangel an Ausweichmöglichkeiten auf Herstellerseite, so daß die Abhängigkeit der Produzenten vom Handel steigt.[4] Hinzu kommt, daß der Handel als Knappheitsverwalter für Regalflächen fungiert, die von den Produzenten stark nachgefragt werden.[5] Aufgrund der Entwicklung hin zu Käufermärkten in vielen Konsumgüterbereichen und anhaltender Konzentrationsprozesse im Handel zeichnet sich in einigen Bereichen, so etwa im Lebensmitteleinzelhandel[6], ein Machtübergewicht zugunsten der Handelsunternehmen ab.

Die Machtverteilung zwischen den Vertragsparteien äußerst sich in der Nachfrage nach der Vergabe der Franchise. Geht bei einer Erhöhung der fixen und/oder der laufenden Franchisegebühr die Nachfrage nach der Franchise nur wenig zurück, so hat der Franchisegeber ein Machtübergewicht. Geht hingegen bei einer Gebührenerhöhung die Nachfrage nach der Franchise stark zurück, so dürfte der Fall eines Machtübergewichts des (potentiellen) Franchisenehmers vorliegen.

Die Machtverteilung zwischen den Vertragspartien ist dabei unabhängig von den Marktverhältnissen am Produktmarkt, wie Tabelle 7.1 zeigt.

---

3 Vgl. z.B. Niehstraht (1983), S. 76f.

4 Vgl. Niehstraht (1983), S. 126f. Zur quantitativen Erfassung der Handelskonzentration vgl. z.B. Westphal (1991), S. 33f. sowie Barth (1993), S. 7f.

5 Vgl. Westphal (1991), S. 33f.

6 Vgl. ebenda, S. 47f.

Tab. 7.1: Machtverteilung und Verhältnisse am Produktmarkt

	Produktmarkt	
	Monopol	Polypol
Machtübergewicht bei Franchisegeber	Viele Franchisenehmer konkurrieren um die Vergabe der Franchise keine Konkurrenz des Franchisegebers mit anderen Anbietern	Konkurrenz des Franchisegebers mit anderen Anbietern Konkurrenz zwischen den Anbietern geringer als Konkurrenz der Franchisenehmer untereinander
Machtübergewicht bei Franchisenehmer	Ein lokaler Anbieter (potentieller Franchisegeber), der ein überregional operie-rendes nachfrage-mächtiges Handels-unternehmen als Franchisenehmer gewinnen möchte	Viele potentielle Franchisegeber die um die Gewinnung eines nachfragemächtigen Handelsunternehmens konkurrieren

Während bislang ein Machtübergewicht des Franchisegebers bei unterschiedlichen Marktverhältnissen diskutiert wurde, wird nunmehr der Fall des Machtübergewichts des Franchisenehmers bei monopolistischen bzw. polypolistischen Verhältnissen auf dem Produktmarkt betrachtet.

Die Machtverteilung zwischen den Vertragspartien äußerst sich darüberhinaus darin, wer die Vertragsbedingungen festlegt. Vermutlich werden die Vertragsbedingungen von derjenigen Vertragspartei festgelegt, die ein Machtübergewicht hat.

Tietz spricht im Fall eines Machtübergewichts des Franchisenehmers vom "umgekehrten" Franchising. Dabei kannn es sein, daß nicht der Franchisenehmer Gebühren an den Franchisegeber, sondern umgekehrt der Franchisegeber dem Franchisenehmer für die Führung seines Produkts bestimmte Vergütungen zahlt.[7] Beispielsweise haben mittelständische Franchisegeber häufig ein großes Interesse daran, in Warenhäusern der großen Handelsunternehmen (METRO, REWE etc.) präsent zu sein. Dazu werden in den Warenhäusern z.B. entsprechende Abteilungen (Shop-in-shops) eingerichtet. Man spricht daher in diesem Zusammenhang auch vom Abteilungs- oder Mini-Franchising.[8]

Im folgenden Abschnitt wird die Vertragsgestaltung aus Sicht des Franchisenehmers behandelt. Anders als im Grundmodell werden die monetären Vertragskomponenten dabei nicht vom Franchisegeber, sondern vom Franchisenehmer festgelegt.

7.2. Risikoneutralität des Franchisegebers

7.2.1 Monopolistische Verhältnisse

Zunächst wird der Fall eines Alleinanbieters (Franchisegeber) behandelt, der sein Produkt in einem bestimmten Verkaufsgebiet über ein Handelsunternehmen (Franchisenehmer) absetzen möchte. Ein Verzicht auf die Vermarktung über das betrachtete Handelsunternehmen sei wenig lukrativ, so daß der Franchisegeber im großen Umfang auf die Zusammenarbeit mit dem Handelsunternehmen angewiesen ist. Der Franchisenehmer kann autonom über den Endpreis entscheiden. Angenommen sei, daß nur der Franchisegeber (überregional) für sein Produkt werbe. Vereinfachend sei wie im Grundmodell unterstellt, daß lokale Werbemaßnahmen des Franchisenehmers für den Absatz eine vernachlässigbare Bedeutung haben. Wie im Grundmodell seien beide Vertragsparteien risikoneutral.

---

7 Vgl. Tietz (1987), S. 258.

8 Vgl. Skaupy (1995), S. 34/35.

Die erwarteten Gewinne der Vertragsparteien sind unter diesen Annahmen wieder durch die Gleichungen (3.1) und (3.3) gegeben, und bei gegebenem Franchisevertrag stellt sich das durch die Bedingungen (3.4) und (3.5) gekennzeichnete Nash-Gleichgewicht (p*,A*) des Endpreises und der Werbeausgaben des Franchisegebers ein. Nach Einsetzen des Nash-Gleichgewichts sind die erwarteten Gewinne der Vertragsparteien durch

$$(7.1) \quad \Psi^{FN} = [(1-f)\cdot p^* - (w + c^{FN})]\cdot x(p^*, A^*) - F - K_{Fix}^{FN}$$

$$(7.2) \quad \Psi^{FG} = [f\cdot p^* + (w - c^{FG})]\cdot x(p^*, A^*) + F - A - K_{Fix}^{FG}$$

gegeben.

Im Unterschied zum Grundmodell werden die Vertragskomponenten (w,f,F) jetzt durch den Franchisenehmer bestimmt. Der Franchisegeber wird dem durch den Franchisenehmer vorgegebenen Vertrag allerdings nur dann zustimmmen, wenn der erwartete Gewinn des Franchisegebers mindestens demjenigen Gewinn entspricht, den er auch ohne das Zustandekommen der Vertragsbeziehung in dem betreffenden Verkaufsgebiet erreichen könnte. Dieser Gewinn sei mit Π_{min}^{FG} bezeichnet. Analog zum Grundmodell maximiert der Franchisenehmer dann seinen erwarteten Gewinn, wenn er bei gegebenem (w,f) die fixe Franchisegebühr F so wählt, daß in (7.2) $\Psi^{FG} = \Pi_{min}^{FG}$ gilt. Demnach ist im Optimum die fixe Franchisegebühr durch

$$(7.3) \quad F = -\{[f\cdot p^* + (w - c^{FG})]\cdot x(p^*, A^*) - A^* - K_{Fix}^{FG}\} + \Pi_{min}^{FG}$$

gegeben. Setzt man (7.3) in (7.1) ein, so lautet die zu maximierende Zielfunktion des Franchisenehmers

$$(7.4) \quad \Psi^{FN} = (p^* - c)\cdot x(p^*, A^*) - A^* - \Pi_{min}^{FG} - K_{Fix}.$$

Abgesehen von einer additiven Konstanten entspricht (7.4) damit der durch (3.7) gegebenen Zielfunktion des Franchisegebers im Grundmodell. Dort waren Handelsabgabepreis und laufende Franchisegebühr durch $w = -c^{FN}$ und $f = 1$ gegeben, und dieser Vertrag führte zum Endpreis und den Werbeausgaben des vollständigen Vertrags: $(p^*,A^*) = (p_{voll},A_{voll})$.[9] Bei dem betrachteten Vertrag hat der Franchisegeber genau dann einen Anreiz, die Werbeausgaben des vollständigen Vertrags zu wählen, wenn der Franchisenehmer den Endpreis des vollständigen Vertrags wählt. Die je abgesetzter Produkteinheit erzielte Deckungsspanne des Franchisenehmers beträgt bei diesem Vertrag allerdings null, so daß dieser lediglich ein festes Einkommen in Höhe der negativen fixen Franchisegebühr erhält: $\Psi^{FN} = -F$. Dieses Einkommen wird aber gerade durch die Wahl des Endpreises des vollständigen Verrtags maximiert.

Damit ergibt sich im wesentlichen derselbe optimale Vertrag wie im Grundmodell. Der Franchisenehmer führt den gesamten erzielten Umsatz an den Franchisegeber ab ($f = 1$). Dieser ersetzt dafür die dem Franchisenehmer entstandenen Verkaufskosten $\left(w = -c^{FN}\right)$. Lediglich hinsichtlich der fixen Franchisegebühr ergeben sich Unterschiede zum Grundmodell. Nach (7.3) gilt für die fixe Franchisegebühr

$$(7.5) \qquad F = -\left\{\left(p_{voll} - c\right) \cdot x\left(p_{voll}, A_{voll}\right) - A_{voll} - K_{Fix}^{FG}\right\} + \Pi_{min}^{FG}.$$

Sofern der erwartete Gewinn des Franchisenehmers in (7.4) positiv ist, ist die fixe Franchisegebühr negativ, d.h., der Franchisegeber zahlt dem Franchisenehmer einen festen Betrag für dessen Bereitschaft, sein Produkt zu vertreiben. Dies war zwar im Grundmodell ebenfalls der Fall, jedoch beträgt die fixe Franchisegebühr dort $F = -\left(\Pi_{min}^{FN} + K_{Fix}^{FN}\right)$. Die gegenüber dem Grundmodell andersartige Machtverteilung zwischen den Vertragsparteien findet also ausschließlich in der Höhe der fixen Franchisegebühr ihren Niederschlag.

7.2.2 Polypolistische Verhältnisse

Bevor dieses Ergebnis kommentiert wird, sei vorab der Fall polypolistischer Marktverhältnisse betrachtet. In diesem Fall ist der Franchisegeber nur einer

---

9 Durch die Absatzpolitik des vollständigen Vertrags wird der erwartete Gewinn des Franchisenehmers in (7.4) maximiert.

von vielen Anbietern des Produkts, für das ein fester Marktpreis existiert. Für preispolitische Maßnahmen durch den Franchisenehmer gibt es keinen Spielraum. Wie im Grundmodell seien nun aber die verkaufsgebietsbezogenen Werbemaßnahmen des Franchisenehmers von Bedeutung für den Absatz des Produkts. Ein zum obigen Fall monopolistischer Verhältnisse analoges Vorgehen zeigt, daß der erwartete Gewinn des Franchisenehmers nunmehr durch

$$(7.6) \quad \Psi^{FN} = (p^\wedge - c) \cdot x(p^\wedge, a^*, A^*) - (a^* + A^*) - \Pi_{min}^{FG} - K_{Fix}$$

gegeben ist. Dabei ist (a*,A*) das Nash-Gleichgewicht der Werbeausgaben der Vertragsparteien aus dem Grundmodell. Bis auf eine aditive Konstante entspricht (7.6) wiederum der Zielfunktion des Franchisegebers im Grundmodell. Damit ist aber derselbe Handelsabgabepreis und dieselbe laufende Franchisegebühr bzw. derselbe Anteil des Franchisenehmers an der gesamten Deckungsspanne wie im Grundmodell optimal. Unterschiede ergeben sich lediglich in der fixen Franchisegebühr, die jetzt durch

$$(7.7) \quad F = -\{(1 - t^{GM}) \cdot (p^\wedge - c) \cdot x(p^\wedge, a^*, A^*) - A^* - K_{Fix}^{FG}\} + \Pi_{min}^{FG}$$

gegeben ist. Für einen hinreichend kleinen Reservationsgewinn des Franchisegebers ist die fixe Franchisegebühr daher jetzt negativ.

7.2.3 Kommentierung der Ergebnisse

Sowohl im Fall monopolistischer als auch bei polypolistischen Verhältnissen hat die Art der Machtverteilung zwischen den Vertragsparteien keinen Einfluß auf die Wahl des Handelsabgabepreises und der laufenden Franchisegebühr. Lediglich die fixe Franchisegebühr hängt davon ab, welche Vertragspartei den Vertrag gestaltet. Sowohl bei Vertragsgestaltung durch den Franchisegeber als auch durch den Franchisenehmer ergibt sich dieselbe Absatzpolitik. Für die Konsumenten bleibt damit die Machtverteilung zwischen den Vertragsparteien ohne Belang.

Diese Ergebnisse sind auf den ersten Blick überraschend, begründen sich aber durch die folgenden Umstände. Zum einen kann der Vertragsgestalter unter den hier und im Grundmodell betrachteten Prämissen den erwarteten Gewinn der anderen Vertragspartei auf den Reservationsgewinn beschränken. Darüber hinaus ist bei den betrachteten monetären Vertragskomponenten (w,f,F) eine Separation zwischen Anreiz- und Verteilungsaufgaben möglich.

Zur Erläuterung dieser Überlegung wird zunächst gezeigt, daß der Vertragsgestalter sowohl unter den Bedingungen des Grundmodells als auch unter den hier betrachteten Bedingungen einen Anreiz hat, die Summe der erwarteten Gewinne der Vertragsparteien zu maximieren. Danach wird argumentiert, daß die fixe Franchisegebühr nicht zur Induzierung der diese Summe maximierenden Absatzpolitik benötigt wird, sondern nur von der Wahl der laufenden Franchisegebühr und des Handelsabgabepreises abhängt.

Man betrachte beispielsweise die Zielfunktion des Franchisenehmers nach Einsetzen der optimalen fixen Franchisegebühr (Gleichung (7.4)). Bis auf den additiven Term Π^{FG}_{min} läßt sich (7.4) als Summe der erwarteten Gewinne in (7.1) und (7.2) auffassen. Die Maximierung von (7.4) ist also äquivalent zur Maximierung der Summe der erwarteten Gewinne der Vertragsparteien. Der Vertragsgestalter hat also einen Anreiz, die Summe der erwarteten Gewinne zu maximieren. Der sich so ergebende Betrag steht zur Verteilung auf die Vertragsparteien maximal zur Verfügung. Die Anreizinstrumente des Franchisevertrags sind folglich so zu wählen, daß diejenige Absatzpolitik resultiert, die diese Summe unter Beachtung der Anreizwirkungen des Vertrags auf die Vertragsparteien maximiert. Die Absatz-politik ist daher unabhängig davon, welche Partei Vertragsgestalter ist. Zur Induzierung der optimalen Absatzpolitik werden nur der Handelsabgabepreis und die laufende Franchisegebühr benötigt. Beide Größen sind daher unabhängig davon, wer Vertragsgestalter ist. Der fixen Franchisegebühr kommt allein die Aufgabe der Verteilung der Summe der erwarteten Gewinne auf die Vertragsparteien zu. Da diese Verteilung davon abhängt, welche Partei den Vertrag gestaltet, ergeben sich auch unterschiedliche fixe Franchisegebühren.

Die Ergebnisse dieses Abschnitts bleiben erhalten, wenn Risikoaversion der Vertragsparteien vorliegt und die Machtverteilung zwischen den Vertragsparteien von deren Risikoeinstellung unabhängig ist. Beispielsweise blieben im Fall des in Kapitel 4 behandelten risikoaversen Franchisenehmers bei Vertragsgestaltung durch den Franchisegeber Handelsabgabepreis und laufende Franchisegebühr gleich, wenn der Vertrag durch den Franchisenehmer gestaltet wird. Lediglich die fixe Franchisegebühr ist eine andere. Für diese Aussage ist allerdings die Abbildung der Risikopräferenzen durch ein (μ,σ)-Modell erforderlich. Bei hier nicht betrachteten allgemeineren Risikopräferenzen gehen auch von der fixen Franchisegebühr Anreizwirkungen aus, so daß die Separation zwischen Anreiz- und Verteilungsaufgaben der monetären Vertragskomponenten verloren geht.

Ein anderes Bild ergibt sich, wenn die Machtverteilung zwischen den Vertragsparteien und deren Risikoeinstellung nicht unabhängig voneinander variieren. Im folgenden Abschnitt wird die Vertragsgestaltung aus Sicht eines über Nachfragemacht verfügenden Handelsunternehmens (Franchisenehmer) betrachtet, für das das vom Franchisegeber hergestellte Produkt nur eines von vielen vertriebenen Produkten ist. Mit dem Angebot höchst unterschiedlicher Produkte sei ein diversifizierender Effekt verbunden, so daß der Franchisenehmer weiterhin als risikoneutral handelnd betrachtet werden kann. Der mittelständische Franchisegeber produziere hingegen nur ein Produkt und sei risikoavers. Es ist dann von Interesse, die sich ergebenden Ergebnisse mit der spiegelbildlichen Macht- und Risikoeinstellungskonstellation des 4. Kapitels zu vergleichen.

7.3. Risikoaversion des Franchisegebers

7.3.1. Monopolistische Verhältnisse

7.3.1.1 Charakterisierung des optimalen Vertrags bei allgemeiner Responsefunktion

In dem in diesem Abschnitt betrachteten Fall monopolistischer Verhältnisse gilt für die Präferenzfunktionen des risikoneutralen Franchisenehmers

$$(7.8)\quad \Psi^{FN} = E\left[\Pi^{FN}\right] = \left[(1-f)\cdot p - \left(w + c^{FN}\right)\right]\cdot x(p,A) - F - K_{Fix}^{FN}.$$

Die Risikopräferenzen des Franchisegebers seien analog zum 4. Kapitel durch ein (μ,σ)-Modell beschreibbar. Für die Präferenzfunktion des Franchisegebers gilt daher

$$(7.9)\quad \Psi^{FG} = E\left[\Pi^{FG}\right] - \frac{r^{FG}}{2} \cdot Var\left[\Pi^{FG}\right]$$

$$= \left[f \cdot p + \left(w - c^{FG}\right)\right] \cdot x(p, A) + F - A - K_{Fix}^{FG}$$

$$- \frac{r^{FG}}{2} \cdot \left[f \cdot p + \left(w - c^{FG}\right)\right]^2 \cdot \sigma^2 .$$

Dabei steht σ^2 wieder für die Varianz der Absatzmenge, und r^{FG} mißt den Grad der Risikoaversion des Franchisegebers.

Die Maximierung dieser Präferenzfunktionen führt auf das Nash-Gleichgewicht (p*,A*) des Grundmodells. Aus Sicht des Franchisenehmers ist nunmehr jene fixe Franchisegebühr optimal, bei der der Franchisegeber gerade indifferent zwischen der Vertragsannahme und einer ihm alternativ zur Verfügung stehenden Gewinnmöglichkeit, die, so sei angenommen, zu einem sicheren Gewinn von Π_{min}^{FG} führt, ist. Daher gilt

$$(7.10)\quad F = -\left\{\left[f \cdot p^* + \left(w - c^{FG}\right)\right] \cdot x(p^*, A^*) - A^* - K_{Fix}^{FG}\right\}$$

$$+ \frac{r^{FG}}{2} \cdot \left[f \cdot p^* + \left(w - c^{FG}\right)\right]^2 \cdot \sigma^2 + \Pi_{min}^{FG} .$$

Der zweite Term in (7.10) läßt sich als Risikoabschlag auffassen, der im Fall einer negativen fixen Franchisegebühr diese betragsmäßig reduziert. Nach Einsetzen von (7.10) in (7.8) folgt für den erwarteten Gewinn des Franchisenehmers

$$(7.11)\quad \Psi^{FN} = (p^* - c) \cdot x(p^*, A^*) - A^* - K_{Fix}$$

$$- \frac{r^{FG}}{2} \cdot \left[f \cdot p^* + \left(w - c^{FG}\right)\right]^2 \cdot \sigma^2 - \Pi_{min}^{FG} .$$

Im Grundmodell wie auch in den im 4. Kapitel betrachteten Fall des risikoaversen Franchisenehmers war der optimale Vertrag durch die Bedingungen $f = 1$ und $w = -c^{FN}$ gekennzeichnet. Bei diesem Vertrag erzielt der Franchisenehmer ein fixes Einkommen in Höhe der mit (-1) multiplizierten fixen Franchisegebühr. Das aus dem unsicheren Absatz resultierende Risiko trägt allein der Franchisegeber. Dieser Vertrag ist im hier betrachteten Fall des risikoaversen Franchisegebers im allgemeinen suboptimal, es sei denn, die Risikoaversion sei vernachlässigbar gering. Suboptimal ist aber im allgemeinen auch ein Vertrag, bei dem ausschließlich der Franchisenehmer das Risiko trägt. Eine solche Konstellation ließe sich nur erreichen, wenn die Deckungsspanne des Franchisegebers verschwindet. Dann hat dieser aber keinen Anreiz zur Werbung.

Der Franchisenehmer kann durch die Wahl der Vertragskomponenten w und f das sich ergebende Nash-Gleichgewicht (p*,A*) beeinflussen. Im Anhang zu Kapitel 6 wurde gezeigt, daß sich sowohl der Endpreis als auch die Werbeausgaben des Franchisegebers erhöhen, wenn der Handelsabgabepreis bzw. die laufende Franchisegebühr steigt. Zunächst sei untersucht, wie sich eine solche Änderung der Absatzpolitik auf den erwarteten Gewinn des Franchisenehmers in (7.11) auswirkt.

Bildet man dann die Ableitungen von (7.11) nach dem Endpreis und den Werbeausgaben, so gilt

$$(7.12)\quad \left.\frac{\partial \Psi^{FN}}{\partial p}\right|_{(p^*,A^*)} = x(p^*,A^*) + (p^*-c)\cdot\frac{\partial x}{\partial p}(p^*,A^*) - r^{FG}\cdot\left[f\cdot p^* + \left(w-c^{FG}\right)\right]\cdot f\cdot\sigma^2,$$

$$(7.13)\quad \left.\frac{\partial \Psi^{FN}}{\partial A}\right|_{(p^*,A^*)} = (p^*-c)\cdot\frac{\partial x}{\partial A}(p^*,A^*) - 1.$$

Setzt man die Bedingung (3.4) für den optimalen Endpreis in (7.12) ein, so folgt

$$(7.14)\quad \left.\frac{\partial \Psi^{FN}}{\partial p}\right|_{(p^*,A^*)} = \left[\frac{1}{1-f}\cdot\left(w+c^{FN}\right) - c\right]\cdot\frac{\partial x}{\partial p}(p^*,A^*) - r^{FG}\cdot\left[f\cdot p^* + \left(w-c^{FG}\right)\right]\cdot f\cdot\sigma^2.$$

Betrachtet man nun Kombinationen des Handelsabgabepreises und der laufenden Franchisegebühr, für die $\left(w+c^{FN}\right)\geq(1-f)\cdot c$ gilt, so liefert (7.14) negative Werte.[10] Preiserhöhungen führen dann zu einer Abnahme des erwarteten Gewinns des Franchisenehmers. Nach Einsetzen der Bedingung (3.5) für die optimalen Werbeausgaben des Franchisegebers folgt aus (7.13) analog zu (3.12)

$$(7.15) \quad \left.\frac{\partial \Psi^{FN}}{\partial A}\right|_{(p^*,A^*)} = \left[(1-f)\cdot p^* - \left(w + c^{FN}\right)\right]\cdot \frac{\partial x}{\partial A}(p^*,A^*).$$

Sofern also die Deckungsspanne des Franchisenehmers positiv ist, führen Erhöhungen der Werbeausgaben des Franchisegebers auch zu einer Erhöhung des erwarteten Gewinns des Franchisenehmers.

Der Franchisenehmer hat nun bei der Wahl der optimalen laufenden Franchisegebühr (bzw. des Handelsabgabepreises) drei Effekte zu berücksichtigen. Durch eine steigende laufende Franchisegebühr steigt zum einen der Endpreis im Nash-Gleichgewicht. Sofern die Ableitung in (7.14) ein negatives Vorzeichen hat, geht von einer Erhöhung der laufenden Franchisegebühr ein für die Höhe des erwarteten Gewinns des Franchisenehmers abträglicher Anreiz zur Preiserhöhung nach Vertragsabschluß aus. Auf der anderen Seite beinhaltet eine höhere laufende Franchisegebühr einen aus Sicht des Franchisenehmers wünschenswerten Anreiz zur Erhöhung der Werbeausgaben des Franchisegebers. Hinzu kommt ein dritter Effekt. Sofern die fixe Franchisegebühr negativ ist, vermindert eine höhere laufende Franchisegebühr die Zahlung des Franchisegebers an den Franchisenehmer durch Erhöhung des Risikoabschlags in (7.10). Hierdurch verrringert sich der erwartete Gewinn des Franchisenehmers. Im Optimum müssen sich diese drei Effekte gerade ausgleichen. Die optimale laufende Franchisegebühr ist daher im Fall einer inneren Lösung formal durch die Bedingung

$$(7.16) \quad \frac{d\Psi^{FN}}{df} = \left.\frac{\partial \Psi^{FN}}{\partial p}\right|_{(p^*,A^*)} \cdot \frac{\partial p^*}{\partial f} + \left.\frac{\partial \Psi^{FN}}{\partial A}\right|_{(p^*,A^*)} \cdot \frac{\partial A^*}{\partial f}$$

---

10 Ist die angegebene Ungleichung erfüllt, so erhält der Franchisegeber als Anteil an der gesamten Deckungsspanne mindestens einen Betrag in Höhe der laufenden Franchisegebühr, d.h., $DS^{FG} \geq f\cdot(p^*-c)$.

$$-r^{FG}\cdot\left[f\cdot p^{*}+\left(w-c^{FG}\right)\right]\cdot\sigma^{2}\cdot p^{*}\overset{!}{=}0$$

gegeben. Analog gilt für den optimalen Handelsabgabepreis

$$(7.17)\quad \frac{d\Psi^{FN}}{dw}=\left.\frac{\partial\Psi^{FN}}{\partial p}\right|_{(p^*,A^*)}\cdot\frac{\partial p^{*}}{\partial w}+\left.\frac{\partial\Psi^{FN}}{\partial A}\right|_{(p^*,A^*)}\cdot\frac{\partial A^{*}}{\partial w}$$

$$-r^{FG}\cdot\left[f\cdot p^{*}+\left(w-c^{FG}\right)\right]\cdot\sigma^{2}\overset{!}{=}0\,.$$

Da eine analytische Auflösung dieser Optimumbedingungen nicht möglich ist, wird in folgendem Abschnitt eine konkrete Spezifikation der Responsefunktion unterstellt.

7.3.1.2 Charakterisierung des optimalen Vertrags bei spezieller Wahl der Responsefunktion

Analog zu (3.36) ist die Responsefunktion durch

$$(7.18)\quad x_{\theta}(p,A)=b\cdot\left[\theta+k\left[1-e^{-\mu_g\cdot A}\right]-p\right]$$

gegeben. Dabei dient der Parameter $\mu_g > 0$ wieder als Maß für die Effektivität der Werbung des Franchisegebers, und $\theta + k$ ist der maximal durch Werbung erreichbare Prohibitivpreis. Im folgenden sei wieder x in 100.000 ME und A in 100.000 DM skaliert. Gleichung (3.4) für den optimalen Endpreis läßt sich nunmehr auflösen und liefert

$$(7.19)\quad p^{*}=p^{*}(A)=\frac{1}{2}\cdot\left\{\hat{\theta}+k\left[1-e^{-\mu_g\cdot A}\right]+\frac{w+c^{FN}}{1-f}\right\},$$

wobei $\hat{\theta} = E[\theta]$. Für die optimalen Werbeausgaben des Franchisegebers gilt wegen (3.5)

$$(7.20)\quad b\cdot\mu_g\cdot k\cdot e^{-\mu_g A^{*}}=\left[f\cdot p+\left(w-c^{FG}\right)\right]^{-1}.$$

Die Werbeausgaben des Franchisegebers sind dabei nur dann positiv, wenn der Endpreis größer ist als ein durch

$$(7.21)\quad \left[f \cdot p_{min} + \left(w - c^{FG}\right)\right] \cdot \mu_g \cdot k \cdot b = 1$$

definierter Mindestpreis p_{min}. Im Nash-Gleichgewicht muß sowohl (7.19) als auch (7.20) gelten. Durch Berechnen der sich aus (7.19) ergebenden Deckungsspanne des Franchisegebers und Einsetzen in (7.20) folgt daher

$$(7.22)\quad \frac{1}{\mu_g \cdot k \cdot b} \cdot e^{\mu_g A^*} + \frac{f}{2} \cdot k \cdot e^{-\mu_g A^*}$$

$$= \frac{f}{2} \cdot (\theta\hat{}+k) + \frac{f}{2} \cdot \frac{1}{1-f}\left(w + c^{FN}\right) + \left(w - c^{FG}\right)$$

Zur Berechnung der Werbeausgaben im Nash-Gleichgewicht ist diese Beziehung nach A* aufzulösen. Ein inneres Nash-Gleichgewicht mit $A^* > 0$ ergibt sich dabei dann, wenn $p^*(0) > p_{min}$. Das Nash-Gleichgewicht ist eindeutig, sofern die mit g(A) bezeichnete linke Seite von (7.22) im Bereich positiver Werbeausgaben monoton ist. Die Funktion g(A) hat ein Minimum bei

$$(7.23)\quad A_{krit} = \frac{1}{2 \cdot \mu_g} \cdot \ln\left[\frac{1}{2} \cdot \mu_g \cdot f \cdot k^2 \cdot b\right].$$

Für $f > 0$ ist $A_{krit} < 0$, falls $\mu_g\, k^2\, b < 2$. Falls also der Effektivitätsparameter μ_g nicht zu groß wird, ist das Nash-Gleichgewicht eindeutig.

Eine Lösung von (7.22) ist für $f \neq 0$ nur auf numerischem Wege möglich. Hierzu bietet sich z.B. das Newton-Verfahren an.[11] Betrachtet sei im folgenden die Berechnung annähernd optimaler Werte für die Vertragskomponen-

---

11 Im Newton-Verfahren ergibt sich der Näherungswert der (n + 1)-ten Iteration für die Werbeausgaben aus dem Vorgängerwert gemäß

$$A_{n+1} = A_n - \frac{g(A_n) - RHS}{g'(A_n)}.$$

Dabei steht RHS für die rechte Seite von (7.22). Als Startwert eignet sich $A_0 = 1/\mu_g \cdot \ln[\mu_g\, k\, RHS]$.

ten (w,f,F) für den Fall geringer bzw. hoher Effektivität der Werbung des Franchisegebers.

Zunächst sei der Fall geringer Effektivität der Werbung des Franchisegebers betrachtet. In diesem Fall läßt sich der Prohibitivpreis nur bei hohen Werbeaufwendungen merklich steigern. Zur numerischen Illustration sei das Beispiel von Kapitel 3 wieder aufgegriffen und von der Parameterkonstellation

$$b = 1,\ \theta\hat{} = 10,\ k = 4,\ \mu_g = 0{,}1,\ c^{FN} = c^{FG} = 1,$$

$$K_{Fix}^{FN} = K_{Fix}^{FG} = 0,\ \sigma^2 = 2,\ r^{FG} = 0{,}45,\ \Pi_{min}^{FG} = 0$$

ausgegangen. Der Prohibitivpreis ohne Werbung betrage also 10 DM. Durch entsprechend hohe Werbeaufwendungen läßt sich der Prohibitivpreis maximal auf 14 DM steigern. Die geringe Effektivität der Werbung des Franchisegebers wird durch den geringen Wert für den Effektivitätsparameter μ_g zum Ausdruck gebracht.

Betrachtet sei nun zunächst die Absatzpolitik (p_{voll},A_{voll}) des vollständigen Vertrags im Grundmodell, die sich aus den Beziehungen

$$(7.24)\quad \frac{1}{\mu_g kb} \cdot e^{\mu_g A_{voll}} + \frac{1}{2} \cdot k \cdot e^{-\mu_g A_{voll}} = \frac{1}{2} \cdot \left[(\theta\hat{} + k) - c \right]$$

$$(7.25)\quad p_{voll} = \frac{1}{2} \cdot \left[\theta\hat{} + k \left[1 - e^{-\mu_g A_{voll}} \right] + c \right]$$

berechnet. Deren Auflösung liefert für obige Parameterkonstellation die Werte $p_{voll} = 6{,}94$ und $A_{voll} = 6{,}391$. Der vollständige Vertrag würde also einen Endpreis von 6,94 DM und Werbeausgaben in Höhe von ca. 640.000 DM festschreiben. Ein unvollständiger Vertrag mit f = 1 und $w = -c^{FN} = -1$, der zu eben dieser Absatzpolitik führt, erhält den Präferenzwert Ψ^{FN} = 13,446. Dieser Vertrag führt also für den Franchisenehmer zu einem erwarteten Gewinn in Höhe von ca. 1,3 Millionen DM.

Auch für andere Werte des Handelsabgabepreises und der laufenden Franchisegebühr läßt sich das zugehörige Nash-Gleichgewicht (p*,A*) berechnen und der Präferenzwert Ψ^{FN} ermitteln. Die folgende Tabelle zeigt die dabei erzielten Ergebnisse für ausgewählte Werte der laufenden Franchisegebühr f. Angegeben ist jeweils der zu gegebener laufender Franchisegebühr gehörende optimale Handelsabgabepreis[12], das hieraus resultierende Nash-Gleichgewicht, die optimale fixe Franchisegebühr sowie der erwartete Gewinn Ψ^{FN} des Franchisenehmers.

Tab. 7.2: Bestimmung des optimalen Vertrags bei geringer Effektivität der Werbung des Franchisegebers

f	w	p*	A*	F	Ψ^{FN}
-0,05	1,2	6,05	0	0,405	15,993
-0,01	1	6,0	0	0,24	15,998
0	1	6,0	0	0	16
0,01	1	6,1	0	-0,24	15,998
0,05	0,8	5,95	0	-0,395	15,993
0,07	0,7	5,91	0	-0,465	15,987
0,1	0,6	5,89	0	-0,777	15,972
0,15	0,4	5,82	0	-1,141	15,935
0,2	0,2	5,75	0	-1,487	15,882

Aus Tabelle 7.2 wird ersichtlich, daß mit fortschreitender Erhöhung der laufenden Franchisegebühr der zugehörige optimale Handelsabgabepreis und der Endpreis fällt. Der optimale Handelsabgabepreis ist dabei jeweils so zu wählen, daß ein Randgleichgewicht resultiert, bei dem der Franchisegeber auf Werbung verzichtet. Bei dem betrachteten Fall geringer Effektivität der

12 Bei der Bestimmung des optimalen Handelsabgabepreises wurde dieser jeweils ausgehend von w = -1 mit der Schrittweite 0,1 erhöht und der Präferenzwert Ψ^{FN} berechnet.

Werbung ist ein inneres Nash-Gleichgewicht mit positiven Werbeausgaben nur dann zu erreichen, wenn bei gegebener laufender Franchisegebühr der Handelsabgabepreis hinreichend groß gewählt wird. Mit steigendem Handelsabgabepreis erhöht sich jedoch auch der Endpreis im Nash-Gleichgewicht, so daß sich die Deckungsspanne des Franchisegebers und damit die Varianz seines Gewinns erhöht. Bei entsprechend ausgeprägter Risikoaversion des Franchisegebers reduziert dies den erwarteten Gewinn des Franchisenehmers.[13] Durch den fallenden Handelsabgabepreis bei steigender laufender Franchisegebühr wird der Anstieg der Deckungsspanne des Franchisegebers gebremst. Dennoch reduziert sich der erwartete Gewinn des Franchisenehmers bei einer Steigerung der laufenden Franchisegebühr über null, da Verträge mit hoher laufender Franchisegebühr für ihn Anreize beinhalten, das Produkt im Vergleich zum Endpreis des vollständigen Vertrags zu billig anzubieten. Das Optimum wird erreicht, wenn auf laufende Franchisegebühren verzichtet wird und der Handelsabgabepreis mit den Grenzkosten der Produktion beim Franchisegeber identisch ist.

Im zweiten Beispiel sei nun der Fall großer Effektivität der Werbung des Franchisegebers, ausgedrückt durch einen hohen Wert für den Effektivitätsparameter μ_g, betrachtet. In diesem Fall kann der Prohibitivpreis auch bei geringen Werbeausgaben des Franchisegebers bereits merklich gesteigert werden. Es ist dann die Bedingung $A_{krit} < 0$ in (7.23) gegebenenfalls verletzt, so daß sich keine eindeutigen Nash-Gleichgewichte ergeben. Für $0 < f < 2/\mu_g k^2$ ist A_{krit} weiterhin negativ. Es ergeben sich dann eindeutige Nash-Gleichgewichte. Für größere Werte der laufenden Franchisegebühr wird A_{krit} zwar positiv, wenn aber μ_g hinreichend groß ist, folgt $A_{krit} \approx 0$. Im folgenden gelte für den Effektivitäsparameter $\mu_g = 100$, während die übrigen Parameterwerte unverändert seien.[14]

Die betrachtete Parameterkonstellation führt zu $p_{voll} = 8{,}00$; $A_{voll} = 0{,}078$. Diese Absatzpolitik läßt sich wieder durch Wahl von $f = 1$ und $w = -c^{FN} = -$

---

13 Der Koeffizient der Risikoaversion r^{FG} ist so gewählt, daß die Kombination aus Handelsabgabepreis und laufender Franchisegebühr $(w,f) = (c^{FG}, 0)$, bei der der Franchisegeber kein Risiko trägt, zu einem höheren erwarteten Gewinn des Franchisenehmers führt als die Kombination $(w,f) = (-c^{FN}, 1)$, bei der der Franchisegeber das Risiko allein trägt.

14 Es gilt dann $A_{krit} \leq 0{,}005 \ln[1/2 \cdot 100 \cdot 1 \cdot 16] \approx 0{,}03$.

1 induzieren. Der entsprechende Vertrag erhält den Präferenzwert Ψ^{FN} = 19,794. Der Franchisenehmer erzielt also mit diesem Vertrag einen erwarteten Gewinn von knapp 2 Millionen DM. Wegen der hohen Effektivität der Werbung des Franchisegebers ist der Bereich im (w,f)-Raum, der zu einem Randgleichgewicht mit Verzicht auf Werbung durch den Franchisegeber führt, relativ klein. Die numerische Auswertung zeigt, daß solche Kombinationen aus Handelsabgabepreis und laufender Franchisegebühr, die für den Franchisegeber einen Anreiz zur Werbung beinhalten, zu höheren erwarteten Gewinnen des Franchisenehmers führen. Im einzelnen liefert die numerische Auswertung die in Tabelle 7.3 gezeigten Ergebnisse.

Tab. 7.3: Bestimmung des optimalen Vertrags bei hoher Effektivität der Werbung des Franchisegebers

f	w	p*	A*	F	Ψ^{FN}
-0,2	3,0	8,65	0,047	-1,387	35,251
-0,1	2,1	8,39	0,046	-1,407	35,524
-0,07	1,9	8,34	0,048	-1,730	35,590
-0,06	1,8	8,30	0,048	-1,662	35,609
-0,05	1,7	8,27	0,047	-1,583	35,624
-0,01	1,4	8,17	0,048	-1,796	35,682
0	1,3	8,13	0,048	-1,702	35,689
0,01	1,3	8,15	0,05	-2,170	35,697
0,05	1,0	8,04	0,051	-2,334	35,725
0,06	0,9	8,00	0,05	-2,219	35,727
0,07	0,8	7,95	0,05	-2,096	35,725
0,1	0,6	7,88	0,05	-2,313	35,715
0,2	0,1	7,68	0,055	-3,953	35,571

Analog zum Fall geringer Effektivität der Werbung des Franchisegebers sinken der präferenzmaximale Handelsabgabepreis und der zugehörige Endpreis, wenn die laufende Franchisegebühr erhöht wird. Die Werbeausgaben des Franchisegebers im Nash-Gleichgewicht steigen bei Erhöhung der laufenden Franchisegebühr tendenziell an, ändern sich allerdings nur geringfügig. Das Präferenzoptimum des Franchisenehmers wird in diesem Beispiel bei $f = 0{,}06$; $w = 0{,}9$ und $F = -221.900$ angenommen.

Die bisherigen Überlegungen lassen sich wie folgt zusammenfassen. Bei hinreichend geringer Risikoaversion des Franchisegebers ist derselbe Vertrag wie im Grundmodell optimal. Es ergibt sich dann dieselbe Absatzpolitik wie im Fall des Machtübergewichts des Franchisegebers und Risikoaversion des Franchisenehmers.

Bei stärker ausgeprägter Risikoaversion des Franchisegebers wird bei geringer Effektivität seiner Werbung auf die Vereinbarung einer laufenden Franchisegebühr verzichtet ($f = 0$) und erfolgt der Warenaustausch zu Grenzkosten des Franchisegebers ($w = c^{FG}$). Der Franchisegeber trägt kein Risiko, hat aber auch keinen Anreiz zu werben ($A^* = 0$). Wie ein Vergleich von (7.19) mit (7.25) zeigt, ist der vom Franchisenehmer gesetzte Endpreis nunmehr geringer als im Fall des Machtübergewichts durch den Franchisegeber und Risikoaversion des Franchisenehmers ($p^* < p_{voll}$).

Schwieriger ist der Vergleich der Absatzpolitiken bei großer Risikoaversion und hoher Effektivität der Werbung des Franchisegebers. In diesem Fall ist eine Risikoteilung erforderlich, bei der Handelsabgabepreis und laufende Franchisegebühr so zu wählen sind, daß beide Vertragsparteien einen positiven Deckungsbeitrag erzielen. Es lassen sich aus dem Vergleich von (7.22) und (7.24) aber keine eindeutigen Aussagen über die Änderung der Werbeausgaben des Franchisegebers bei einem Übergang vom Machtübergewicht zu seinen Gunsten (Gleichung (7.24)) zu einem Machtübergewicht des Franchisenehmers (Gleichung (7.22)) machen. Das Vorzeichen von ($A^* - A_{voll}$) ist also unbestimmt.[15]

---

[15] Analytisch läßt sich lediglich zeigen, daß für den Fall $(w + c^{FN}) \geq (1 - f) \cdot c$ die rechte Seite von (7.22) mindestens der mit der laufenden Franchisegebühr multiplizierten rechten Seite von (7.24) entsprechen muß. Im Bei-

Bei einem Machtübergewicht des Franchisenehmers können sich demnach sowohl höhere als auch, wie im obigen Beispiel, niedrigere Werbeausgaben des Franchisegebers ergeben. Niedrigere Werbeausgaben des Franchisegebers sind dabei eher bei einer geringeren laufenden Franchisegebühr und/oder bei einem geringeren Handelsabgabepreis zu erwarten.[16]

Ist die Bedingung $(w + c^{FN}) \geq (1 - f) \cdot c$ erfüllt, entspricht also das Verhältnis aus Grenzkosten und Grenzerlös je vom Franchisenehmer verkaufter Produkteinheit mindestens der Summe aus Grenzkosten des Verkaufs und der Produktion, so bepreist der Franchisenehmer bei gegebenen Werbeausgaben im Fall des Machtübergewichts zu seinen Gunsten das Produkt höher als bei Machtübergewicht des Franchisegebers, wie ein Vergleich von (7.19) mit (7.25) zeigt. Selbst im Fall geringerer Werbeausgaben des Franchisegebers kann das Produkt daher bei Machtübergewicht des Franchisenehmers einen höheren Endpreis aufweisen.

7.3.2 Polypolistische Verhältnisse

Im Fall polypolistischer Verhältnisse und bei nicht vernachlässigbarem Einfluß der Werbung des Franchisenehmers auf die Nachfrage innerhalb des betrachteten Verkaufsgebiets sind die Präferenzfunktionen der Vertragsparteien durch

$$(7.26)\quad \Psi^{FN} = \left[(1-f)\cdot p^\wedge - \left(w + c^{FN}\right)\right]\cdot x\left(p^\wedge, a, A\right) - F - a - K_{Fix}^{FN}$$

$$(7.27)\quad \Psi^{FG} = E\left[\Pi^{FG}\right] - \frac{r^{FG}}{2}\cdot Var\left[\Pi^{FG}\right]$$

$$= \left[f\cdot p^\wedge + \left(w - c^{FG}\right)\right]\cdot x\left(p^\wedge, a, A\right) + F - A - K_{Fix}^{FG}$$

---

spiel ist obige Ungleichung wegen $(w + c^{FN}) = 1{,}9 > (1 - f) \cdot c = 1{,}88$ erfüllt. Da aber die linke Seite von (7.24) stets größer ist als die linke Seite von (7.22) ist das Vorzeichen von $(A^* - A_{voll})$ unbestimmt.

16 Dies folgt, da sich die rechte Seite von (7.22) mit geringerer laufender Franchisegebühr bzw. geringerem Handelsabgabepreis reduziert.

$$-\frac{r^{FG}}{2}\cdot\left[f\cdot p\hat{}+\left(w-c^{FG}\right)\right]^2\cdot\sigma^2$$

gegeben. Bei gegebenem Franchisevertrag führt die Maximierung der Präferenzfunktionen wieder auf das Nash-Gleichgewicht (a*,A*) des Grundmodells. Wegen der im Optimum bindenden Teilnahmebedingung des Franchisegebers ist die fixe Franchisegebühr analog zu (7.19) durch

$$(7.28)\quad F=-\left\{\left[f\cdot p\hat{}+\left(w-c^{FG}\right)\right]\cdot x\left(p\hat{},a^*,A^*\right)-\left(a^*+A^*\right)-K_{Fix}^{FG}\right\}$$

$$+\frac{r^{FG}}{2}\cdot\left[f\cdot p\hat{}+\left(w-c^{FG}\right)\right]^2\cdot\sigma^2+\Pi_{min}^{FG}$$

gegeben. Nach Einsetzen von (7.28) in (7.26) gilt damit analog zu (7.11)

$$(7.29)\quad \Psi^{FN}=\left(p\hat{}-c\right)\cdot x\left(p\hat{},a^*,A^*\right)-\left(a^*+A^*\right)-K_{Fix}$$

$$-\frac{r^{FG}}{2}\cdot\left[f\cdot p\hat{}+\left(w-c^{FG}\right)\right]^2\cdot\sigma^2-\Pi_{min}^{FG}.$$

Analog zum 4. Kapitel beeinflussen die Vertragskomponenten (w,f) den erwarteten Gewinn des Vertragsgestalters, hier des Franchisenehmers, zum einen indirekt über das resultierende Nash-Gleichgwicht (a*,A*) der Werbeausgaben und zum anderen direkt über den Risikoabschlag in der fixen Franchisegebühr. Formal sind der optimale Handelsabgabepreis und die optimale laufende Franchisegebühr im Fall eines inneren Optimums analog zu (4.15)/(4.16) durch

$$(7.30)\quad \frac{d\Psi^{FN}}{dw}=\left.\frac{\partial\Psi^{FN}}{\partial a}\right|_{(a^*,A^*)}\cdot\frac{\partial a^*}{\partial w}+\left.\frac{\partial\Psi^{FN}}{\partial A}\right|_{(a^*,A^*)}\cdot\frac{\partial A^*}{\partial w}$$

$$-r^{FG}\cdot DS^{FG}\cdot\sigma^2\overset{!}{=}0$$

$$(7.31)\quad \frac{d\Psi^{FN}}{df}=\left.\frac{\partial\Psi^{FN}}{\partial a}\right|_{(a^*,A^*)}\cdot\frac{\partial a^*}{\partial f}+\left.\frac{\partial\Psi^{FN}}{\partial A}\right|_{(a^*,A^*)}\cdot\frac{\partial A^*}{\partial f}$$

$$-r^{FG}\cdot DS^{FG}\cdot\sigma^2\cdot p\hat{}\overset{!}{=}0$$

gekennzeichnet. Wie im Grundmodell sind die beiden Optimumbedingungen äquivalent. Analog zu (4.17) ist daher jede Kombination aus Handelsabgabepreis und laufender Franchisegebühr, die die Bedingung

$$(7.32)\quad \frac{DS^{FG}}{DS^{FN}} \cdot \frac{\partial a^*}{\partial f} + \frac{DS^{FN}}{DS^{FG}} \cdot \frac{\partial A^*}{\partial f} - p^\wedge \cdot r^{FG} \cdot DS^{FG} \cdot \sigma^2 = 0$$

erfüllt, aus Sicht des Franchisenehmers optimal.

Unterstellt man, daß der Warenaustausch zwischen den Vertragsparteien zu Grenzkosten des Franchisegebers erfolgt ($w = c^{FG}$), so impliziert (7.31)

$$(7.33)\quad \left.\frac{d\Psi^{FG}}{df}\right|_{\substack{w=c^{FG} \\ f=f_{opt}^{GM}}} = -p^\wedge \cdot r^{FG} \cdot DS^{FG} \cdot \sigma^2 < 0.$$

Die optimale Franchisegebühr ist dann also geringer als im Grundmodell, so daß die Deckungsspanne des Franchisegebers ebenfalls geringer ausfällt. Im Vergleich zum Grundmodell trägt der Franchisegeber also ein geringeres Risiko.

Unterstellt man das Vorliegen der Responsefunktion (3.36), so ergibt sich analog zu (4.20)

$$(7.34)\quad \frac{\mu_g}{\mu_l} + \mu_g \cdot r^{FG} \cdot \sigma^2 \cdot [(1-f) \cdot p^\wedge - c]^2 = \left(\frac{(1-f) \cdot p^\wedge - c}{f \cdot p^\wedge}\right)^3$$

als Bedingung für die optimale laufende Franchisegebühr. Abbildung 7.1 verdeutlicht die Auflösung dieser Bedingung graphisch und bestätigt das bereits oben allgemein abgeleitete Ergebnis, daß die optimale laufende Franchisegebühr geringer als im Grundmodell ist.[17]

---

17 In Abbildung 7.1 ist die linke Seite von (7.34) mit LHS, die rechte Seite mit RHS bezeichnet.

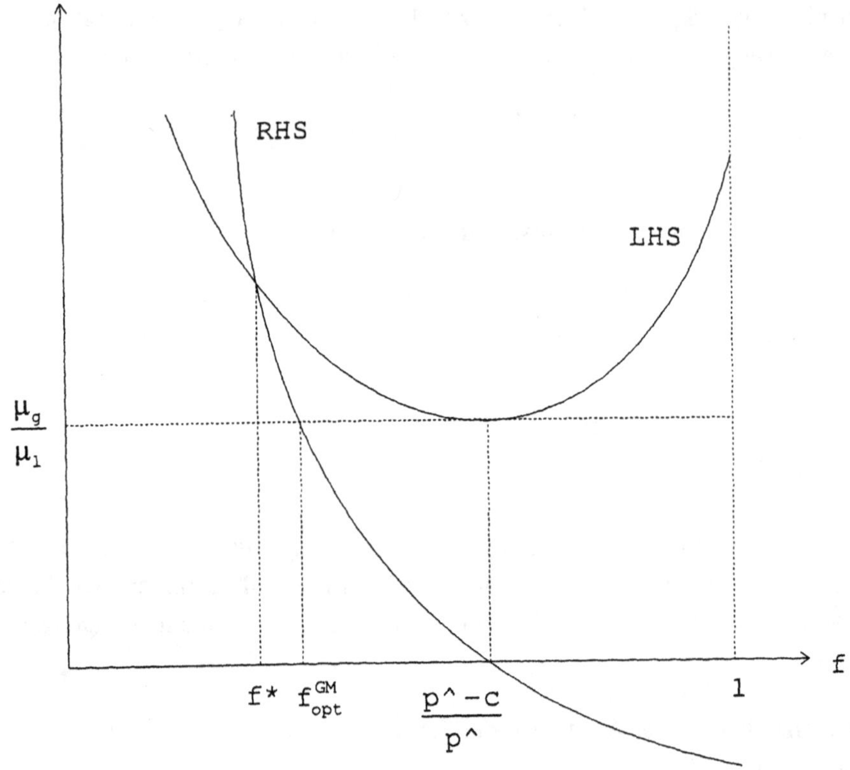

Abb. 7.1: Auflösung der Optimalitätsbedingung für die laufende Franchisegebühr

Damit ist aber die laufende Franchisegebühr erst recht im Vergleich zur Konstellation eines Machtübergewichts des Franchisegebers bei Risikoaversion des Franchisenehmers geringer. Im vorliegenden Fall des Machtübergewichts des Franchisenehmers bei Risikoaversion des Franchisegebers ergeben sich also im Vergleich zur spiegelbildlichen Konstellation deutlich höhere Werbeausgaben des Franchisenehmers bei niedrigeren Werbeausgaben des Franchisegebers. Sollten also die Machtverteilung der Vertragsparteien und deren Risikoeinstellung in der Weise voneinander abhängen, daß die mit weniger Machtfülle ausgestattete Partei risikoavers ist, so ergeben sich im Optimum höhere Werbeanreize für diejenige Partei, zu deren Gunsten die Macht asymmetrisch verteilt ist. Dieses Ergebnis folgt aus der Überlegung des jeweiligen Vertragsgestalters, die risikoaverse Vertragspartei gegen Risiken abzusichern. Im Fall der Vertragsgestaltung durch den Franchisegeber gelingt eine Absicherung des risikoaversen Franchisenehmers durch Reduzierung seiner Deckungsspanne durch eine höhere laufende Franchisegebühr. Umgekehrt kann bei Vertragsgestaltung durch den Franchisenehmer der risikoaverse Franchisegeber durch Reduzierung seiner Deckungsspanne gegen Gewinnschwankungen abgesichert werden. Dies geschieht durch eine Reduzierung der laufenden Franchisegebühr. Mit der höheren Deckungsspanne für die risikoneutrale Vertragspartei erhöht sich der Werbeanreiz für diese Partei.

8. Zusammenfassung und Ausblick

Die Theorie des Franchising hat sich zunächst intensiv mit der Frage beschäftigt, unter welchen Bedingungen das Franchising Vorteile gegenüber anderen Vertriebsformen, insbesondere dem Filialsystem, aufweist und sich somit um die Entwicklung von Ansätzen zur Erklärung des Franchising bemüht. Gegenwärtig entwickelt sich die Theorie hauptsächlich in zwei Richtungen weiter. Zum einen sind verschiedene entscheidungstheoretisch orientierte Arbeiten erschienen, die sich mit der Ausgestaltung von Franchiseverträgen vor dem Hintergrund der Lösung von Anreizproblemen beschäftigen. Zum anderen gibt es in jüngerer Zeit vermehrt Beiträge, die Aspekte der Führung und Strategieentwicklung in Franchisesystemen untersuchen. Als Beispiele seien die Arbeiten von Reuss (1993), Kloyer (1995), Stein (1996) und Meurer (1997) genannt.

Einen Beitrag zur entscheidungstheoretischen Analyse der Vertragsgestaltung im Franchising zu leisten, war das Ziel dieser Arbeit. Anders als Teile der entscheidungstheoretischen Literatur zum Franchising und gestützt durch die Ergebnisse empirischer Analysen erfolgte dabei eine Konzentration auf unvollständige Franchiseverträge und die Analyse zweiseitiger Anreizprobleme. Der entscheidungstheoretischen Literatur zum Franchising folgend, konnte dabei methodisch an die Prinzipal-Agenten-Theorie angeknüpft werden, deren Grundmodell hier problemspezifisch modifiziert wurde.

Betrachtet wurde ein Franchisesystem mit einer exogen gegebenen Zahl von Franchisenehmern, die für ihr jeweiliges Verkaufsgebiet Gebietsschutz genießen. Die innerhalb eines Verkaufsgebiets wirksam werdende Nachfrage hing von absatzpolitischen Maßnahmen sowohl des Franchisegebers als auch des Franchisenehmers ab. Ausstrahlungseffekte zwischen verschiedenen Verkaufsgebieten wurden vernachlässigt, so daß die Franchisenehmer ihre Absatzaktivitäten unabhängig voneinander festlegen konnten. Unter der Annahme homogener Nachfrage- und Kostenbedingungen für die einzelnen Franchisenehmer konnte die Analyse der Vertragsgestaltung auf ein einzelnes Verkaufsgebiet beschränkt werden. Zwei alternative Marktformen wurden betrachtet: das Monopol und das unvollkommene Polypol. Im Fall des Monopols wurde vereinfachend angenommen, daß die lokale Werbung des

Franchisenehmers eine für den Absatzerfolg vernachlässigbare Rolle spielt. Im Fall des unvollkommenen Polypols wurde vereinfachend ein gegebener Marktpreis angenommen, an dem sich der Franchisenehmer orientiert.

In dem in Kapitel 3 betrachteten Grundmodell kann der Franchisegeber im Fall monopolistischer Verhältnisse die Absatzpolitik des vollständigen Vertrags durch Wahl einer 100%igen laufenden Franchisegebühr und Erstattung der gesamten dem Franchisenehmer entstehenden variablen Verkaufskosten induzieren. Daher erweist sich ein Grenzfall des Franchising als optimal, bei dem die Vertragsgestaltung mit dem Franchisenehmer Ähnlichkeiten mit der eines Angestellten des Franchisegebers aufwies. Ein Unterschied zum Angestelltenverhältnis ist gleichwohl die größere Autonomie des Franchisenehmers. Im Fall polypolistischer Verhältnisse sind die Werbeausgaben des vollständigen Vertrags durch einen unvollständigen Vertrag hingegen nicht induzierbar. Bei positiven Deckungsspannen sind die Werbeausgaben beider Vertragsparteien relativ zum vollständigen Vertrag zu gering. Aus Sicht des Franchisegebers sind alle Kombinationen aus Handelsabgabepreis und laufender Franchisegebühr äquivalent, die zu dem gleichen Anteil der Deckungsspanne des Franchisenehmers an der gesamten Deckungsspanne führen. Bei der betrachteten speziellen Responsefunktion ist der optimale Anteil vom Verhältnis der Werbewirkungsparameter abhängig. Dieser Anteil ist dabei um so geringer, je größer die Effektivität der auf das Verkaufsgebiet bezogenen Werbung des Franchisenehmers ist.

Der im Grundmodell im Fall monopolistischer Verhältnisse abgeleitete optimale Vertrag beinhaltet wegen der verschwindenden Deckungsspanne für den Franchisenehmer kein Gewinnrisiko. Dieser Vertrag bleibt damit auch in dem im Kapitel 4 betrachteten Fall der Risikoaversion des Franchisenehmers optimal. Da annahmegemäß die Varianz des Gewinns des Franchisenehmers unabhängig von den Werbeausgaben der Vertragsparteien ist, ergibt sich im Fall polypolistischer Verhältnisse dasselbe Nash-Gleichgewicht der Werbeausgaben wie im Grundmodell. Im Vergleich zum Grundmodell ist hingegen bei gegebenem Handelsabgabepreis im Optimum die laufende Franchisegebühr geringer, so daß sich die Varianz des Franchisenehmergewinns reduziert.

Im Kapitel 5 erfolgte die Modellierung begrenzt opportunistischen Verhaltens anhand des Konzepts der Organisationsloyalität. Trotz Vorliegen von

Organisationsloyalität erweist sich im Fall monopolistischer Verhältnisse derselbe Vertrag wie im Grundmodell als optimal. Begrenzter Opportunismus ist in diesem Fall für die Vertragsgestaltung irrelevant. Dagegen hat im Fall polypolistischer Verhältnisse der Grad der Organisationsloyalität sehr wohl einen Einfluß auf die Vertragsgestaltung, dessen Richtung sich aber ohne nähere Spezifikation der Responsefunktion nicht angeben läßt. Im Fall der betrachteten speziellen Responsefunktion sinkt (steigt) bei zunehmender Organisationsloyalität der optimale Anteil des Franchisenehmers an der gesamten Deckungsspanne, je nachdem ob die Effektivität der Werbung des Franchisenehmers größer oder kleiner als die Effektivität der Werbung des Franchisegebers ist.

Bei Vorliegen der in Kapitel 6 betrachteten privaten Informationen kennt eine Vertragspartei die Ausprägung für die Vertragsgestaltung relevanter Größen, die andere Partei aber nicht. Betrachtet wurden private Informationen über solche Größen, die der Franchisegeber zur Bestimmung des optimalen Vertrags benötigt bzw. die der Franchisenehmer für die Entscheidung über Annahme oder Ablehnung des Vertrags benötigt. Die Analyse beschränkte sich dabei auf solche Informationen, die einer Partei bereits vor Vertragsabschluß bekannt waren. Es wurden Rahmenverträge betrachtet, die die Vertragskomponenten als Funktionen derjenigen Größe formulieren, über die bei einer Vertragspartei private Informationen vorliegen. Aufgrund des Offenbarungsprinzips konnte die Analyse auf solche Rahmenverträge beschränkt werden, die Anreize zur wahrheitsgemäßen Offenlegung der privaten Informationen beinhalten.

Zunächst wurden private Informationen über Werbewirkungsparameter, anschließend solche über Kostenparameter betrachtet. Der im Grundmodell bei öffentlicher Information abgeleitete Vertrag erweist sich dabei auch dann als optimal, wenn der Franchisenehmer private Informationen über den Werbewirkungsparameter μ_l besitzt, da dieser Vertrag zu einem von μ_l unabhängigen Gewinn des Franchisenehmers führt. Hingegen beinhaltet dieser Vertrag für den Franchisegeber einen Anreiz, das Vorliegen eines geringeren Wirkungsparameters μ_g seiner Werbung zu behaupten, führt also nicht zu einer wahrheitsgemäßen Berichterstattung über μ_g. Notwendig und hinreichend für eine wahrheitsgemäße Berichterstattung ist es, daß der Gewinn des Franchisegebers unabhängig von der tatsächlich vorliegenden Ausprägung von μ_g ist. Durch diese Bedingung ist der optimale Rahmenvertrag allerdings nur bei Vorliegen des maximal möglichen Werbewirkungsparameters bestimmt. Anders als im Grundmodell ist es für eine wahrheitsgemäße Berichterstattung durch den Franchisegeber erforderlich, dem Franchisenehmer bei Vorliegen einer geringeren als der maximal möglichen Ausprägung von μ_g einen strikt größeren Gewinn als den Reservationsgewinn einzuräumen.

Im Fall monopolistischer Verhältnisse und bei privater Information des Franchisenehmers über die Grenzkosten des Verkaufs führt der optimale Vertrag des Grundmodells zu einem Anreiz für den Franchisenehmer, höhere als die tatsächlich vorliegenden Grenzkosten des Verkaufs zu behaupten. Die formale Analyse führt zu einem nichtlinearen Gleichungssystem zur Bestimmung des Handelsabgabepreises und der laufenden Franchisegebühr in Abhängigkeit von den Grenzkosten des Verkaufs. Qualitative Aussagen über die Änderung dieser Vertragskomponenten bei steigenden Grenzkosten des Verkaufs können dabei nur unter sehr speziellen Annahmen getroffen werden. Falls zwischen beiden Vertragskomponenten eine komplementäre Beziehung vorliegt und die Preiselastizität der Nachfrage relativ gering ist, nehmen beide Größen mit steigenden Grenzkosten des Verkaufs ab. Bezieht sich die private Information des Franchisenehmers auf die Fixkosten des Verkaufs, so sind Handelsabgabepreis und laufende Franchisegebühr wie im Grundmodell zu wählen. Anders als im Grundmodell darf die fixe Franchisegebühr aber nicht mit den Fixkosten des Verkaufs variieren, wenn dem Franchisenehmer Anreize zur wahrheitsgemäßen Berichterstattung gegeben werden sollen.

Im Fall polypolistischer Verhältnisse gibt der im Grundmodell abgeleitete Vertrag bei privater Information über die Grenzkosten des Verkaufs dem Franchisenehmer Anreize, höhere als die tatsächlich vorliegenden Grenzkosten zu behaupten. Um eine wahrheitsgemäße Berichterstattung durch den Franchisenehmer zu erzielen, ist ein Abweichen von dem ihm im Grundmodell eingeräumten Anteil an der gesamten Deckungsspanne erforderlich. Ist $\mu_g \geq \mu_l$, so ist dieser Anteil größer als im Grundmodell. Er nimmt mit steigenden Grenzkosten des Verkaufs ab. Bezieht sich die private Information des Franchisenehmers hingegen auf die Fixkosten des Verkaufs, so ist der gleiche Anteil an der gesamten Deckungsspanne wie im Grundmodell optimal. Analog zum Fall monopolistischer Verhältnisse darf die fixe Franchisegebühr bei Optimalität wahrheitsgemäßer Berichterstattung nicht von den Fixkosten des Verkaufs abhängen. Bei Vorliegen privater Information des Franchisegebers über die Grenzkosten der Produktion beinhaltet der optimale Vertrag des Grundmodells Anreize, das Vorliegen geringerer Grenzkosten zu behaupten. Der optimale Rahmenvertrag sieht vor, daß dem Franchisenehmer die gesamte Deckungsspanne zukommt. Die fixe Franchisegebühr muß dann unabhängig von den tatsächlich vorliegenden Grenzkosten der Produktion sein und ist so zu wählen, daß die Teilnahmebedingung des Franchisenehmers bei Vorliegen der maximal möglichen Grenzkosten bindend ist.

Anders als im Grundmodell und in den übrigen Kapiteln wurde in Kapitel 7 die Vertragsgestaltung nicht aus Sicht des Franchisegebers sondern aus Sicht des Franchisenehmers analysiert. Bei unterstellter Risikoneutralität der Vertragsparteien ergibt sich sowohl im Fall monopolistischer als auch bei polypolistischen Verhältnissen im Optimum der gleiche Handelsabgabepreis und die gleiche laufende Franchisegebühr wie bei Vertragsgestaltung durch den Franchisegeber. Unterschiede ergeben sich lediglich in der fixen Franchisegebühr. Zurückführen läßt sich dieses Ergebnis auf die Möglichkeit des Vertragsgestalters, den erwarteten Gewinn der anderen Vertragspartei auf deren Reservationsgewinn zu beschränken sowie auf die Separation zwischen Anreiz- und Gewinnverteilungsaufgaben der monetären Vertragskomponenten. Das Bild ändert sich, wenn Machtverteilung und Risikoeinstellung der Vertragsparteien nicht unabhängig voneinander variieren, sondern diejenige Vertragspartei zu deren Gunsten die Macht asymmetrisch verteilt ist, der Vertragsgestalter also, z.B. aufgrund eines Diversifikationseffektes von Investitionen in verschiedenen geographisch abgegrenzten Verkaufsgebieten als risikoneutral angesehen werden kann, die andere Vertragspartei aber risikoavers ist. Bei ausreichend ausgeprägter Risikoaversion des Franchisegebers verliert der im Grundmodell im Fall monopolistischer Verhältnisse abgeleitete Vertrag seine Optimalität. Die Wahl von Handelsabgabepreis und laufender Franchisegebühr hängt dann von der Effektivität der Werbung des Franchisegebers ab. Bei geringer Werbeeffektivität wird auf die laufende Franchisegebühr verzichtet und erfolgt der Warenaustausch zu Grenzkosten des Franchisegebers. Bei diesem Vertrag verschwindet die Dekkungsspanne des Franchisegebers. Dieser trägt daher kein Gewinnrisiko, verzichtet aber auch auf Werbemaßnahmen. Bei hoher Werbeeffektivität ist der Franchisegeber trotz ausgeprägter Risikoaversion am Absatzrisiko zu beteiligen, damit ein Anreiz für Werbemaßnahmen entsteht. Im Fall polypolistischer Verhältnisse sind die Optimalitätsbedingungen für Handelsabgabepreis und laufende Franchisegebühr wie im Grundmodell äquivalent. Unterstellt man, daß der Warenaustausch zu Grenzkosten des Franchisegebers erfolgt, so ist die optimale laufende Franchisegebühr geringer als im Grundmodell und damit erst recht geringer im Vergleich zur Vertragsgestaltung durch den Franchisegeber bei Risikoaversion des Franchisenehmers. Daraus läßt sich folgern, daß der optimale Vertrag höhere Anreize für Werbemaßnahmen für diejenige Vertragspartei beinhaltet, zu deren Gunsten die Macht zwischen den Vertragsparteien asymmetrisch verteilt ist.

Es bestehen zahlreiche Möglichkeiten zur Erweiterung der vorliegenden Analyse. So ließe sich etwa bei monopolistischen Marktverhältnissen der Fall berücksichtigen, daß der Absatz in einem Verkaufsgebiet auch durch Werbemaßnahmen des Franchisenehmers beeinflußt wird. Zwar sind in diesem Fall die Anreizwirkungen eines gegebenen Franchisevertrags nicht mehr analytisch bestimmbar, bei vollständiger Spezifikation und Parametrisierung der Responsefunktion ist aber eine Ermittlung des optimalen Vertrags auf numerischem Wege möglich.

Die in dieser Arbeit vorgenommene Konzentration der Analyse auf die Vertragsbeziehung zwischen dem Franchisegeber und **einem** Franchisenehmer ist nicht möglich, wenn etwa in den einzelnen Verkaufsgebieten heterogene Nachfrage- und Kostenbedingungen vorliegen und/oder die Absatzaktivitäten der Franchisenehmer auf benachbarte Verkaufsgebiete ausstrahlen. In diesem Fall verkompliziert sich die Analyse der Anreizwirkungen eines gegebenen Franchisevertrags.

Abweichend von dem Vorgehen in dieser Arbeit wäre es interessant, den Einfluß einer eventuell vorliegenden Risikoaversion der Vertragsparteien auf die Vertragsgestaltung bei allgemeineren Risikopräferenzen, die sich nicht durch ein (μ,σ)-Modell abbilden lassen bzw. bei alternativen Risikomaßnahmen, wie etwa der Verlustwahrscheinlichkeit anstelle der Gewinnvarianz, zu untersuchen.

Anstelle der in dieser Arbeit in Kapitel 5 angenommenen identischen Ausprägung der Organisationsloyalität der Vertragsparteien, ließen sich die Konsequenzen asymmetrischer Loyalität für die Vertragsgestaltung untersuchen.

Anders als in Kapitel 6 angenommen, dürften in der Realität private Informationen nicht nur bei einer Vertragspartei vorhanden sein bzw. sich die private Information nicht nur auf eine Variable beziehen. In beiden Fällen führt die Analyse der Vertragsgestaltung methodisch in den Bereich der ökonomisch bislang wenig verwendeten Theorie der Kontrolle von Systemen mit verteilten Parametern. Schließlich wäre es auch von Interesse, den Einfluß privater Informationen auf die Vertragsgestaltung bei Machtübergewicht des Franchisenehmers zu untersuchen.

In Zukunft ist zu erwarten, daß entscheidungstheoretische Analysen der Vertragsgestaltung im Franchising auch Fragen der Vertragsänderung im Zeitablauf thematisieren. Methodisch würde eine derartige Analyse auf dynamische Ansätze der Prinzipal-Agenten-Theorie basieren, die allerdings derzeit noch in den Kinderschuhen stecken.

Anhänge

Anhang zu Kapitel 3

1. Existenz und Eindeutigkeit des Nash-Gleichgewichts (p*,A*)

Gegeben seien die Präferenzfunktionen

(A.1) $\Psi^{FG} = \left[f \cdot p + \left(w - c^{FG}\right)\right] \cdot x(p, A) + F - A - K_{Fix}^{FG}$

(A.2) $\Psi^{FN} = \left[(1 - f) \cdot p - \left(w + c^{FN}\right)\right] \cdot x(p, a) - F - K_{Fix}^{FN}$

der Vertragsparteien sowie die konvexen und kompakten Strategiemengen

(A.3) $S^{FG} = \left\{A \mid A \in \left[0, \bar{A}\right]\right\}, \quad S^{FN} = \left\{p \mid p \in \left[0, P\left(\bar{A}\right)\right]\right\}.$

Dabei sei $\bar{A}$ die Obergrenze für die Werbeausgaben des Franchisegebers in einer Periode. Mit P(A) sei der Prohibitivpreis bei gegebenen Werbeausgaben A des Franchisegebers bezeichnet.

Folgende Annahmen seien erfüllt:

- Ψ^{FG} und Ψ^{FN} sind stetig und beschränkt,
- für jedes gegebene $A \in S^{FG}$ existiert ein eindeutiges $p^*(A) \in S^{FN}$, das Ψ^{FG} maximiert,
- für jedes gegebene $p \in S^{FN}$ existiert ein eindeutiges $A^*(p) \in S^{FG}$, das Ψ^{FG} maximiert.

Unter diesen Annahmen existiert bei gegebenem (w,f,F)-Vertrag mindestens ein Nash-Gleichgewicht (p*,A*).[1]

Die Gestalt der Reaktionsfunktionen p*(A) und A*(p) ergibt sich aus den Bedingungen 1. Ordnung zur Maximierung der Präferenzfunktionen

---

1 Vgl. z.B. Friedman (1986), S. 39.

$$(A.4)\quad (1-f)\cdot x(p,A)+\left[(1-f)\cdot p-\left(w+c^{FN}\right)\right]\cdot\frac{\partial x}{\partial p}(p,A)=0$$

$$(A.5)\quad \left[f\cdot p+\left(w-c^{FG}\right)\right]\cdot\frac{\partial x}{\partial A}(p,A)-1=0\,.$$

Unterstellt man Separabilität der Responsefunktion x(p,A), d.h., gilt $\partial^2 x/\partial p\partial A=0$, so folgt aus (A.4)

$$(A.6)\quad \frac{dp^*}{dA}=-\frac{(1-f)\cdot\partial x/\partial A}{\partial^2\Psi^{FN}/\partial p^2}>0\,,\ \text{für } f\neq 1.$$[2]

Aus (A.5) folgt

$$(A.7)\quad \frac{dA^*}{dp}=-\frac{f\cdot\partial x/\partial A}{\partial^2\Psi^{FG}/\partial A^2}>0\,,\ \text{für } f\neq 0.$$[3]

Beide Reaktionsfunktionen sind also monoton steigend. Allerdings ist A* nur dann größer als Null, wenn

$$(A.8)\quad \left[f\cdot p+\left(w-c^{FG}\right)\right]\cdot\left.\frac{\partial x}{\partial A}\right|_{A=0}>1$$

gilt. Andernfalls ist A* = 0. Für $p\leq p_{min}$ mit p_{min} definiert durch

$$(A.9)\quad \left[f\cdot p_{min}+\left(w-c^{FG}\right)\right]\cdot\left.\frac{\partial x}{\partial A}\right|_{A=0}=1$$

ist daher A* = 0. Die folgende Abbildung zeigt den Verlauf der Reaktionsfunktion für den Fall $p^*(0) > p_{min}$.

---

2 Wegen $\partial^2\Psi^{FN}/\partial p^2<0$.

3 Wegen $\partial^2\Psi^{FG}/\partial A^2<0$.

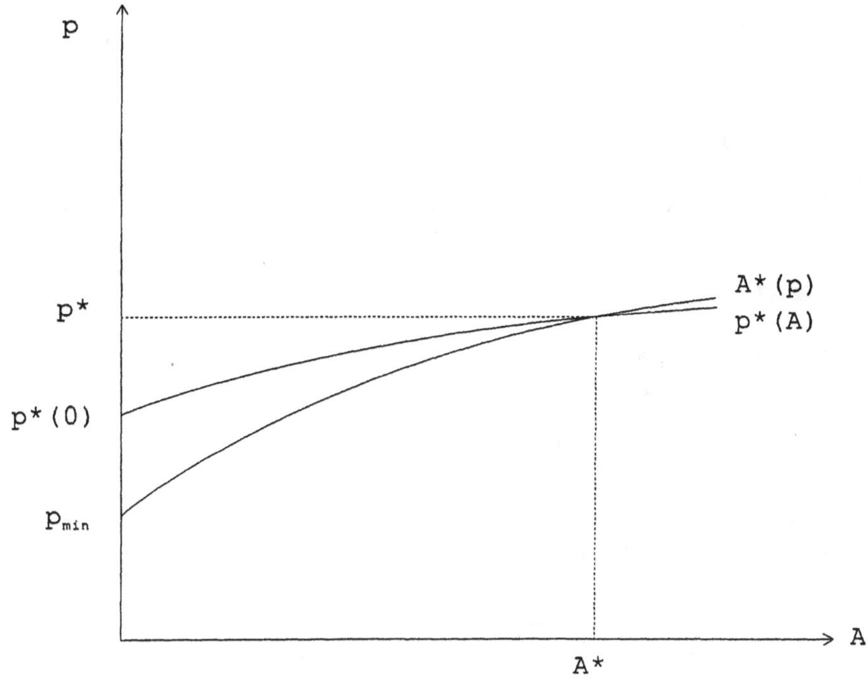

Abb. A1: Verlauf der Reaktionsfunktionen

Die oben getroffenen Annahmen reichen im allgemeinen noch nicht aus, um die Eindeutigkeit des Nash-Gleichgewichts (p*,A*) sicherzustellen. Dazu muß zusätzlich die Beschränktheit der Ableitungen der Reaktionsfunktion gegeben sein, d.h., es muß ein λ mit $0 < \lambda < 1$ existieren, so daß

$$\text{(A.10)} \quad \frac{dp^*(A)}{dA} \leq \lambda, \frac{dA^*(p)}{dp} \leq \lambda$$

gilt. Ist (A.10) erfüllt, so ist die Abbildung $(p,A) \rightarrow (p^*(A), A^*(p))$ eine sogenannte Kontraktion und das Nash-Gleichgewicht (p*,A*) ist eindeutig.[4]

Betrachtet man beispielsweise die in p lineare Responsefunktion

$$\text{(A.11)} \quad x = b \cdot (\theta\hat{} + h(A) - p)$$

---

4 Vgl. Friedman (1986), S. 44.

mit $\theta\hat{} = E[\theta]$, $h(0) = 0,\ h'(0) = \infty,\ h'(A) > 0,\ h''(A) < 0,\ h(A) < k$,

so gilt

(A.12) $p^*(A) = \frac{1}{2} \cdot \left[\theta\hat{} + h(A) + \frac{w + c^{FN}}{1-f}\right]$, für $f \neq 1$

und damit

(A.13) $DS^{FG} = f \cdot p^*(A) + (w - c^{FG})$

$$= \frac{f}{2} \cdot \left[\theta\hat{} + h(A) + \frac{w + c^{FN}}{1-f}\right] + (w - c^{FG}).$$

Im Nash-Gleichgewicht muß

(A.14) $DS^{FG} \cdot \frac{\partial x}{\partial A} = 1 \Leftrightarrow b \cdot h'(A) = 1/DS^{FG}$

gelten. Für $A = 0$ folgt $DS^{FG} = \frac{f}{2} \cdot \left[\theta\hat{} + \frac{w + c^{FN}}{1-f}\right] + (w - c^{FG})$

$< \left.\frac{\partial x}{\partial A}\right|_{A=0} = b \cdot h'(0) = \infty$. Für $A \to \infty$ folgt

$$DS^{FG} \to \frac{f}{2} \cdot \left[\theta\hat{} + k + \frac{w + c^{FN}}{1-f}\right] + (w - c^{FG}) > 0 = \left.\frac{\partial x}{\partial A}\right|_{A \to \infty}.$$ [5]

Demnach gibt es genau einen Schnittpunkt der Kurven $\frac{\partial x}{\partial A}$ und $1/DS^{FG}$. Falls $DS^{FG} > 0$ und $p^*(0) \geq p_{min}$, existiert für die Spezifikation (A.11) also ein eindeutiges inneres Nash-Gleichgewicht (p*, A*) mit A* > 0. Allerdings

---

5 Für $A^* > 0$ muß $DS^{FG} > 0$ sein.

liegt nur solange ein inneres Nash-Gleichgewicht vor, wie $p^* < P(A^*)$ gilt. Nun gilt

$$\text{(A.14)}\quad p^* < P(A) \Leftrightarrow \theta\hat{}+h(A^*) > \frac{w+c^{FN}}{1-f} \Leftrightarrow DS^{FN} > 0\,.$$

Ist (A.14) nicht erfüllt, gilt aber $p^*(0) = P(0)$, so ist $(P(0) = \theta\hat{},0)$ ein Randgleichgewicht.[6] Ist hingegen $p^*(0) < P(0)$, so existiert keine Gleichgewichtslösung.

Falls $p^*(0) < p_{min}$ gilt, ergibt sich schließlich $(p^*(0),0)$ als Randgleichgewicht.

2. Zur Konkavität der Zielfunktion (3.17) und globalen Optimalität von t^{GM}

Mit

$$\text{(A.15)}\quad DS^{FN} = t\cdot(p\hat{}-c),\ DS^{FG} = (1-t)\cdot(p\hat{}-c), t\in[0,1]$$

ergibt sich ein inneres Nash-Gleichgewicht (a^*,A^*) mit $a^* > 0$, $A^* > 0$ aus

$$\text{(A.16)}\quad t\cdot(p\hat{}-c)\cdot\frac{\partial x}{\partial a} = 1, (1-t)\cdot(p\hat{}-c)\cdot\frac{\partial x}{\partial A} = 1\,.$$

Betrachtet sei das Intervall $[t-,t+]\subset[0,1]$, in dem $a^* > 0$, $A^* > 0$ gilt. Für $t\in[t-,t+]$ folgt

$$\text{(A.17)}\quad \Psi^{FG} = (p\hat{}-c)\cdot x(p\hat{},a^*,A^*) - (a^*+A^*) - \Pi^{FN}_{min} - K_{Fix}\,.$$

Ferner ist

$$\text{(A.18)}\quad \frac{\partial a^*}{\partial t} = -\frac{(p\hat{}-c)\cdot\partial x/\partial a}{t(p\hat{}-c)\cdot\partial^2 x/\partial a^2} = -\frac{1}{t}\cdot\frac{\partial x/\partial a}{\partial^2 x/\partial a^2}\,.$$

---

6 Falls der Franchisenehmer bei $A > 0$ den Prohibitivpreis $P(A)$ wählen sollte, ist es für den Franchisegeber optimal, ganz auf Werbung zu verzichten.

Für die Responsefunktion (3.36) ist $\frac{\partial x / \partial a}{\partial^2 x / \partial a^2} = -\frac{1}{\mu_1} =: k_a$ mit k_a = const. < 0. Analog gilt

$$\text{(A.19)} \quad \frac{\partial A^*}{\partial t} = \frac{1}{1-t} \cdot \frac{\partial x / \partial A}{\partial^2 x / \partial A^2}.$$

Im Fall der Responsefunktion (3.36) ist $\frac{\partial x / \partial A}{\partial^2 x / \partial A^2} = -\frac{1}{\mu_g} =: k_A$ mit k_A = const. < 0. Somit folgt

$$\text{(A.20)} \quad \frac{\partial}{\partial t}[a^* + A] = \frac{1}{1-t} \cdot k_A - \frac{1}{t} \cdot k_a.$$

Mit x = x(p^,a*,A*) folgt weiter

$$\text{(A.21)} \quad \frac{\partial x}{\partial t} = \frac{\partial x}{\partial a^*} \cdot \frac{\partial a^*}{\partial t} + \frac{\partial x}{\partial A^*} \cdot \frac{\partial A^*}{\partial t}$$

$$= -\frac{\partial x}{\partial a^*} \cdot \frac{1}{t} \cdot k_a + \frac{\partial x}{\partial A^*} \cdot \frac{1}{1-t} \cdot k_A.$$

Nach Einsetzen von (A.16) folgt daraus

$$\text{(A.22)} \quad (p\hat{}-c) \cdot \frac{\partial x}{\partial t} = -\frac{1}{t^2} \cdot k_a + \frac{1}{(1-t)^2} \cdot k_A.$$

Wegen (A.20) und (A.22) gilt für die Ableitung von (A.17)

$$\text{(A.23)} \quad \frac{\partial \Psi^{FG}}{\partial t} = -\frac{1}{t^2} \cdot k_a + \frac{1}{(1-t)^2} \cdot k_A - \frac{1}{1-t} \cdot k_A + \frac{1}{t} \cdot k_a$$

$$= \frac{t-1}{t^2} \cdot k_a + \frac{t}{(1-t)^2} \cdot k_A.$$

Für die zweite Ableitung gilt daher

$$\text{(A.24)} \quad \frac{\partial^2 \Psi^{FG}}{\partial t^2} = \frac{t \cdot (2-t)}{t^4} \cdot k_a + \frac{1-t^2}{(1-t)^4} \cdot k_A < 0$$

für $t \in [t-, t+]$. Falls $t^{GM} \in [t-, t+]$, liegt für $t = t^{GM}$ ein lokales Maximum von Ψ^{FG} vor.

Für $t \in [0,t-]$ ist $a^* = 0$ und damit

(A.25) $$\frac{\partial \Psi^{FG}}{\partial t} = \frac{1}{(1-t)^2} \cdot k_A - \frac{1}{(1-t)} \cdot k_A = \frac{t}{(1-t)^2} \cdot k_A \leq 0 .$$

Daher liegt ein Randmaximum von Ψ^{FG} bei $t = 0$ vor. Für $t = 0$ folgt

(A.26) $$\Psi^{FG}(t=0) = (p^\wedge - c) \cdot x(p^\wedge, 0, A_{voll}) - A_{voll} - \Pi^{FN}_{min} - K_{Fix} .$$

Für $t \in [t+,1]$ ist $A^* = 0$ und damit

(A.27) $$\frac{\partial \Psi^{FG}}{\partial t} = -\frac{1}{t^2} \cdot k_a + \frac{1}{t} \cdot k_a = \frac{t-1}{t^2} \cdot k_a \geq 0 .$$

Daher liegt auch bei $t = 1$ ein Randmaximum von Ψ^{FG} vor. Für $t = 1$ gilt

(A.28) $$\Psi^{FG}(t=1) = (p^\wedge - c) \cdot x(p^\wedge, a_{voll}, 0) - a_{voll} - \Pi^{FN}_{min} - K_{Fix} .$$

Für die Spezifikation (3.36) der Responsefunktion sei nun nachgewiesen, daß bei t^{GM} unter bestimmten Bedingungen das globale Maximum von Ψ^{FG} angenommen wird. Dazu sei zunächst $\Psi^{FG}(t = 0)$ mit $\Psi^{FG}(t = 1)$ berechnet. Wegen

(A.29) $$A_{voll} = \frac{1}{\mu_g} \cdot \ln\left[(p^1 - c) \cdot b \cdot \mu_g \cdot k/2\right]$$

folgt zunächst

(A.30) $$x(p^\wedge, 0, A_{voll}) = b \cdot \left[\theta^\wedge + \frac{k}{2} \cdot \left[1 - \frac{1}{(p^\wedge - c) b \mu_g k/2}\right] - p\right]$$

$$= b \cdot (\theta^\wedge - p) + \frac{(p^\wedge - c) b \mu_g k/2 - 1}{(p^\wedge - c) \cdot \mu_g}$$

und damit

$$\text{(A.31)}\quad \Psi^{FG}(t=0)=b\cdot(p\^{}-c)\cdot(\theta\^{}-p\^{})+\frac{(p\^{}-c)\cdot b\cdot\mu_g\cdot k/2-1}{\mu_g}$$

$$-A_{voll}-\Pi_{min}^{FN}-K_{Fix}.$$

Analog ergibt sich

$$\text{(A.32)}\quad \Psi^{FG}(t=1)=b\cdot(p\^{}-c)\cdot(\theta\^{}-p\^{})+\frac{(p\^{}-c)\cdot b\cdot\mu_l\cdot k/2-1}{\mu_l}$$

$$-a_{voll}-\Pi_{min}^{FN}-K_{Fix}.$$

Bildet man die Differenz von (A.32) und (A.31), so ergibt sich

$$\text{(A.33)}\quad \Psi^{FG}(t=1)-\Psi^{FG}(t=0)$$

$$=\frac{(p\^{}-c)b\mu_l k/2-1}{\mu_l}-\frac{(p\^{}-c)b\mu_g k/2-1}{\mu_g}-(a_{voll}-A_{voll})$$

$$=\frac{1}{\mu_g}-\frac{1}{\mu_l}-(a_{voll}-A_{voll}).$$

Falls (p^ - c) hinreichend groß ist, folgt aus (A.33)

$$\text{(A.34)}\quad \mu_g>\mu_l\Rightarrow\frac{1}{\mu_g}<\frac{1}{\mu_l};a_{voll}>A_{voll}$$

$$\Rightarrow\Psi^{FG}(t=1)<\Psi^{FG}(t=0).$$

$$\mu_g<\mu_l\Rightarrow\frac{1}{\mu_g}>\frac{1}{\mu_l};a_{voll}>A_{voll}$$

$$\Rightarrow\Psi^{FG}(t=1)>\Psi^{FG}(t=0).$$

$$\mu_g=\mu_l\Rightarrow\Psi^{FG}(t=1)=\Psi^{FG}(t=0).$$

Falls also $\mu_g > \mu_l$ gilt, nimmt bei t = 0 Ψ^{FG} einen größeren Wert an als bei t = 1. Umgekehrt ist bei $\mu_l > \mu_g$ die Randlösung t = 1 vorzuziehen. Ist $\mu_g = \mu_l$, so wird bei t = 0 derselbe Wert für Ψ^{FG} wie bei t = 1 erreicht.

Im folgenden wird für den Fall $\mu_l = \mu_g = \mu$ gezeigt, daß die innere Lösung $t^{GM} = 1/2$ die Randlösungen t = 0 bzw. t = 1 dominiert, sofern (p^ - c) und/oder μ hinreichend groß ist.[7]

Wegen $\mu_l = \mu_g$ gilt

$$\text{(A.35)}\quad a^* = A^* = \frac{1}{\mu}\cdot \ln\left[1/2\cdot(p^\wedge - c)\cdot b\cdot \mu\cdot k/2\right]$$

und damit

$$\text{(A.36)}\quad x(p^\wedge, a^*, A^*) = b\cdot\left[\theta^\wedge + k\cdot\left[1 - \frac{1}{1/2\cdot(p^\wedge - c)b\mu k/2}\right] - p\right]$$

$$= b\cdot(\theta^\wedge - p^\wedge) + \frac{1/2(p^\wedge - c)b\mu k/2 - 1}{1/4(p^\wedge - c)\mu}.$$

Einsetzen in (A.17) liefert

$$\text{(A.37)}\quad \Psi^{FG}(t^{GM} = 1/2) = b\cdot(\theta^\wedge - p)\cdot(p^\wedge - c) + \frac{1/2(p^\wedge - c)b\mu k/2 - 1}{1/4\cdot\mu}$$

$$-2\cdot a^* - \Pi^{FN}_{min} - K_{Fix}.$$

Daher gilt

$$\text{(A.38)}\quad \Psi^{FG}(t^{GM} = 1/2) - \Psi^{FG}(t = 1) = \Psi^{FG}(t^{GM} = 1/2) - \Psi^{FG}(t = 0)$$

$$= \frac{(p^\wedge - c)b\mu k - 4}{\mu} - \frac{(p^\wedge - c)b\mu k/2 - 1}{\mu} - (2\cdot a^* - a_{voll}).$$

---

7 Analog läßt sich für den Fall $\mu_l \neq \mu_g$ argumentieren.

Beim Übergang von der Randlösung t = 1 zur inneren Lösung $t^{GM} = 1/2$ ergibt sich ein zusätzlicher Deckungsbeitrag in Höhe von $[(p\hat{}-c)b\mu k/2-3]/\mu$. Andererseits entstehen zusätzliche Werbeausgaben der Vertragsparteien in Höhe von $(2 \cdot a^* - a_{voll})$. Wegen (A.35) und (A.29) sowie a* = A* gilt

$$\text{(A.39)} \quad a^* = \frac{1}{\mu} \cdot \ln[(p\hat{}-c) \cdot b \cdot \mu \cdot k/2] + \frac{1}{\mu} \cdot \ln[1/2]$$

$$= a_{voll} + \frac{1}{\mu} \cdot \ln[1/2].$$

Daher entsprechen die zusätzlich anfallenden Werbeausgaben $(a_{voll} + 2/\mu \cdot \ln[1/2])$. Die innere Lösung dominiert die Randlösung, falls der zusätzliche Deckungsbeitrag die zusätzlichen Werbeausgaben übersteigt, d.h., wenn

$$\text{(A.40)} \quad (p\hat{}-c) \cdot b \cdot \mu \cdot k/2 - 3 > \mu \cdot a_{voll} + 2 \cdot \ln[1/2]$$

$$\Leftrightarrow (p\hat{}-c) \cdot b \cdot \mu \cdot k/2 - \ln[(p\hat{}-c) \cdot b \cdot \mu \cdot k/2] > 3 + 2 \cdot \ln[1/2] \approx 1{,}614$$

gilt. Diese Beziehung ist bei hinreichend großem (p^ - c) bzw. μ erfüllt.

3. Übertragung der Ergebnisse auf den Fall mehrerer Verkaufsgebiete

Zur Übertragung der im Grundmodell erzielten Ergebnisse auf den Fall mehrerer Verkaufsgebiete (n > 1) wird von den folgenden vereinfachenden Annahmen ausgegangen.

1. Der mit den verschiedenen Franchisenehmern abgeschlossene Vertrag sei hinsichtlich des Handelsabgabepreises und der laufenden Franchisegebühr identisch. Unterschiede mögen sich lediglich in der fixen Franchisegebühr ergeben.

2. Die Grenzkosten des Verkaufs seien in allen Verkaufsgebieten identisch.

3. In allen Verkaufsgebieten gilt dieselbe Responsefunktion mit gebietsspezifischen Parametern.

Im Fall monopolistischer Verhältnisse kann der Franchisegeber weiterhin durch Wahl von $w = -c^{FN}$ und $f = 1$ erreichen, daß die Franchisenehmer in ihren Verkaufsgebieten den optimalen Endpreis des vollständigen Vertrags wählen. Wegen der gebietsspezifischen Responsefunktion ist der Endpreis in den Verkaufsgebieten allerdings nicht identisch. Wegen der verschwindenden Deckungsspannen der Franchisenehmer wählt der Franchisegeber weiterhin die optimalen Werbeausgaben des vollständigen Vertrags. Gebietsspezifische Unterschiede ergeben sich lediglich in der (negativen) fixen Franchisegebühr.

Im Fall polypolistischer Verhältnisse ist analog zu (3.3) der erwartete Gewinn des Franchisegebers bei $n > 1$ Verkaufsgebieten durch

$$\text{(A.41)}\quad \Psi^{FG} = DS^{FG} \cdot \sum_{i=1}^{n} x_i(p^\wedge, a_i, A) + \sum_{i=1}^{n} F_i - A - K_{Fix}^{FG}$$

gegeben. Wird die fixe Franchisegebühr wieder so gewählt, daß die Teilnahmebedingung des i-ten Franchisenehmers als Gleichung erfüllt ist, so folgt sofern die Mindestgewinnforderung aller Franchisenehmer identisch ist, analog zu (3. 17)

$$\text{(A.42)}\quad \Psi^{FG} = \sum_{i=1}^{n} \left(p^\wedge - c_i\right) \cdot x_i\left(p^\wedge, a_i{}^*, A^*\right) - \left(\sum_{i=1}^{n} a_i{}^* + A^*\right) - n \cdot \Pi_{min}^{FN} - K_{Fix}.$$

Da die übrigen Rechnungen analog zum Fall $n = 1$ durchzuführen sind, läßt sich die Optimumbedingung (3.31) unmittelbar zu

$$\text{(A.43)}\quad \frac{DS^{FG}}{\left(DS^{FN}\right)^2} \cdot \sum_{i=1}^{n} \frac{\partial x_i / \partial a_i}{\partial^2 x_i / \partial a_i^2} = \frac{DS^{FN}}{\left(DS^{FG}\right)^2} \cdot \sum_{i=1}^{n} \frac{\partial x_i / \partial A}{\partial^2 x_i / \partial A^2}$$

verallgemeinern.

Gilt nun für jedes Verkaufsgebiet die Responsefunktion (3.36) mit gebietsspezifischen Parametern, so verallgemeinert sich (3.40) zu

$$(A.44)\quad \frac{DS^{FG}}{\left(DS^{FN}\right)^2}\cdot\sum_{i=1}^{n}\frac{1}{\mu_1^i}=\frac{DS^{FN}}{\left(DS^{FG}\right)^2}\cdot\frac{n}{\mu_g}.$$

Mit $\lambda_i^{'}=\frac{\mu_1^i}{\mu_g}$ als Maß für die relative Effektivität der Werbung des i-ten Franchisenehmers folgt in Verallgemeinerung von (3.41)·

$$(A.45)\quad \frac{DS^{FG}}{DS^{FN}}=n^{1/3}\left[\sum_{i=1}^{n}\frac{1}{\lambda_i^{'}}\right]^{-1/3}:=\lambda.$$

Damit ergibt sich qualitativ dieselbe Lösung wie (3.42).

Anhang zu Kapitel 6

1. Die Anreizwirkungen des Handelsabgabepreises und der laufenden Franchisegebühr auf das Nash-Gleichgewicht (p*, A*)

Ausgangspunkt der Untersuchung der Anreizwirkungen von (w, f) sind die Bestimmungsgleichungen

$$(A.46)\quad \frac{\partial\Psi^{FN}}{\partial p}=(1-f)\cdot x(p^*,A^*)+\left[(1-f)\cdot p^*-\left(w+c^{FN}\right)\right]\cdot\frac{\partial x}{\partial p}(p^*,A^*)=0$$

$$(A.47)\quad \frac{\partial\Psi^{FG}}{\partial A}=\left[f\cdot p^*+\left(w-c^{FG}\right)\right]\cdot\frac{\partial x}{\partial A}(p^*,A^*)-1=0$$

für das Nash-Gleichgewicht (p*,A*). Totale Differentiation von (A.41) und (A.47) nach w führt auf das Gleichungssystem

$$\begin{bmatrix}\frac{\partial^2\Psi^{FN}}{\partial p^2} & \frac{\partial^2\Psi^{FN}}{\partial A\partial p}\\ \frac{\partial^2\Psi^{FG}}{\partial A\partial p} & \frac{\partial^2\Psi^{FG}}{\partial A^2}\end{bmatrix}\cdot\begin{pmatrix}\partial p^*/\partial w\\ \partial A^*/\partial w\end{pmatrix}=-\begin{pmatrix}\frac{\partial^2\Psi^{FN}}{\partial p\partial w}\\ \frac{\partial^2\Psi^{FG}}{\partial A\partial w}\end{pmatrix}.$$

Aufgrund der Konkavität von Ψ^{FN} bzw. Ψ^{FG} sind die Hauptdiagonalelemente der Systemmatrix negativ. Wegen der Separabilität der Responsefunktion gilt ferner

$$(A.48)\quad \frac{\partial^2\Psi^{FN}}{\partial A \partial p} = (1-f)\cdot\frac{\partial x}{\partial A} > 0, \frac{\partial^2\Psi^{FG}}{\partial A \partial p} = f\cdot\frac{\partial x}{\partial A} > 0,$$

so daß das Vorzeichen der Determinante Δ der Systemmatrix zunächst unbestimmt ist. Es sei angenommen, $\Delta > 0$ gilt, d.h., daß die Hauptdiagonalelemente überwiegen. Die Auflösung des Gleichungssystems führt zu

$$\begin{pmatrix} \partial p^*/\partial w \\ \partial A^*/\partial w \end{pmatrix} = -\frac{1}{\Delta}\cdot\begin{bmatrix} \frac{\partial^2\Psi^{FG}}{\partial A^2} & -\frac{\partial^2\Psi^{FN}}{\partial p \partial A} \\ -\frac{\partial^2\Psi^{FG}}{\partial p \partial A} & \frac{\partial^2\Psi^{FG}}{\partial p \partial p} \end{bmatrix}\cdot\begin{pmatrix} \frac{\partial^2\Psi^{FN}}{\partial p \partial w} \\ \frac{\partial^2\Psi^{FG}}{\partial A \partial w} \end{pmatrix}.$$

Wegen

$$(A.49)\quad \frac{\partial^2\Psi^{FN}}{\partial p \partial w} = -\frac{\partial x}{\partial p} > 0, \frac{\partial^2\Psi^{FG}}{\partial A \partial w} = \frac{\partial x}{\partial A} > 0$$

folgt

$$(A.50)\quad \frac{\partial p^*}{\partial w} = -\frac{1}{\Delta}\cdot\left[\frac{\partial^2\Psi^{FG}}{\partial A^2}\cdot\frac{\partial^2\Psi^{FN}}{\partial p \partial w} - \frac{\partial^2\Psi^{FN}}{\partial p \partial A}\cdot\frac{\partial^2\Psi^{FG}}{\partial A \partial w}\right] > 0,$$

$$(A.51)\quad \frac{\partial A^*}{\partial w} = -\frac{1}{\Delta}\cdot\left[-\frac{\partial^2\Psi^{FG}}{\partial A \partial p}\cdot\frac{\partial^2\Psi^{FN}}{\partial p \partial w} + \frac{\partial^2\Psi^{FN}}{\partial p^2}\cdot\frac{\partial^2\Psi^{FG}}{\partial A \partial w}\right] > 0.$$

Unter den getroffenen Annahmen erhält man also das ökonomisch plausible Resultat, daß der Endpreis und die Werbeausgaben mit steigendem Handelsabgabepreis zunehmen.

Für die Anreizwirkung der laufenden Franchisegebühr auf das Nash-Gleichgewicht (p^*,A^*) ergibt sich analog

$$\begin{pmatrix} \partial p^*/\partial f \\ \partial A^*/\partial f \end{pmatrix} = -\frac{1}{\Delta} \cdot \begin{bmatrix} \frac{\partial^2 \Psi^{FG}}{\partial A^2} & -\frac{\partial^2 \Psi^{FN}}{\partial p \partial A} \\ -\frac{\partial^2 \Psi^{FG}}{\partial A \partial p} & \frac{\partial^2 \Psi^{FN}}{\partial p^2} \end{bmatrix} \cdot \begin{pmatrix} \frac{\partial^2 \Psi^{FN}}{\partial p \partial f} \\ \frac{\partial^2 \Psi^{FG}}{\partial A \partial f} \end{pmatrix}.$$

Wegen

$$\text{(A.52)} \quad \frac{\partial^2 \Psi^{FN}}{\partial p \partial f} = -\left(x + p^* \cdot \frac{\partial x}{\partial p} \right) = -x(1+\varepsilon) > 0,$$

$$\text{da } \varepsilon = \frac{\partial x}{\partial p} \cdot \frac{p^*}{x} < -1$$

$$\text{(A.53)} \quad \frac{\partial^2 \Psi^{FG}}{\partial A \partial f} = p^* \cdot \frac{\partial x}{\partial A} > 0$$

liegt dieselbe Vorzeichenkonstellation wie bei der Analyse der Anreizwirkung des Handelsabgabepreises vor. Endpreis und Werbeausgaben steigen daher bei Erhöhung der laufenden Franchisegebühr.

2. Zur Konkavität der Hamiltonfunktion (6.61)

Wegen (A.24) und $\lambda(c^{FN}) \leq 0$ reicht es aus, die Konkavität von $t \cdot X$ zu zeigen. Für die zweite Ableitung erhält man den Ausdruck

$$\text{(A.54)} \quad \frac{\partial^2 (t \cdot X)}{\partial t^2} = 2 \cdot \frac{\partial X}{\partial t} + t \cdot \frac{\partial^2 X}{\partial t^2}.$$

Wegen (A.22) folgt zunächst

$$\text{(A.55)} \quad (\hat{p} - c) \cdot \frac{\partial^2 X}{\partial t^2} = \frac{2}{(1-t)^3} \cdot k_A + \frac{2}{t^3} \cdot k_a .$$

Einsetzen von (A.22) und (A.55) in (A.54) liefert

(A.56) $(p\hat{}-c)\cdot\frac{\partial^2(t\cdot X)}{\partial t^2} = (p\hat{}-c)\cdot\left[\frac{2}{(1-t)^2}+\frac{2t}{(1-t)^3}\right]\cdot k_A < 0.$

Die Hamiltonfunktion ist daher in t konkav.

3. Begründung von $t'(c^{FN}) < 0$ bei privater Information des Franchisenehmers über die Grenzkosten des Verkaufs und spezieller Wahl der Responsefunktion

Nach (6.62) gilt im Optimum

(A.57) $$\frac{\partial H}{\partial t} = \left[(p\hat{}-c)\cdot\frac{\partial X}{\partial t}-\frac{\partial(a^*+A^*)}{\partial t}\right]\cdot g(c^{FN}) - (G(c^{FN})-1)\cdot\left(X+t\cdot\frac{\partial X}{\partial t}\right)$$

$$=0$$

Aufgrund der Konkavität der Hamiltonfunktion ist

(A.58) $$\operatorname{sign}(t'(c^{FN})) = \operatorname{sign}\left(\frac{\partial^2 H}{\partial c^{FN}\partial t}\right).$$

Für die Responsefunktion (3.36) ist der Ausdruck in eckigen Klammern wegen (A.23) konstant und daher unabhängig von c^{FN}. Daher gilt

(A.59) $$\frac{\partial^2 H}{\partial c^{FN}\partial t} = \left[(p\hat{}-c)\cdot\frac{\partial X}{\partial t}-\frac{\partial(a^*+A^*)}{\partial t}\right]\cdot g'(c^{FN})$$

$$+(1-G(c^{FN}))\cdot\frac{\partial X}{\partial c^{FN}}+(1-G(c^{FN}))\cdot t\cdot\frac{\partial^2 X}{\partial c^{FN}\partial t} - g(c^{FN})\cdot\left(X+t\cdot\frac{\partial X}{\partial t}\right).$$

Da $t > t^{GM}$, ist $(p\hat{}-c)\cdot\frac{\partial X}{\partial t}-\frac{\partial(a^*+A^*)}{\partial t}<0$. Aus (A.57) folgt dann $\left(X+t\cdot\frac{\partial X}{\partial t}\right)>0$. Der Ausdruck $\frac{\partial x}{\partial c^{FN}}$ ist negativ, da mit steigenden Grenzkosten des Verkaufs die gesamte Deckungsspanne und damit die Werbeausgaben der Vertragsparteien sinken.

Wegen (A.22) folgt

$$\text{(A.60)}\quad \frac{\partial^2 X}{\partial c^{FN} \partial t} = \left[\frac{1}{(1-t)^2} \cdot k_A - \frac{1}{t^2} \cdot k_a \right] \cdot \frac{1}{(p^\wedge - c)^2}.$$

Dieser Ausdruck ist negativ, wenn

$$\text{(A.61)}\quad \frac{1}{(1-t)^2} \cdot k_A \leq \frac{1}{t^2} \cdot k_a \Leftrightarrow \left(\frac{1-t}{t} \right)^2 \leq k_A / k_a \Leftrightarrow \frac{1-t}{t} \leq (k_A / k_a)^{1/2}.$$

Da der Ausdruck (1-t)/t fallend in t ist, ist die Ungleichung (A.61) für hinreichend große Werte für t erfüllt.

Falls nun $g'(c^{FN}) \geq 0$ gilt und damit eine steigende Hazardrate vorliegt, ist (A.59) insgesamt negativ. Aus (A.58) folgt $t'(c^{FN}) < 0$.

Abbildungsverzeichnis

		Seite
Abb. 2.1:	Klassifikation der Literaturansätze	17
Abb. 2.2:	Verlauf der Nachfragefunktionen bei Mathewson/Winter	37
Abb. 3.1:	Schematische Darstellung des untersuchten Franchise-sytems	59
Abb. 3.2:	Kombinationen aus Handelsabgabepreis und laufender Franchisegebühr, die (3.11) erfüllen	68
Abb. 3.3:	Parallelverschiebung der Preisabsatzfunktion durch Werbung	77
Abb. 3.4:	Verlauf der Responsefunktion und unterschiedlicher Effektivität lokaler Werbung	78
Abb. 4.1:	Auflösung der Optimalitätsbedingung für die laufende Franchisegebühr	96
Abb. 5.1:	Graphische Bestimmung des optimalen Anteils des Franchisenehmers an der gesamten Deckungsspanne	117
Abb. 6.1:	Ereignissequenz bei privater Information des Franchisenehmers über μ_1	129
Abb. 6.2:	Verlauf der Gewinnfunktion des Franchise-nehmers	138
Abb. 6.3:	Ereignissequenz bei privater Information des Franchisenehmers über die Grenzkosten des Verkaufs	140
Abb. 6.4:	Verlauf des optimalen Anteilswerts bei steigenden Grenzkosten des Verkaufs	157

Abb. 6.5: Ereignissequenz bei privater Information des Franchisegebers über die Grenzkosten der Produktion 163

Abb. 7.1: Auflösung der Optimalitätsbedingung für die laufende Franchisegebühr 190

Abb. A1: Verlauf der Reaktionsfunktionen 201

Tabellenverzeichnis

		Seite
Tab. 2.1:	Ansätze der normativen Analyse von Franchiseverträgen	18
Tab. 3.1:	Einordnung der analysierten Fälle	62
Tab. 3.2:	Entwicklung von Werbeausgaben, Absatzmenge und fixer Franchisegebühr bei unterschiedlichen Werten für die Effektivität der Werbung	82
Tab. 4.1:	Kompatibilität von Bernoulli- und (μ,σ)-Prinzip	88
Tab. 5.1:	Anteil des Franchisenehmers an der gesamten Deckungsspanne, Werbeausgaben und fixe Franchisegebühr bei alternativen Werten des Loyalitätsparameters	120
Tab. 6.1:	Einordnung der analysierten Fälle	147
Tab. 6.2:	Anteil des Franchisenehmers an der gesamten Deckungsspanne, laufende und fixe Franchisegebühr und Gewinne der Vertragsparteien bei alternativen Werten der Grenzkosten des Verkaufs	159
Tab. 7.1:	Machtverteilung und Verhältnisse am Produkmarkt	170
Tab. 7.2:	Bestimmung des optimalen Vertrags bei geringer Effektivität der Werbung des Franchisegebers	183
Tab. 7.3:	Bestimmung des optimalen Vertrags bei hoher Effektivität der Werbung des Franchisegebers	185

Symbolverzeichnis

a	:	Werbeausgaben des Franchisenehmers
A	:	Werbeausgaben des Franchisegebers
c^{FN}	:	Grenzkosten des Verkaufs
c^{FG}	:	Grenzkosten der Produktion
c	:	gesamte Grenzkosten
DS^{FN}	:	Deckungsspanne des Franchisenehmers
DS^{FG}	:	Deckungsspanne des Franchisegebers
f	:	laufende Franchisegebühr
F	:	fixe Franchisegebühr
g	:	Wahrscheinlichkeitsdichte
G	:	Verteilungsfunktion
k	:	Grenzwert der Werbewirkung
K_{Fix}^{FN}	:	Fixkosten des Franchisenehmers
K_{Fix}^{FG}	:	Fixkosten des Franchisegebers
K_{Fix}	:	gesamte Fixkosten
m^{FN}	:	Meldung des Franchisenehmers über c^{FN}
m_{Fix}^{FN}	:	Meldung des Franchisenehmers über K_{Fix}^{FN}
m^{FG}	:	Meldung des Franchisegebers über c^{FG}
m_l	:	Meldung des Franchisenehmers über μ_l
m_g	:	Meldung des Franchisegebers über μ_g
n	:	Anzahl der Franchisenehmer bzw. der Verkaufsgebiete
p	:	Endpreis
q	:	Loyalitätsparameter
r^{FN}	:	Parameter der Risikoaversion des Franchisenehmers
r^{FG}	:	Parameter der Risikoaversion des Franchisegebers
t	:	Anteil des Franchisenehmers an der gesamten Deckungsspanne
w	:	Handelsabgabepreis
W^{FN}	:	Gewinn des Franchisenehmers bei wahrheitsgemäßer Berichterstattung
W^{FG}	:	Gewinn des Franchisegebers bei wahrheitsgemäßer Berichterstattung
x	:	Absatzmenge
Θ	:	Nachfrageparameter
μ_l	:	Parameter der Werbewirkung des Franchisenehmers

μ_g	:	Parameter der Werbewirkung des Franchisegebers
Π^{FN}	:	Gewinn des Franchisenehmers
Π^{FG}	:	Gewinn des Franchisegebers
σ^2	:	Varianz der Absatzmenge
Ψ^{FN}	:	Präferenzfunktion des Franchisenehmers
Ψ^{FG}	:	Präferenzfunktion des Franchisegebers

Literaturverzeichnis

Agrawal, D./Lal, R. (1995): Contractual Arrangements in Franchising: An Empirical Investigation. Journal of Marketing Research 32, S. 213 - 221

Ahlert, D. (1981): Absatzkanalstrategien des Konsumgüterherstellers auf der Grundlage Vertraglicher Vertriebssysteme mit dem Handel. In: Ahlert, D. (Hrsg.):Vertragliche Vertriebssysteme zwischen Industrie und Handel. Wiesbaden, S. 43 - 98

Ahlert, D. (1996): Distributionspolitik, 3. Auflage. Stuttgart, Jena

Ahlert, D./Schröder, H. (1989): Rechtliche Grundlagen des Marketing. Stuttgart u.a.

Albach, H. (1989): Organisation: Mikroökonomische Theorie und ihre Anwendungen. Wiesbaden

Albers, S. (1995): Optimales Verhältnis zwischen Festgehalt und erfolgsabhängiger Entlohnung bei Verkaufsaußendienstmitarbeitern. Zeitschrift für betriebswirtschaftliche Forschung 47, S. 124 - 142

Al-Najjar, N. I. (1995): Incomplete Contracts and the Governance of Complex Contractual Relationships. American Economic Review 85, S. 432 - 436

Arrow, K. J. (1985): The Economics of Agency. In: Pratt, J. W./Zeckhauser, R. J. (eds.): Principal and Agents: The Structure of Business. Boston, S. 37 - 51

Aspinwall, L. (1967): The Characteristics of Goods and Parallel Systems Theory. In: Mallen, B. E. (ed.): The Marketing Channel: A Conceptual Viewpoint. New York u.a., S. 82 - 93

Ausschuß für Begriffsdefinitionen aus der Handels- und Absatzwirtschaft (1995): Katalog E, 4. Ausgabe. Köln

Baiman, S./Evans, J. H. (1993): Pre-Decision Information and Participative Management Control Systems. Journal of Accounting Research 21, S. 371 - 395

Baligh, H./Richartz, L. E. (1987): Vertical Market Structures. Boston

Bamberg, G./Coenenberg, A. G. (1992): Betriebswirtschaftliche Entscheidungslehre, 7. Auflage. München

Banks, J. S./Sobel, J. (1987): Equilibrium Selection in Signalling Games. Econometrica 55, S. 647 - 662

Barth, K. (1993): Betriebswirtschaftslehre des Handels, 2. Auflage. Wiesbaden

Basu, A. K./Lal, R./Srinivasan, V./Staelin, R. (1985): Salesforce Compensation Plans: An Agency Theoretic Perspective. Marketing Science 4, S. 267 - 291

Bergen, M./Dutta, S./Walker, O. (1992): Agency Relationships in Marketing: A Review of the Implications and Applications of Agency and Related Theories. Journal of Marketing 56, S. 1 - 24

Berger, U./Bernhard-Mehlich, I. (1993): Die Verhaltenswissenschaftliche Entscheidungstheorie. In: Kieser, A. (Hrsg.): Organisationstheorien. Stuttgart u.a., S. 127 - 160

Bhattacharyya, S./Lafontaine, F. (1995): Double-sided Moral Hazard and the Nature of Share Contracts. Rand Journal of Economics 26, S. 761 - 781

Blair, B. F./Lewis, T. R. (1994): Optimal Retail Contracts with Asymmetric Information and Moral Hazard. Rand Journal of Economics 25, S. 284 - 296

Blair, R. D./Kaserman, D. L. (1982): Optimal Franchising. Southern Economic Journal 50, S. 494 - 505

Blair, R. D./Kaserman, D. L. (1994): A Note on Incentive Incompatibility under Franchising. Review of Industrial Organization 9, S. 323 - 390

Böcker, F. (1972): Der Distributionsweg der Unternehmung. Berlin

Boehm, H. (1993): Corporate Identity als Erfolgsfaktor in Franchise-Systemen und Verbundgruppen. In: Birkigt, K./Stadler, M./Funk, H. J. (Hrsg.): Corporate Identity, 6. Auflage. Landsberg am Lech, S. 233 - 244

Bonanno, G./Vickers, J. (1988): Vertical Separation. The Journal of Industrial Economics 36, S. 257 - 265

Brauer, U. (1989): Die vertikale Kooperation als Absatzwegestrategie für Herstellerunternehmen. München

Breid, V. (1995): Aussagefähigkeit agencytheoretischer Ansätze im Hinblick auf die Verhaltenssteuerung von Entscheidungsträgern. Zeitschrift für betriebswirtschaftliche Forschung 47, 1995, S. 821 - 854

Brickley, J. A./Dark, F. H. (1987): The Choice of Organizational Form: The Case of Franchising. Journal of Financial Economics 18, S. 401 - 420

Brickley, J. A./Dark, F. H./Weisbach, M. S. (1991): An Agency Perspective on Franchising. Financial Management 20, S. 27 - 37

Brill, J. E. (1994): Beyond Managerial Opportunism: Supplier Power and Managerial Compliance in a Franchised Marketing Channel. Journal of Business Research 30, S. 211 - 223

Brown, W. O. (1998): Transaction Costs, Corporate Hierarchies and the Theory of Franchising. Journal of Economic Behavior and Organization 36, S. 319 - 329

Carney, M./Gedajlovic, E. (1991): Vertical Integration in Franchise Systems: Agency Theory and Resource Explanations. Strategic Management Journal 12, S. 607 - 629

Caves, R. E./Murphy, W. F. (1976): Franchising: Firms, Markets, and Intangible Assets. Southern Economic Journal 42, S. 572 - 586

Cho, I.-K./Kreps, D. (1987): Signalling Games and Stable Equilibria. Quarterly Journal of Economics 102, S. 179 - 221

Christensen, J. (1981): Communication in Agencies. Bell Journal of Economics 12, S. 661 - 674

Christensen, J. (1982): The Determination of Performance Standards and Participation. Journal of Accounting Research 20, S. 589 - 603

Chu, W. (1992): Demand Signalling and Screening in Channels of Distribution. Marketing Science 11, S. 327 - 347

Chwolka, A. (1996): Contolling als ökonomische Institution: eine agency-theoretische Analyse. Heidelberg

Clague, C. (1993): Rule Obedience, Organizational Loyalty, and Economic Development. Journal of Institutional and Theoretical Economics 149, S. 393 - 414

Clemens, R. (1988): Die Bedeutung des Franchising in der Bundesrepublik Deutschland. Stuttgart

Cooper, R./Ross, T. W. (1985): Product Warranties and Double Moral Hazard. Rand Journal of Economics 16, S. 103 - 113

Corstjens, M./Doyle, P. (1979): Channel Optimization in Complex Marketing Systems. Management Science 25, S. 1014 - 1025

Coughlan, A. T. (1985): Competition and Cooperation in Marketing Channel Choice: Theory and Application. Marketing Science 4, S. 110 - 129

Coughlan, A. T./Lal, R. (1992): Retail Pricing: Does Channel Length Matter? Managerial and Decision Economics 13, S. 201 - 214

Coughlan, A. T./Sen, S. K. (1989): Salesforce Compensation: Theory and Managerial Implications. Marketing Science 8, S. 324 - 342

Coughlan, A. T./Wernerfelt, B. (1989): On Credible Delegation by Oligopolists: A Discussion of Distribution Channel Management. Management Science 35, S. 226 - 239

Dinkelbach, W. (1982): Entscheidungsmodelle. Berlin, New York

Dnes, A. W. (1992 a): Franchising: A Case-study Approach. Aldershot u.a.

Dnes, A. W. (1992 b): "Unfair" Contractual Practices and Hostages in Franchise Contracts. Journal of Institutional and Theoretical Economics 148, S. 484 - 504

Dnes, A. W. (1996): The Economic Analysis of Franchise Contracts: Survey Article. Journal of Institutional and Theoretical Economics 152, S. 297 - 324

Donaldson, L. (1990): The Ethereal Hand: Organizational Economics and

Management Theory. Academy of Management Review 15, S. 369 – 381

Elschen, R. (1991): Gegenstand und Anwendungsmöglichkeiten der Agency-Theorie. Zeitschrift für betriebswirtschaftliche Forschung 43, S. 1002 - 1012

Emons, W. (1988): Warranties, Moral Hazard, and the Lemon Problem. Journal of Economic Theory 46, S. 16 - 33

Eswaran, M./Kotwal, A. (1985): A Theory of Contractual Structure in Agriculture. American Economic Review 75, S. 352 - 367

Ewert, R. (1990): Wirtschaftsprüfung und asymmetrische Information. Berlin u.a.

Feichtinger, G./Hartl, R. F. (1986): Optimale Kontrolle ökonomischer Prozesse. Berlin, New York

Florenz, P. J. (1992): Konzept des vertikalen Marketing: Entwicklung und Darstellung am Beispiel der deutschen Automobilwirtschaft. Bergisch Gladbach

Föhr, S. (1991): Ökonomische Analyse der internen Organisation. Wiesbaden

Folkers, D. (1975): Monopolistische Preispolitik bei stochastischer Nachfrage. Göttingen

French, J. R./Raven, B. (1959): The Bases of Social Power. In: Cartwright, D.: Studies in Social Power. Ann Arbor, S. 150 - 167

Friedman, J. W. (1986): Game Theory with Applications to Economics. New York, Oxford

Gaitanides, M./Westphal, J. (1992): Nachfragemacht. In: Diller, H. (Hrsg.): Vahlens Großes Marketing Lexikon. München, Sp. 800 - 802

Gallini, N. T./Lutz, N. A. (1992): Dual Distribution and Royalty Fees in Franchising. Journal of Law, Economics, & Organization 8, S. 471 - 501

Gal-Or, E. (1991 a): Optimal Franchising in Oligopolistic Markets with

Uncertain Demand. International Journal of Industrial Organization 9, S. 343 - 364

Gal-Or, E. (1991 b): Vertical Restraints with Incomplete Information. Journal of Industrial Economics 39, S. 503 - 516

Gaski, J. F. (1984): The Theory of Power and Conflict in Channels of Distribution. Journal of Marketing 48, S. 9 - 29

Grossman, S./Hart, O. (1983): An Analysis of the Principal-Agent Problem. Econometrica 51, S. 7 - 45

Grossman, S./Hart, O. (1986): The Costs and Benefits of Ownership: A Theory of Vertical and Lateral Integration. Journal of Political Economy 94, S. 691 - 719

Guesnerie, R./Laffont, J.-J. (1984): A Complete Solution to a Class of Principal-Agent Problems with an Application to the Control of a Self-Managed Firm. Journal of Public Economics 25, S. 329 - 369

Hanrieder, M. (1991): Franchising: Planung und Praxis. Neuwied

Hardy, K./Magrath, A. J. (1988): Marketing Channel Management. Glenview (Ill.)

Harris, M./Raviv, A. (1979): Optimal Incentive Contracts with Imperfect Information. Journal of Economic Theory 20, S. 231 - 259

Harris, M./Townsend, R. M. (1981): Resource Allocation under Asymmetric Information. Econometrica 49, S. 1477 - 1499

Hart, O. (1987): Incomplete Contracts. In: Eatwell, J./Milgate, M./Newman, P. (eds.): The New Palgrave Dictionary of Economics, Vol. 2. London, S. 752 - 759

Hart, O./Holmström, B. (1987): The Theory of Contracts. In: Bewley, T. F. (ed.): Advances in Economic Theory, Fifth World Congress. Cambridge, S. 71 - 155

Hartmann-Wendels, T. (1989): Principal-Agent-Theorie und asymmetrische Informationsverteilung. Zeitschrift für Betriebswirtschaft 59, S. 714 - 734

Hax, H. (1991): Theorie der Unternehmung- Information, Anreize und Vertragsgestaltung. In: Ordelheide, D./Rudolph, B./Büsselmann, E. (Hrsg.): Betriebswirtschaftslehre und ökonomische Theorie. Stuttgart, S. 51 - 72

Hess, J. D. (1983): The Economics of Organization. Amsterdam u.a.

Hesterly, W. S./Liebeskind, J./Zenger, T. R. (1990): Organizational Economics: An Impending Revolution in Organization Theory? Academy of Management Review 15, S. 402 - 420

Holmstöm, B. (1979): Moral Hazard and Observability. Bell Journal of Economics 10, S. 74 - 98

Ingene, C. A./Parry M. E. (1995): Channel Coordination when Retailers Compete. Marketing Science 14, S. 360 - 377

Jensen, M. C. (1983): Organization Theory and Methodology. Accounting Review 58, S. 319 - 339

Jeuland, A. P./Shugan, S. M. (1983): Coordination in Marketing Channels. In: Gautschi, D. A. (ed.):, Productivity and Effiency in Distribution Systems. New York u.a., S. 17 - 34

Jeuland, A. P./Shugan, S. M. (1983): Managing Channel Profits. Marketing Science 2, S. 239 - 272

John, G. (1984): An Empirical Investigation of Some Antecedents of Opportunism in a Marketing Channel. Journal of Marketing Research 21, S. 278 - 289

Kaas, K. P. (1992): Kontraktgütermarketing als Koopeartion zwischen Prinzipalen und Agenten. Zeitschrift für betriebswirtschaftliche Forschung 43, S. 884 - 901

Kaas, K. P. (1995): Marketing zwischen Markt und Hierarchie. In: Kaas, K. P. (Hrsg.): Kontrakte, Geschäftsbeziehungen, Netzwerke: Marketing und neue Institutionenökonomik. Düsseldorf, S. 19 - 42

Kah, A. (1994): Profitcenter-Steuerung: Ein Beitrag zur theoretischen Fundierung des Controlling anhand des Principal-Agent-Ansatzes. Stuttgart

Katz, B. G./Owen, J. (1992): On the Existence of Franchise Contracts and some of their Implications. International Journal of Industrial Organization 10, S. 567 - 593

Kaufmann, P. J. (1996): The State of Research in Franchising. Franchising Research 1, S. 4 - 7

Kaufmann, P. J./ Lafontaine, F. (1994): Costs of Control: The Source of Economic Rents for McDonald's Franchisees. Journal of Law and Economics 37, S. 417 - 453

Kiener, S. (1990): Die Principal-Agent-Theorie aus informationsökonomischer Sicht. Heidelberg

Kieser, A. (1995): Loyalität und Commitment. In: Kieser, A./Reber, G./Wunderer, R. (Hrsg.): Handwörterbuch der Führung, 2. Auflage. Stuttgart, Sp. 1442 - 1456

Kieser, A./ Kubicek, H. (1983): Organisation, 2. Auflage. Berlin u.a.

Kloyer, M. (1995): Management von Franchisenetzwerken: Eine Resource-Dependence-Perspektive. Wiesbaden

Krelle, W. (1976): Preistheorie, Bd. 2, 2. Auflage. Tübingen

Krueger, A. B. (1991): Ownership, Agency, and Wages: An Examination of Franchising in the Fast Food Industry. Quarterly Journal of Economics 106, S. 75 - 101

Kunkel, M. (1994): Franchising und asymmetrische Information: Eine institutionenökonomische Untersuchung. Wiesbaden

Lafontaine, F. (1992): Agency Theory and Franchising: Some Empirical Results. Rand Journal of Economics 23, S. 263 - 283

Lafontaine, F. (1996): The Economics of Franchising: Some Thoughts on Interesting Research Issues. Franchising Research 1, S. 29 - 32

Lafontaine, F./Bhattacharyya, S. (1995): The Role of Risk in Franchising. Journal of Corporate Finance 2, S. 39 - 74

Lafontaine, F./ Kaufmann, P. J. (1994): The Evolution of Ownership Patterns in Franchise Systems. Journal of Retailing 70, S. 97 - 113

Lafontaine, F./ Slade, M. E. (1997): Retail Contracting: Theory and Practice. Journal of Industrial Economics 45, S. 1 - 25

Lal, R. (1990): Improving Channel Coordination Through Franchising. Marketing Science 9, S. 299 - 318

Lal, R./Srinivasan, V. (1993): Compensation Plans for Single- and Multiproduct Salesforce: An Application of the Holmström-Milgrom Model. Management Science 38, S. 777 - 793

Laux, H. (1990): Risiko, Anreiz und Kontrolle: Principal-Agent-Theorie; Einführung und Verbindung mit dem Delegationswert-Konzept. Berlin u.a.

Laux, H. (1995): Erfolgssteuerung und Organisation. Berlin u.a.

Laux, H./Liermann, F. (1993): Grundlagen der Organisation: Die Steuerung von Entscheidungen als Grundproblem der Betriebswirtschaftslehre, 3. Auflage. Berlin u.a.

Laux,H./ Schenk-Mathes, H. Y. (1992): Lineare und nichtlineare Anreizsysteme: Ein Vergleich möglicher Konsequenzen. Heidelberg

Lee, L. W. (1984): Franchising and Interbrand Competition. Southern Economic Journal 51, S. 219 - 234

Levinthal, D. (1988): A Survey of Agency Models of Organizations. Journal of Economic Behavior and Organization 9, S. 153 - 185

Loistl, O. (1994): Kapitalmarktheorie, 3. Auflage. München

Maas, P. (1990): Franchising in wirtschaftspsychologischer Perspektive: Handlungsspielraum und Handlungskompetenz in Franchise-Systemen; eine empirische Studie bei Franchisenehmern. Frankfurt

Maas, R.-M. (1980): Absatzwege -Konzeptionen und Modelle. Wiesbaden

Markowitz, H. M. (1959): Portfolio Selection. New York

Martin, R. E. (1988): Franchising and Risk Management. American Economic Review 78, S. 954 - 968

Martinek, M. (1987): Franchising: Grundlagen der zivil- und wettbewerbsrechtlichen Behandlung der vertikalen Gruppenkooperation beim Absatz von Waren und Dienstleistungen. Heidelberg

Mathewson. G. F./Winter, R. A. (1984): An Economic Theory of Vertical Restraints. Rand Journal of Economics 15, S. 27 - 38

Mathewson. G. F./Winter, R. A. (1985): The Economics of Franchise Contracts. Journal of Law and Economics 28, S. 503 - 526

Mathewson. G. F./Winter, R. A. (1994): Territorial Restrictions in Franchise Contracts. Economic Inquiry 32, S. 181 - 192

McGuire, T. W./Staelin, R. (1983): An Industry Equilibrium Analysis of Downstream Vertical Integration. Marketing Science 2, S. 161 - 191.

Meffert, H. (1981): Verhaltenswissenschaftliche Aspekte Vertraglicher Vertriebssysteme. In: Ahlert, D. (Hrsg.): Vertragliche Vertriebssysteme zwischen Industrie und Handel. Wiesbaden, S. 99 - 124

Meurer, J. (1997): Führung von Franchisesystemen: Grundlagen – Führungsytpen - Verhaltens- und Erfolgswirkungen. Wiesbaden

Meyer, A. (1992): Finanzinnovationen: Optimale Verträge im Rahmen von Ein- und Mehr-Agenten-Ansätzen der Principal-Agent-Theorie. Frankfurt a. Main

Miller, G. J. (1992): Managerial Dilemmas: The Political Economy of Hierarchy. Cambridge

Minkler, A. P. (1990): An Empirical Analysis of a Firm´s Decision to Franchise. Economics Letters 34, S. 77 - 82

Minkler, A. P. (1992): Why Firms Franchise: A Search Cost Theory. Journal of Institutional and Theoretical Economics 148, S. 240 - 259

Mirrlees, J. A. (1976): The Optimal Structure of Incentives and Authority in an Organization. Bell Journal of Economics 7, S. 105 - 131

Moe, T. M. (1984): The New Economis of Organization. American Journal of Political Science 28, S. 739 - 777

Montgomery, D. B./Urban, G. L. (1969): Management Science in Marketing. Englewood Cliffs

Moorthy, K. S. (1987): Managing Channel Profits: Comment. Marketing Science 6, S. 375 - 379

Moorthy, K. S. (1988): Strategic Decentralization in Marketing Channels. Marketing Science 7, S. 335 - 355

Myers, D. G. (1996): Social Psychology, 5 th. edition. New York

Myerson, R. B. (1979): Incentive Compatibility and the Bargaining Problem. Econometrica 47, S. 61 - 73

Myerson, R. B. (1982): Optimal Coordination Mechanism in Generalized Principal-Agent Problems. Journal of Mathematical Economics 10, S. 67 - 81

Naert, P. A./Leeflang, P. S. (1978): Building Implementable Marketing Models. Leiden, Boston

Nault, B. R./Dexter, A. S. (1994): Adoption, Transfers, and Incentives in a Franchise Network with Positive Externalities. Marketing Science 13, S. 412 - 423

Neumann, J. von/Morgenstern, O. (1947): Theory of Games and Economic Behavior, 2 nd. edition. Priceton

Neus, W. (1989): Ökonomische Agency- Theorie und Kapitalmarktgleichgewicht. Wiesbaden

Niestraht, U. (1983): Nachfragemacht des Handels: Begriff, Theorie, Operationalisierung. Frankfurt am Main

Norton, S. W. (1988): An Empirical Look at Franchising as an Organizational Form. Journal of Business 61, S. 197 - 218

Oxenfeldt, A. R./Kelly, A. O. (1969): Will Successful Franchise Systems Ultimately Become Wholly-Owned Chains? Journal of Retailing 44, S. 69 - 87

Paswan, A. K./Dant, R. P./Kaufmann, P. J. (1996): What we know about

Ownership Redirection in Franchising: A Meta-Analysis. Journal of Retailing 72, S. 429 - 444

Pauli, K. S. (1992): Franchising, 2. Auflage. Düsseldorf u.a.

Petersen, T. (1989): Optimale Anreizsysteme: Betriebswirtschaftliche Implikationen der Prinzipal-Agenten-Theorie. Wiesbaden

Pfaff, D. (1993): Kostenrechnung, Organisation und Unsicherheit. Heidelberg

Picot, A. (1991): Ökonomische Theorien der Organisation- Ein Überblick über neuere Ansätze und deren betriebswirtschaftliches Anwendungspotential. In: Ordelheide, D./Rudolph, B. /Büsselmann, E. (Hrsg.): Betriebswirtschaftslehre und ökonomische Theorie. Stuttgart, S. 143 - 170

Picot, A./Wolff, B. (1995): Franchising als effiziente Vertriebsform. In: Kaas, K. P. (Hrsg.): Kontrakte, Geschäftsbeziehungen, Netzwerke: Marketing und neue Institutionenökonomik. Düsseldorf, S. 223 - 243

Pratt, J. W./Zeckhauser, R. J. (1985): Principals and Agents: An Overview. In: Pratt, J. W./Zeckhauser, R. J. (eds.): Principal and Agents: The Structure of Business. Boston, S. 1 - 35

Provan, K. G./Skinner, S. J. (1989): Interorganizational Dependence and Control as Predictors of Opportunism in Dealer-Supplier Relations. Academy of Management Journal 32, S. 202 - 212

Rasmusen, E. (1994): Games and Information, 2nd. edition. Cambridge

Rees, R. (1985): The Theory of Principal and Agent. Bulletin of Economic Research 37, Part I: S. 3 - 26, Part II: S. 75 - 95

Reuss, H. (1993): Konfliktmanagement in Franchise-Vertriebssystemen der Automobilindustrie. Frankfurt, New York

Rey, P./Stiglitz, J. (1995): The Role of Exclusive Territories in Producers´Competition. Rand Journal of Economics 26, S. 431 - 451

Rey, P./Tirole, J. (1986): Vertical Restraints from a Principal-Agent Viewpoint. In: Pellegrini, L./Reddy, S. K. (eds.): Marketing Channels. Mass./Toronto, S. 3 - 30

Richter, R. (1991): Institutionenökonomische Aspekte der Theorie der Unternehmung. In: Ordelheide, D./Rudolph, B./Büsselmann, E. (Hrsg.): Betriebswirtschaftslehre und ökonomische Theorie. Stuttgart, S. 395 - 429

Robinson, L. J./Barry, P. J. (1987): The Competitive Firm`s Response to Risk. New York

Rogerson, W. P. (1985): The First-Order Approach to Principal-Agent Problems. Econometrica 53, S. 1357 - 1367

Romano, R. E. (1994): Double Moral Hazard and Resale Price Maintenance. Rand Journal of Economics 25, S. 455 - 567

Rosenbloom, B. (1987): Marketing Channels: A Management View, 3 th. edition. Chicago

Rubin, P. H. (1978):, The Theory of the Firm and the Structure of the Franchise Contract. Journal of Law and Economics 21, S. 223 - 233

Rudolph, B. (1979): Kapitalkosten bei unsicheren Erwartungen. Berlin u.a.

Ruhl, F. (1990): Erfolgsabhängige Anreizsysteme in ein- und zweistufigen Hierarchien. Heidelberg

Schade, C./Schott, E. (1993): Kontraktgüter im Marketing. Marketing-Zeitschrift für Theorie und Praxis 15, S. 15 - 25

Schiller, U. (1994): Vertikale Unternehmensbeziehungen: Vertrags- und oligopoltheoretische Analysen. Heidelberg

Schmidt, T. (1994): An Analysis of Intrabrand Competition in the Franchise Industry. Review of Industrial Organization 9, S. 293 - 310

Schneeweiß, H. (1967): Entscheidungskriterien bei Risiko. Berlin u.a.

Schneider, R. (1977): Kriterien der Absatzwegewahl. Frankfurt, Zürich

Scott, F. A. (1995): Franchising vs. Company Ownership as a Decision Variable of the Firm. Review of Industrial Organization 10, S. 69 - 81

Sen, K. C. (1993): The Use of Initial Fees and Royalties in Business-format Franchising. Managerial and Decision Economics 14, S. 175 - 190

Sewing, E. (1994): Die Absatzwegewahl des Herstellers: Analyse vor dem Hintergrund der Principal-Agent-Theorie. Wiesbaden

Shavell, S. (1979): Risk Sharing and Incentives in the Principal and Agent Relationship. Bell Journal of Economics 10, S. 55 - 73

Simon, H. A. (1976): Administrative Behavior, 3. Auflage. New York

Simon, H. A. (1991): Organizations and Markets. Journal of Economic Perspectives 5, S. 25 - 44

Simon, H. (1992): Preismanagement: Analyse, Strategie, Umsetzung, 2. Auflage. Wiesbaden

Sinn, H.-W. (1989): Economic Decisions under Uncertainty, 2 nd. edition. Heidelberg

Skaupy, W. (1995): Franchising- Handbuch für die Betriebs- und Rechtspraxis, 2. Auflage. München

Specht, G. (1992): Distributionsmanagement, 2. Auflage. Stuttgart u.a.

Spremann, K. (1987): Agent and Principal. In: Bamberg, G./ Spremann, K. (eds.): Agency Theory, Information and Incentives. Berlin u.a., S. 3 - 37

Spremann, K. (1990): Asymmetrische Information, Zeitschrift für Betriebswirtschaft 60, S. 561 - 586

Stammen, C. M. (1999): Franchise-Europameister. In: Franchising, Verlagsbeilage zur Frankfurter Allgemeinen Zeitung, Nummer 85, D 13 April 1999, S. 1

Standop, D. (1975): Optimale Unternehmensfinanzierung. Berlin

Steffenhagen, H. (1975): Konflikt und Kooperation in Absatzkanälen. Wiesbaden

Stein, G. (1996): Franchisingnetzwerke im Dienstleistungsbereich. Wiesbaden

Stern, L. W./El-Ansary, A. I. (1988): Marketing Channels, 3 rd. edition. Englewood Cliffs

Stiglitz, J. E. (1974): Incentives and Risk-Sharing in Share-cropping. Review of Economic Studies 41, S. 219 - 255

Sydow, J. (1993): Franchisenetzwerke. Zeitschrift für Betriebswirtschaft 64, S. 95 - 113

Sydow, J. (1995): Franchisingsysteme als strategische Netzwerke- Über das Warum des Franchising hinaus. In: Meffert, H./Wagner, H./Backhaus, K. (Hrsg.): Führung von Franchise-Systemen. Dokumentationspapier Nr. 94, Wissenschaftliche Gesellschaft für Marketing und Unternehmensührung, Münster, S. 16 - 44

Terberger, E. (1987): Der Kreditvertrag als Instrument zu Lösung von Anreizproblemen: Fremdfinanzierung als Principal/Agent-Beziehung. Heidelberg

Thompson, R. S. (1992): Company Ownership versus Franchising: Issues and Evidence. Journal of Economic Studies 19, S. 31 - 42

Thompson, R. S. (1994): The Franchise Life Cycle and the Penrose Effect. Journal of Economic Behavior and Organization 24, S. 207 - 218

Tietz, B. (1987): Handbuch Franchising: Zukunftsstrategien für die Marktbearbeitung. Landsberg am Lech

Tietz, B./Mathieu, G. (1979): Das Franchising als Kooperationsmodell für den mittelständischen Groß- und Einzelhandel. Köln u.a.

Tirole, J. (1988): The Theory of Industrial Organization. Cambridge

Vaughn, C. L. (1979): Franchising: Its Nature, Scope, Advantages, and Development. Lexington (Mass.)

Wagenhofer, A. (1990): Informationspolitik im Jahresabschluß: Freiwillige Information und strategische Bilanzanalyse. Heidelberg

Wagenhofer, A./Ewert, R. (1993): Linearität und Optimalität in ökonomischen Agency-Modellen. Zeitschrift für Betriebswirtschaft 63, S. 373 - 391

Weber, M. (1980): Wirtschaft und Gesellschaft, 5. Auflage. Tübingen

Wenger, E./Terberger, E. (1988): Die Beziehung zwischen Agent und Prinzipal als Baustein einer ökonomischen Theorie der Organisation. Wirtschaftswissenschaftliches Studium 17, S. 506 - 514

Wessels, A. M. (1992): Franchise-Verträge im Vergleich: die häufigsten und schwerwiegendsten Fehler bei der Vertragsgestaltung- eine erste und umfassende empirische Ermittlung wesentlicher Regelungsinhalte deutscher Franchise-Verträge. In: Deutscher Franchise-Verband e. V. (Hrsg.): Jahrbuch Franchising 1992, S. 118 - 137

Westphal, J. (1991): Vertikale Wettbewerbsstrategien in der Konsumgüterindustrie. Wiesbaden

Wied-Nebbeling, S. (1993): Markt- und Preistheorie. Heidelberg

Wieswede, G. (1992): Gruppen und Gruppenstrukturen. In: Frese, E. (Hrsg.): Handwörterbuch der Organisation, 3. Auflage. Stuttgart, Sp. 735 - 754

Williamson, O. E. (1983): Credible Commitments: Using Hostages to Support Exchange. American Economic Review 73, S. 519 - 540

Williamson, O. E. (1985): The Economic Institutions of Capitalism. New York, London

Wosnitza, M. (1991): Das Agency-theoretische Unterinvestitionsproblem in der Publikumsgesellschaft. Heidelberg

Zusman, P./Etgar, M. (1981): The Marketing Channel as an Equilibrium Set of Contracts. Management Science 27, S. 248 - 302

Wirtschaftswissenschaftliche Beiträge

Band 142: Ph. C. Rother, Geldnachfragetheoretische Implikationen der Europäischen Währungsunion, 1997. ISBN 3-7908-1014-2

Band 143: E. Steurer, Ökonometrische Methoden und maschinelle Lernverfahren zur Wechselkursprognose, 1997. ISBN 3-7908-1016-9

Band 144: A. Groebel, Strukturelle Entwicklungsmuster in Markt- und Planwirtschaften, 1997. ISBN 3-7908-1017-7

Band 145: Th. Trauth, Innovation und Außenhandel, 1997. ISBN 3-7908-1019-3

Band 146: E. Lübke, Ersparnis und wirtschaftliche Entwicklung bei alternder Bevölkerung, 1997. ISBN 3-7908-1022-3

Band 147: F. Deser, Chaos und Ordnung im Unternehmen, 1997. ISBN 3-7908-1023-1

Band 148: J. Henkel, Standorte, Nachfrageexternalitäten und Preisankündigungen, 1997. ISBN 3-7908-1029-0

Band 149: R. Fenge, Effizienz der Alterssicherung, 1997. ISBN 3-7908-1036-3

Band 150: C. Graack, Telekommunikationswirtschaft in der Europäischen Union, 1997. ISBN 3-7908-1037-1

Band 151: C. Muth, Währungsdesintegration – Das Ende von Währungsunionen, 1997. ISBN 3-7908-1039-8

Band 152: H. Schmidt, Konvergenz wachsender Volkswirtschaften, 1997. ISBN 3-7908-1055-X

Band 153: R. Meyer, Hierarchische Produktionsplanung für die marktorientierte Serienfertigung, 1997. ISBN 3-7908-1058-4

Band 154: K. Wesche, Die Geldnachfrage in Europa, 1998. ISBN 3-7908-1059-2

Band 155: V. Meier, Theorie der Pflegeversicherung, 1998. ISBN 3-7908-1065-7

Band 156: J. Volkert, Existenzsicherung in der marktwirtschaftlichen Demokratie, 1998. ISBN 3-7908-1060-6

Band 157: Ch. Rieck, Märkte, Preise und Koordinationsspiele, 1998. ISBN 3-7908-1066-5

Band 158: Th. Bauer, Arbeitsmarkteffekte der Migration und Einwanderungspolitik, 1998. ISBN 3-7908-1071-1

Band 159: D. Klapper, Die Analyse von Wettbewerbsbeziehungen mit Scannerdaten, 1998. ISBN 3-7908-1072-X

Band 160: M. Bräuninger, Rentenversicherung und Kapitalbildung, 1998. ISBN 3-7908-1077-0

Band 161: S. Monissen, Monetäre Transmissionsmechanismen in realen Konjunkturmodellen, 1998. ISBN 3-7908-1082-7

Band 162: Th. Kötter, Entwicklung statistischer Software, 1998. ISBN 3-7908-1095-9

Band 163: C. Mazzoni, Die Integration der Schweizer Finanzmärkte, 1998. ISBN 3-7908-1099-1

Band 164: J. Schmude (Hrsg.) Neue Unternehmen in Ostdeutschland, 1998. ISBN 3-7908-1109-2

Band 165: A. Rudolph, Prognoseverfahren in der Praxis, 1998. ISBN 3-7908-1117-3

Band 166: J. Weidmann, Geldpolitik und europäische Währungsintegration, 1998. ISBN 3-7908-1126-2

Band 167: A. Drost, Politökonomische Theorie der Alterssicherung, 1998. ISBN 3-7908-1139-4

Band 168: J. Peters, Technologische Spillovers zwischen Zulieferer und Abnehmer, 1999. ISBN 3-7908-1151-3

Band 169: P.J.J. Welfens, K. Gloede, H.G. Strohe, D. Wagner (Hrsg.) Systemtransformation in Deutschland und Rußland, 1999. ISBN 3-7908-1157-2

Band 170: Th. Langer, Alternative Entscheidungskonzepte in der Banktheorie, 1999. ISBN 3-7908-1186-6

Band 171: H. Singer, Finanzmarktökonomie, 1999. ISBN 3-7908-1204-8

Band 172: P.J.J. Welfens, C. Graack (Hrsg.) Technologieorientierte Unternehmensgründungen und Mittelstandspolitik in Europa, 1999. ISBN 3-7908-1211-0

Band 173: T. Pitz, Recycling aus produktionstheoretischer Sicht, 2000. ISBN 3-7908-1267-6

Band 174: G. Bol, G. Nakhaeizadeh, K.-H. Vollmer (Hrsg.), Datamining und Computational Finance, 2000. ISBN 3-7908-1284-6

Band 175: D. Nautz, Die Geldmarktsteuerung der Europäischen Zentralbank und das Geldangebot der Banken, 2000. ISBN 3-7908-1296-X

Band 176: G. Buttler, H. Herrmann, W. Scheffler, K.-I. Voigt (Hrsg.), Existenzgründung, 2000. ISBN 3-7908-1312-5

www.ingramcontent.com/pod-product-compliance
Lightning Source LLC
LaVergne TN
LVHW050652051026
849532LV00002B/616
* 9 7 8 3 7 9 0 8 1 3 1 6 6 *